# 震泽镇志

*LOCAL RECORDS OF ZHENZE*

江苏省苏州市吴江区震泽镇志编纂委员会　编

**图书在版编目（CIP）数据**

震泽镇志 / 江苏省苏州市吴江区震泽镇志编纂委员会编 .-- 北京：方志出版社，2017.5

（中国名镇志丛书）

ISBN 978-7-5144-2424-9

Ⅰ. ①震… Ⅱ. ①江… Ⅲ. ①乡镇 – 地方志 – 苏州
Ⅳ. ① K295.35

中国版本图书馆 CIP 数据核字（2017）第 127436 号

· 中国名镇志丛书 ·

**震泽镇志**

**编　　者**：江苏省苏州市吴江区震泽镇志编纂委员会
**责任编辑**：李　静

**出 版 人**：冀祥德
**出 版 者**：方志出版社
地址　北京市朝阳区潘家园东里 9 号（国家方志馆 4 层）
邮编　100021
网址　http://www.fzph.org
**发　　行**：方志出版社图书经销中心
电话　（010）67110500
**经　　销**：各地新华书店
**排　　版**：北京纺印图文设计制作有限公司
**印　　刷**：北京中科印刷有限公司

**开　　本**：787 × 1092　1/16
**印　　张**：20.25
**字　　数**：353 千字
**版　　次**：2017 年 5 月第 1 版　2017 年 5 月第 1 次印刷

ISBN 978-7-5144-2424-9　　**定价**：121.00 元

# 序一

连绵不断地编修地方志是我国特有的文化传统，为传承中华文明作出了巨大的贡献。在党中央、国务院的高度重视和支持下，这一古老的文化传统焕发勃勃生机，展现新的活力，成为保存、继承、发扬光大中华优秀传统文化的重要依托，培育和践行社会主义核心价值观的重要媒介，社会主义先进文化建设的重要组成部分，发展中国特色社会主义，增强道路自信、制度自信、理论自信的重要载体，在实现“两个一百年”奋斗目标和中华民族伟大复兴中国梦进程中具有不可替代的地位和作用。

事物总是在不断发展中前进。经过改革开放以来30余年的发展，中国特色地方志事业与传统的编修地方志已不可同日而语，形成了志（志书）、鉴（年鉴）、库（地情数据库）、馆（方志馆）、网（地情网站）、刊（期刊）、会（学会）、研（理论研究）、用（开发利用）等多业并举的新格局。截至2015年10月底，全国编纂完成首轮、二轮省、市、县志书8000多种，编修部门志、行业志、专业志、乡镇村志27000多种，编纂地方综合年鉴2300多种，累计整理旧志2500多种，还编纂出版了大量的地情书，字数以百亿计，形成以反映国情、地情为主要内容，全面系统、持续不断、卷帙浩繁的社会科学成果群。另外，还开通了27个省级网站、230个市级网站、816个县级网站；建成国家方志馆1个、省级方志馆16个、市级方志馆86个、县级方志馆近300个。这些成果，成为国家极为重要的文化资源，是国家文化软实力和公共文化服务体系的重要组成部分。

最近几年，地方志工作的触角在不断延伸，部门志、行业志、专业志、特色志、乡镇村志编纂方兴未艾，成为当前地方志事业发展新的增长点和亮点。特别是乡镇志，兴起了编纂热潮，从自发的民间行为逐渐过渡为政府组织的文化行为，有的省份以政府令形式将其纳入地方志编修范畴，像河南省还以省政府办公厅名义要求全省普修乡镇志。

乡镇志并不是一个新生事物，据现有资料可考，宋代常棠所撰《澉水志》是现存最早的一部乡镇志。与省、市、县三级志书相比，乡镇志虽属小志，但意义却不小，特别是在当前国家全力推进新型城镇化建设的背景下，乡镇志的作用更显重要。

启动中国名镇志文化工程，是适应当前新型城镇化建设形势发展需要、地方志事业发展形势需要的重要举措，也是充分发挥地方志存史、资政、育人功能的重要手段。作为最基层行政组织的志书，镇志是最接近中国社会发展变迁的国情、地情记录文本，具有重要的历史文献价值。而作为充分反映本区域自然、政治、经济、文化和社会的历史与现状的资料性文献，镇志又能全面展示发展脉络，摸索发展经验，为探索中国乡镇未来发展方向提供借鉴和参考。当然，对于祖祖辈辈生于斯长于斯的中国人来说，故乡就是一个魂牵梦萦的地方，故乡的情怀终生难忘。留得住乡愁，记得住乡思，充分展示名镇文化魅力，激发爱乡、爱国情怀，正是中国名镇志文化工程题中应有之义。

是为序。

中国社会科学院院长
中国地方志指导小组组长 

2016 年 2 月

# 序二

“国有史，邑有志”，中国自古就有注重编史修志的传统。按照我国目前地方志行政法规，国家各级地方志机构的法定职责是编纂省、市、县三级志书，并不包括县以下的乡镇志和村志。这种规定，一方面可能因为全国有数百万自然村落和数万乡镇，全部实行官修很难实现；另一方面可能因为我国历史上就有“皇权止于县”的说法，县以下的民间社会历来是一个以自治为主的领域。然而，改革开放几十年来，我国社会正在发生巨变，这种巨变在基层社会的乡镇、村落、家庭领域更为深刻。作为“乡之首，城之尾”的镇，逐渐被日益崛起的大都市淹没了光彩，村落在快速的城镇化过程中每天都在大量消失，农村家庭的小型化、空巢化趋势非常突出。在这种情况下，我一直在思考，如何留得住历史文化记忆和乡愁，如何把修志的工作向基层社会延伸？

中国人的“家国情怀”，是从“诚意、正心、修身”开始，到实现“齐家、治国、平天下”。所以从国家一统志，省、市、县三级志，到乡镇志、村志、家谱，也是一个完整的系统。

正是在这种背景下，我们决定启动中国名镇志文化工程。乡镇是无数中国人生命的底色和成长的摇篮。如何在城镇化进程中，留得住乡愁，记得住乡音，忘不了乡思，事关城镇化进程的人文关怀和文化保护，事关文化血脉的传承。同时，科学记录城镇化进程，反映城镇化成就，也为今后探索城镇化发展规律、积累经验提供了基本素材。作为全面系统记述一定行政区域的自然、政治、经济、文化和社会的资料性文献，志书是以上功能最好的载体。

我国目前有 4 万多个乡镇，全部修乡镇志还不具备条件。中国名镇志丛书选择的是传统文化名镇、历史军事重镇、革命历史名镇、民族特色名镇、特色经济名镇、旅游景观名镇等类型的乡镇，应该是最具代表性的，在中国乡镇文化传承和社会发展中具有标杆意义。

编纂中国名镇志丛书是对乡土历史文化的保护。随着城镇化进程加快，有不少乡镇被撤并，有些还是在历史上有重要意义的历史文化名镇、特色镇等。如不及时对其历史进行整理、记录，这些重要的历史资料将散佚殆尽。因此，中国名镇志丛书的编纂是对宝贵历史资料的抢救。

编纂中国名镇志丛书是对乡土意识的传承。什么东西有魅力？故乡的山水，乡音乡情的记忆，乡土的气息和家乡菜的味道，不管走到哪里，总是触动心弦。中国名镇志丛书记录的是家乡的山山水水，家乡的历史文化，家乡的风土人情，留住的是乡愁。这些最能激发远方游子和本地民众的爱乡情怀、爱国情怀。

编纂中国名镇志丛书是一种学术探索。镇志的编纂，实质也是一次深入的社会调查研究。“麻雀虽小五脏俱全”，相比省、市、县，乡镇第一手资料的获得需要付出更大的努力。我们也希望在志书编纂上有所创新，使中国名镇志丛书成为一套图文并茂、雅俗共赏的新型志书。

中国社会科学院副院长
中国地方志指导小组常务副组长 李培林

2016年2月

## 江苏省苏州市吴江区震泽镇志
## 编纂委员会

名誉主任　陆　斌

主　　任　陈　琦

副 主 任　顾　全

委　　员　嵇为超　张育英　卢斌煜　朱学明　庄志伟
　　　　　王　磊　沈　臻　吴小英　薛治华

## 江苏省苏州市吴江区震泽镇志
## 编辑人员

特约编审　陈其弟　傅　强　顾晓红

执行主编　陈　载

编　　辑　陈　载　薛治华　吴煜泉　汪兆龙　徐有恒
　　　　　姚建忠

打　　印　宿美华

摄　　影　震泽镇摄影协会　震泽镇志办提供

老宅森森

2017年7月 摄

# 中国名镇志丛书凡例

一、以马克思列宁主义、毛泽东思想、邓小平理论、“三个代表”重要思想和科学发展观为指导，贯彻落实习近平总书记系列重要讲话精神和治国理政新理念新思想新战略，坚持辩证唯物主义和历史唯物主义的立场、观点和方法，存真求实，全面、客观、系统记述我国城镇化进程和改革开放成果，传承和抢救乡土历史文化，留住乡愁，为探索中国特色新型城镇化发展经验、发展模式、发展道路提供历史智慧和现实借鉴。

二、记述上限追溯至事物发端，下限至启动名镇志编修年份。详今明古，着重反映时代特色和地方特点，重点体现各镇的“名”与“特”。

三、各镇志叙事区域范围为现有行政区域，以及其他历史上属于该镇的行政区域，适当增加横向对比、联系等内容。

四、采用纲目体，横排门类，纵述史实，述而不论。体裁运用适当创新，篇目设置不求面面俱到，一般意义上的乡镇级内容略去不载。

五、综合运用述、记、志、传、图、表、录等各种体裁，以志体为主。

六、使用规范的现代语体文记述，文字力求朴实、严谨、简洁、流畅、优美，增强可读性。

七、各项数据一般采用国家统计部门数据。数据缺乏的，采用主管部门或主办单位正式提供的数据。

八、只收录具有存史价值和名镇特色的图片，版面图文并茂。

九、民国前使用朝代年号纪年，括注公元年份，同一朝代年号在同一条目中只在首次出现括注。民国后使用公元纪年。本志“××年代”，凡未加世纪者，均指20世纪的年代。

十、记述各个历史时期的党派、机构、职务、地名等，均以当时的名称为准。对频繁使用的名称，首次用全称，其后用简称。“新中国成立前”“新中国成立后”以中华人民共和国成立日1949年10月1日为界；“解放前”“解放后”以该镇解放日为界。

十一、人物部类遵循“生不立传”原则，人物传主按生年排序，只选录对本镇发展有重大影响的历史人物，不面面俱到。

十二、为节省篇幅，避免重复，本志采用条目互见法。参见条目的表示形式为：参见本志“××类目·××分目·××条目”。

十三、对旧志、古籍中的繁体字、冷僻字一般用简化字或通用字替换，易引起误解的则保留。

十四、数字、标点遵循国家标准出版规定，GB/T 15834—2011《标点符号用法》，GB/T 15835—2011《出版物上数字用法》。

十五、计量单位采用国务院1984年2月发布的中华人民共和国法定计量单位。考虑到社会使用习惯，全书中亩不统一换算。

十六、各镇志需要单独说明的事项，均在各自编纂始末中记述。

# 震泽镇在中国的位置

黑龙江省
哈尔滨
吉林省
长春
沈阳
辽宁省
内蒙古自治区
呼和浩特
北京
北京市
天津市
天津
河北省
石家庄
山西省
太原
山东省
济南
新疆维吾尔自治区
乌鲁木齐
甘肃省
兰州
宁夏回族自治区
银川
青海省
西宁
陕西省
西安
河南省
郑州
江苏省
南京
吴江区
震泽镇
上海
上海市
安徽省
合肥
浙江省
杭州
西藏自治区
拉萨
四川省
成都
重庆市
重庆
湖北省
武汉
湖南省
长沙
江西省
南昌
福建省
福州
台湾省
台北
台湾岛
钓鱼岛
赤尾屿
贵州省
贵阳
云南省
昆明
广西壮族自治区
南宁
广东省
广州
香港
澳门
海南省
海口
海南岛
东沙群岛
西沙群岛
永兴岛
中沙群岛
黄岩岛
南沙群岛
曾母暗沙
渤海
黄海
东海
南海
黄河
长江
图例
北京 首都
天津 省级行政中心
未定 国界
省、自治区、直辖市界
特别行政区界
名镇所在县级区域
名镇
1：32 000 000
审图号：GS（2017）1603号

# 震泽镇在江苏省的位置

丰县
沛县
赣榆区
东西连岛
连云区
连云港
东海
连云港市
贾汪区
新沂
邳州
鼓楼区
徐州
徐州市
铜山区
灌云
响水
沭阳
灌南
滨海
宿迁
宿豫区
宿迁市
睢宁
盐城市
涟水
阜宁
射阳
泗阳
淮阴区
淮安
淮安区
淮安市
泗洪
建湖
盐城
盐都区
洪泽湖
洪泽区
宝应
大丰区
扬州市
泰州市
盱眙
金湖
兴化
东台
高邮湖
高邮
姜堰区
海安
江都区
泰州
扬州
南京市
六合区
仪征
高港区
如皋
如东
镇江
扬中
泰兴
南通市
浦口区
栖霞区
丹徒区
通州区
南京
镇江市
丹阳
靖江
南通
江宁区
句容
海门
江阴
张家港
启东
常州
常州市
溧水区
金坛区
武进区
惠山区
常熟
锡山区
无锡
无锡市
太仓
石臼湖
相城区
溧阳
苏州
昆山
高淳区
宜兴
太湖
吴中区
吴江区
苏州市
震泽镇
黄海
长江
图例
南京 省级行政中心
苏州 地级市行政中心
溧阳 县级行政中心
省界
地级市界
名镇所在县级区域
名镇
1∶3 060 000
审图号：GS（2017）1603 号

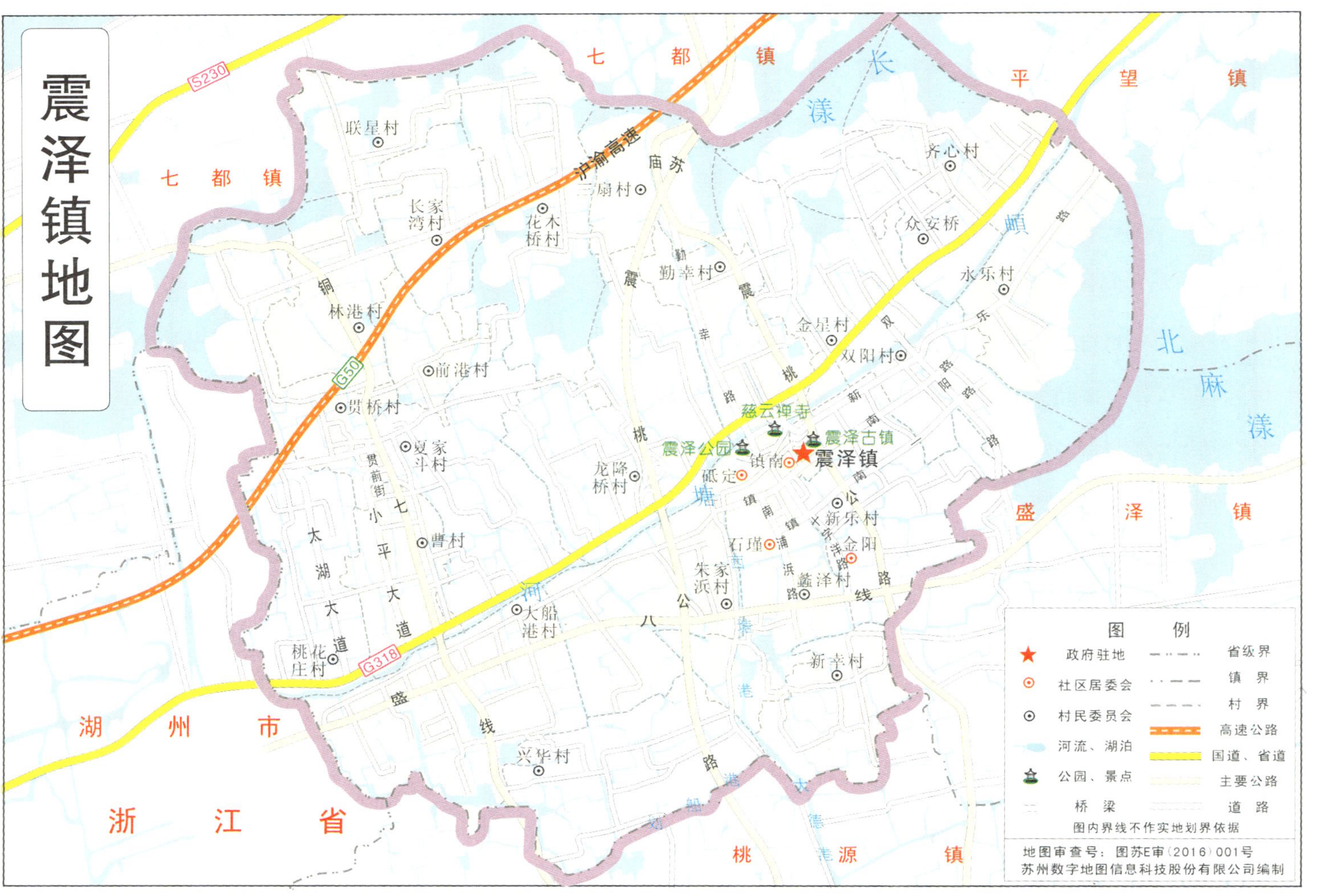
震泽镇地图
七都镇
平望镇
盛泽镇
桃源镇
湖州市
浙江省
长漾
北麻漾
沪渝高速
G50
G318
S230
联星村
长家湾村
花木桥村
三扇村
林港村
前港村
贯桥村
夏家斗村
曹村
桃花庄村
龙降桥村
大船港村
兴华村
勤幸村
金星村
双阳村
齐心村
众安桥
永乐村
朱家浜村
新乐村
金阳
新幸村
石瑾
砥定
镇南
震泽镇
慈云禅寺
震泽古镇
震泽公园
图例
政府驻地
社区居委会
村民委员会
河流、湖泊
公园、景点
桥梁
省级界
镇界
村界
高速公路
国道、省道
主要公路
道路
图内界线不作实地划界依据
地图审查号：图苏E审（2016）001号
苏州数字地图信息科技股份有限公司编制

# 震泽镇行政区域图

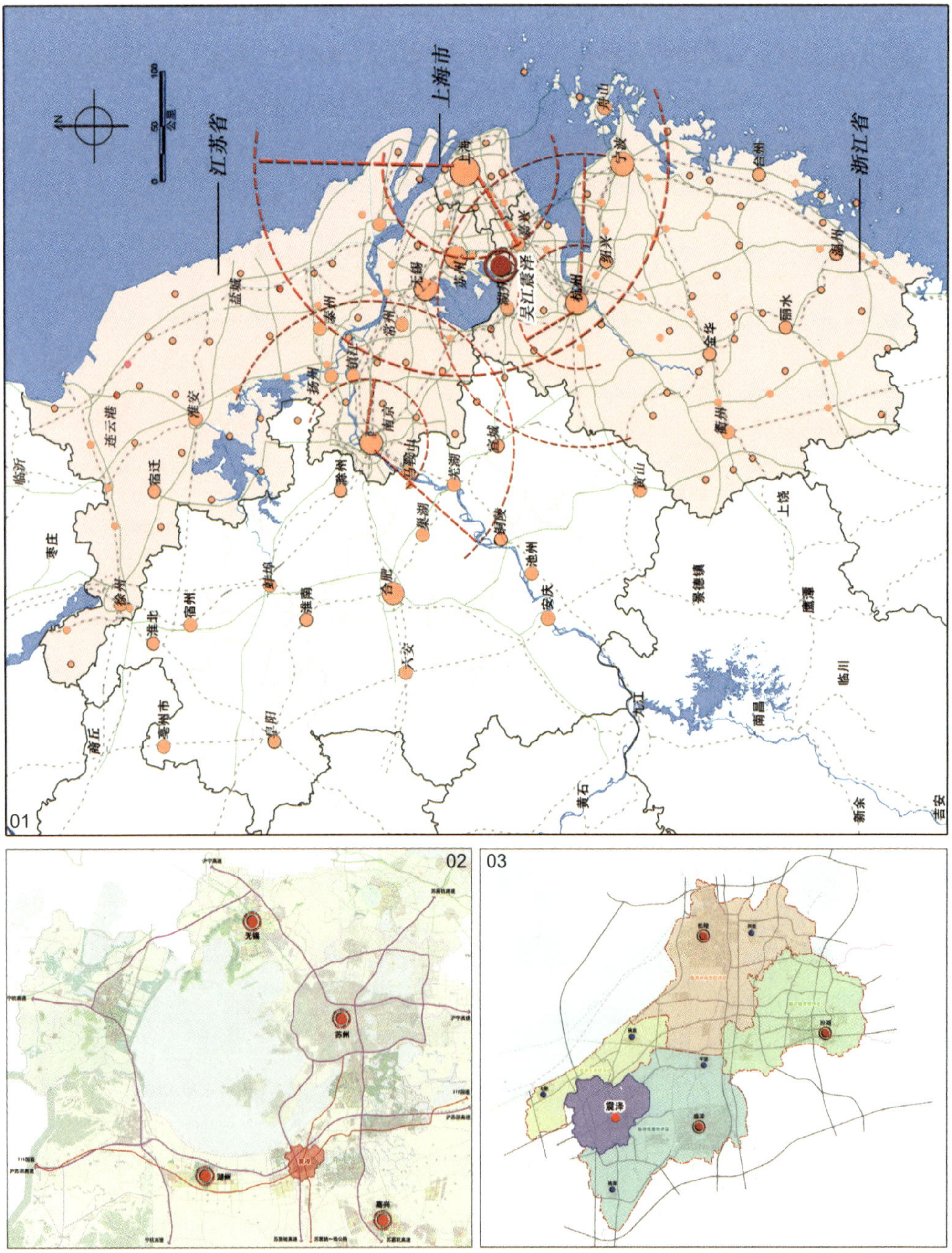

01：震泽在长三角地区区位
02：震泽在环太湖地区区位
03：震泽在吴江市区位

震泽旅游景点分布图（2007 年）

蚕丝古镇（2014 年 4 月摄）

鎮

美丽震泽（2014年7月摄）

丽庭商务宾馆

震澤留韵圖

庚寅初春赴千年古鎮採風經二月餘精心創作終完成此圖國柱記並題

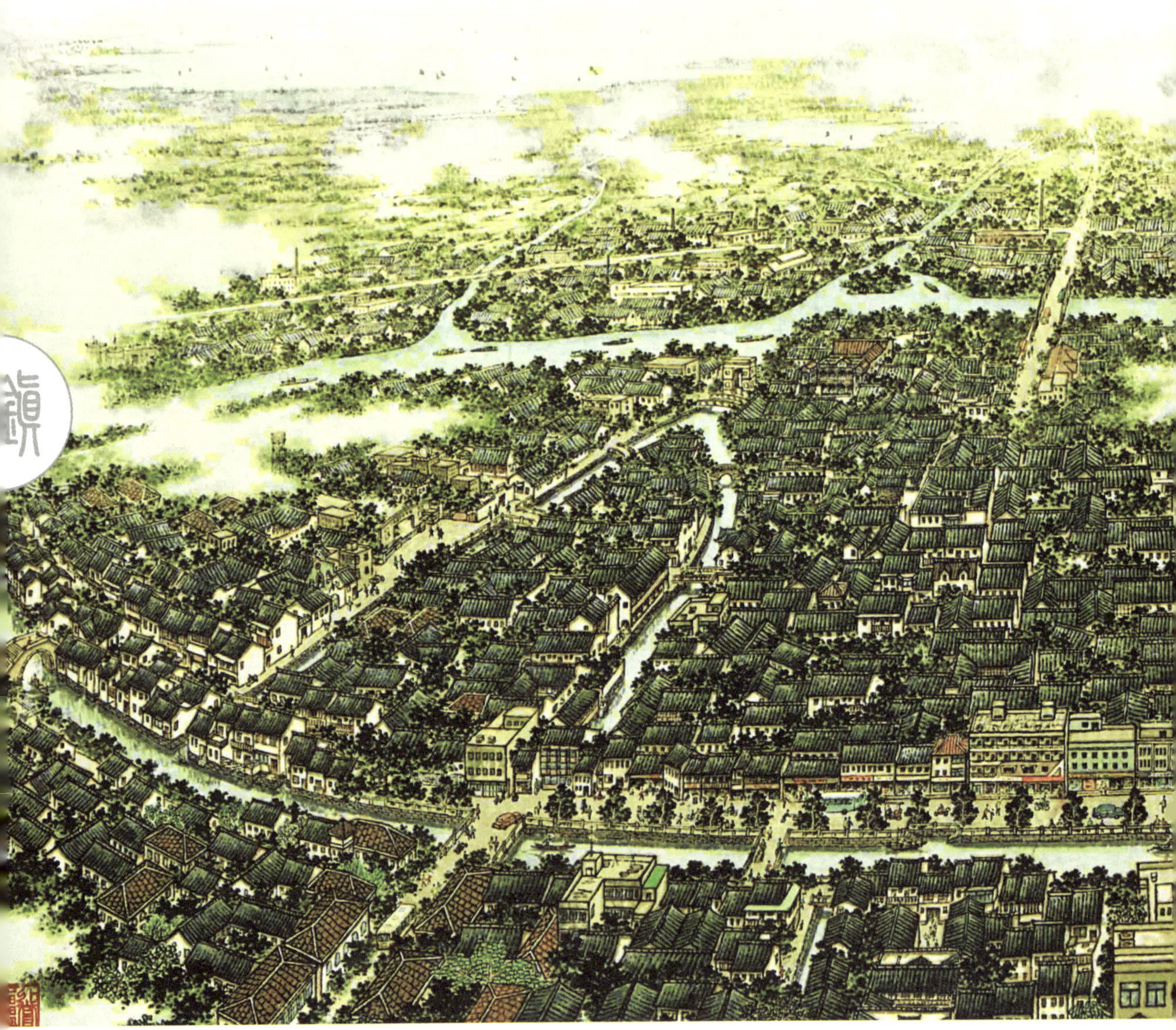

《震泽留韵图》

春之震泽（2016 年 3 月摄）

夏之震泽（2012 年 7 月摄）

秋之震泽（2014 年 9 月摄）

冬之震泽（2013 年 2 月摄）

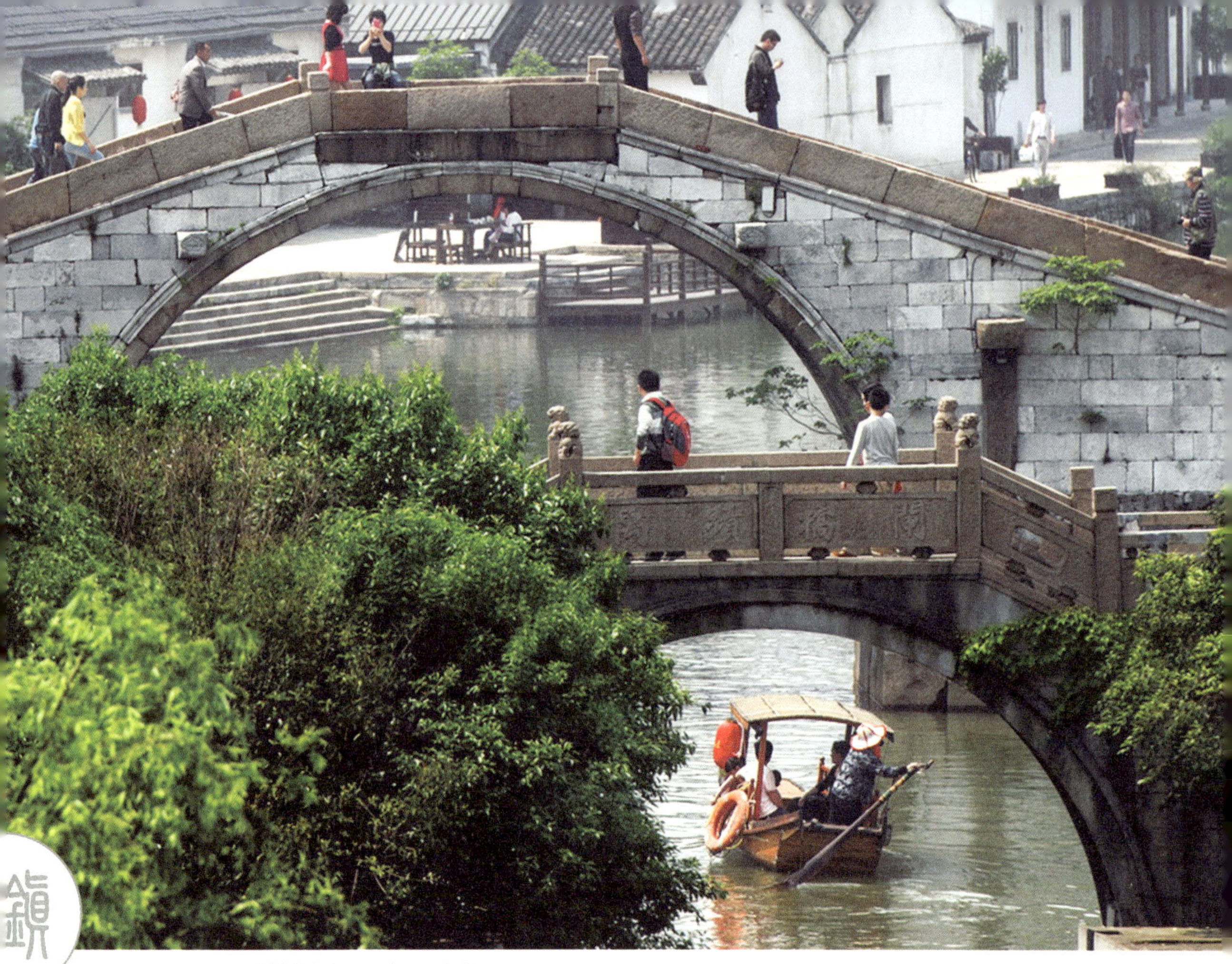

小桥流水（2014 年 5 月摄）

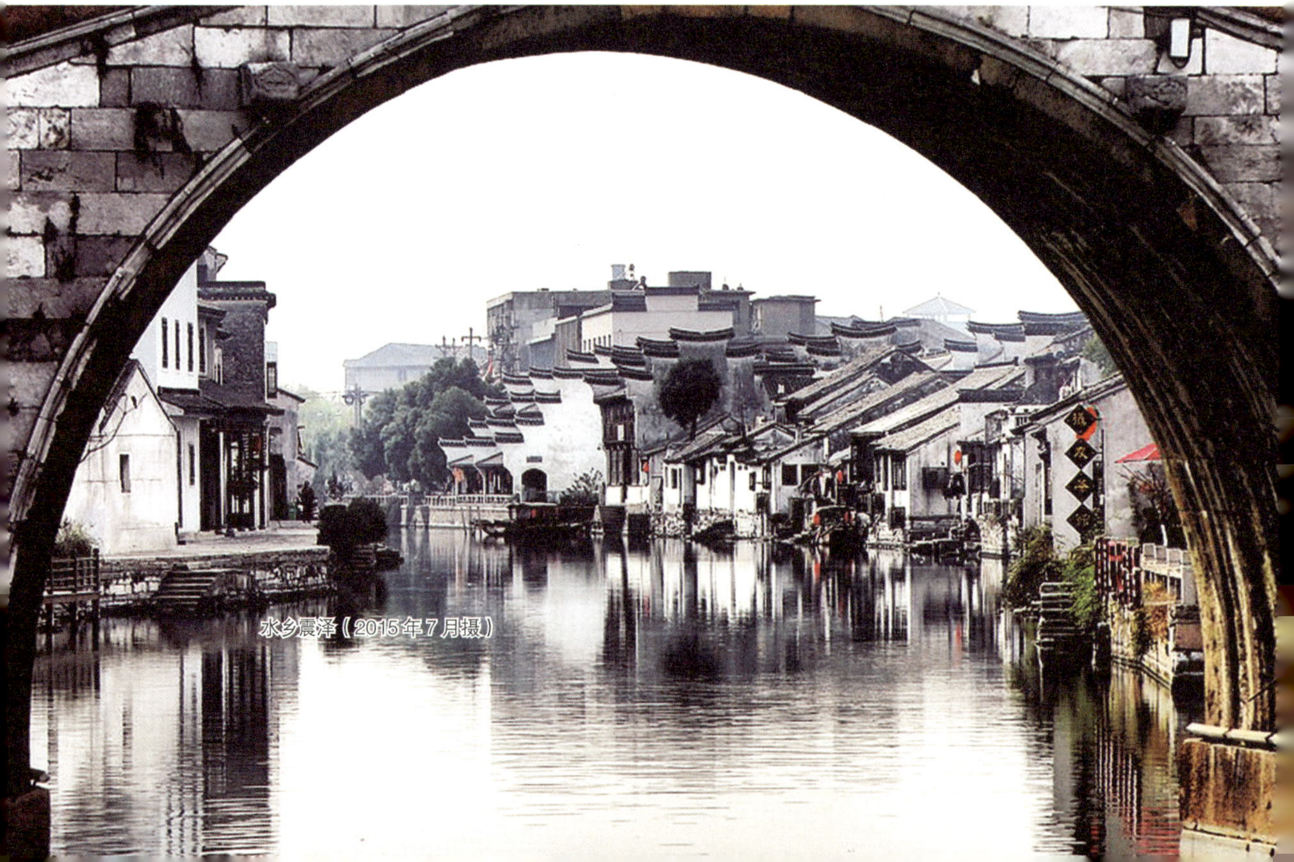

水乡震泽（2015年7月摄）

2006 年 1 月，震泽镇被全国卫生运动委员会授予“国家卫生镇”称号

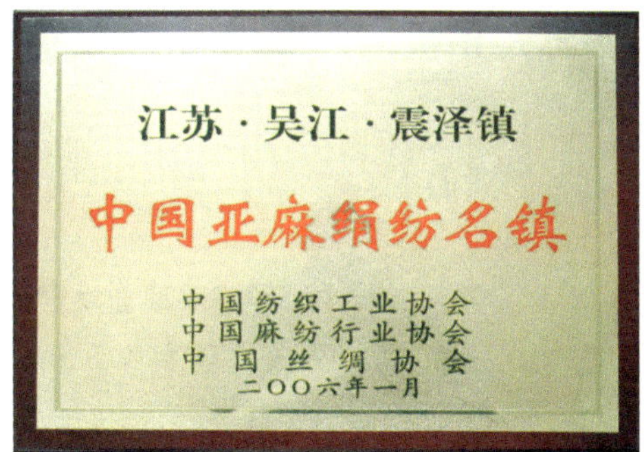


2006 年 1 月，震泽镇被中国纺织工业协会、中国麻纺行业协会、中国丝绸协会授予“中国亚麻绢纺名镇”称号

2008 年 4 月，震泽镇被中华人民共和国环境保护部评为全国环境优美镇

2008 年 6 月，震泽镇被中国纺织工业协会、中国麻纺行业协会、中国家用纺织品行业协会、中国丝绸协会评为中国亚麻蚕丝被家纺名镇

2009 年 5 月，震泽镇被中国烹饪协会评为中国太湖美食之乡

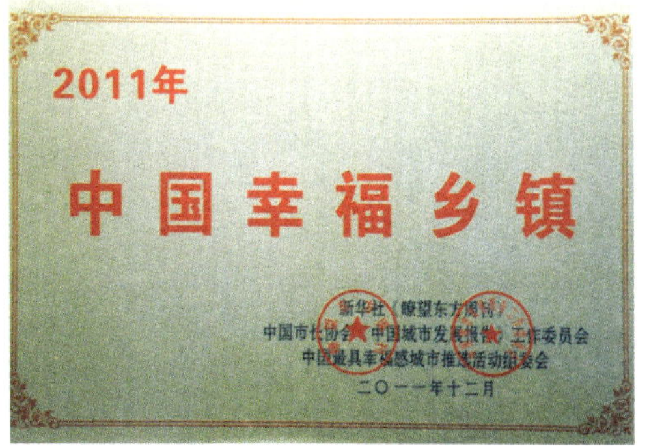


2011 年 12 月，震泽镇被新华社《瞭望东方周刊》、中国市长协会《中国城市发展报告》工作委员会、中国最具幸福感城市推选活动组委会评为中国幸福乡镇

2013 年 11 月，震泽镇被中国纺织品商业协会评为中国蚕丝之乡

2014 年 2 月 19 日，震泽镇被中华人民共和国住房和城乡建设部、国家文物局公布为第六批中国历史文化名镇

2014 年 9 月 26 日，震泽镇被中国城市商业网点建设管理联合会评为中国商业名镇

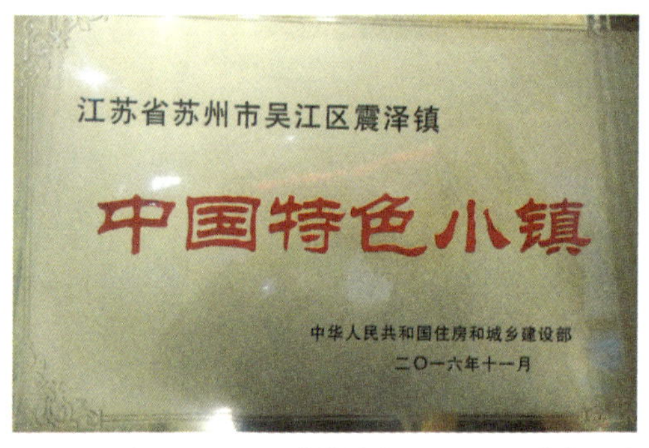


2016 年 11 月，震泽镇被中华人民共和国住房和城乡建设部评为中国特色小镇

2016 年 1 月 12 日，震泽镇被住房城乡建设部评为美丽宜居小镇

2014 年 4 月 29 日，震泽古镇被全国旅游景区质量等级评定委员会评定为国家 AAAA 级旅游景区

# 目录

# 常有一丝牵挂在震泽

濒万顷烟波太湖成岸，踞苏杭天地间以聚灵。湖泽交汇的灵秀水土，注定要为历史的版图创造出一片新天地。周平王宜臼元年（前770年），“三江既入，震泽砥定”，在钟灵毓秀的江南一隅，定格出一片繁华。

震泽，唯一与太湖别称同名的蚕丝古镇，有“吴头越尾”之称，为物华天宝、人杰地灵之地。巍巍慈云古塔，细说岁月沧桑；大禹洪荒治水，留下“禹迹”古桥；范蠡弃官泛舟，古人建桥“思范”；王锡阐学究天文，著述流传后人；师俭堂巧夺天工，集清代建筑之大成。小桥流水人家，孤舟烟雨斜阳，古往今来，震泽如诗如画的意境引多少英雄竞折腰，千年古镇，蚕丝之乡，还数美丽震泽。

震泽镇地处太湖南岸，属江苏省苏州市吴江区，位于苏州南部城区，吴江区的西南部，江苏、浙江两省交界处。震泽镇地理位置优越，水陆交通便捷，是一颗镶嵌在苏嘉湖平原上的璀璨明珠。2015 年，全镇辖 5 个社区和 23 个行政村，总面积 96 平方千米，其中镇区面积 10.38 平方千米。全镇户籍人口 67319 人，实现地区生产总值 112.62 亿元，财政收入 4.86 亿元，居民人均可支配收入 5.05 万元，农民人均纯收入 2.54 万元。

从蠡泽湖出土的新石器时代的大量陶器、陶片看来，震泽先民早已于 5000 年前就在此繁衍生息。春秋时期，震泽先属吴，后属越，战国时期归楚。秦代、东汉、三国时期均属乌程县，西晋时属东迁县。唐开元年间（713 年～ 741 年），定名震泽。宋绍兴年间（1131 年～ 1162 年），设震泽镇。清雍正四年（1726 年），划吴江偏西地置震泽县，震泽镇乃属震泽县。1912 年，震泽县并入吴江县。1952 年，震泽镇升为县属镇，直属吴江县。2003 年，震泽镇与八都镇合并为震泽镇，镇政府驻地在原震泽镇区，原八都镇区改为八都贯桥社区。震泽有众多头衔：中国亚麻绢纺名镇、中国麻纺集群产业基地、中国蚕丝被之乡、全国环境优美镇、中国亚麻蚕丝被家纺名镇、中国太湖农家菜美食之乡、中国太湖美食之乡、中国阿拉伯头巾之乡、中国纺织服装商业 20 年杰出集群、中国幸福乡镇、中国蚕丝之乡、中国第六批历史文化名镇、国家 AAAA 级旅游景区、全国重点镇、中国商业名镇、中国特色小镇、中国美丽宜居小镇。

震泽地处水乡泽国，东有北麻漾，西有徐家漾，北有长漾，还有密似蛛网的湖荡河流。

頔塘河呈东北西南走向贯流镇区，頔塘本名荻塘，古时地多芦荻故名，旧称震泽运河。初为晋吴兴太守殷康所开。唐贞元八年（792 年），湖州刺史于頔修缮堤岸，重修荻塘，民怀其德，把“荻”改“頔”（两字同音），改称頔塘，以作纪念。頔塘东通上海，南抵嘉兴，西接湖州，北达苏州，水量丰沛，水质清澄。頔塘河向震泽地区的先民提供取之不尽的生活和生产（缫丝）用水，可以说是震泽的母亲河。千百年来，震泽枕河为市，傍水而居，在頔塘河及其支流上的居民聚集，集市渐密。震泽镇区沿河展延伸长，成为以河为“脊椎”的带状市镇，頔塘河被包容在喧闹的市镇之中。頔塘河两岸市房壁立，临水而筑，形成一条水巷。傍水市房不算高大，但颇小巧秀气，似浮在水上，流动的水和固定的房舍恰成动静对比，房舍的倒影在粼粼波光中，别有一番情趣。河岸旁有河桥和船埠，河桥旁装上木栅和扶手，船埠的驳岸上嵌砌了精雕细刻的各式系缆台。昔年的市河港塘水澄质纯，清澈见底，担水回家可直接饮用。

联结市河及旁侧河浜两岸的纽带是桥梁。震泽的石桥多具雄伟、高大、宽广的特征，风格各异、形制不同的古代石桥就有 27 座，无论是缅怀大禹的禹迹桥，还是纪念范蠡的思范桥，它们都经年累月历尽无数次晨雾夕阳，遭受风风雨雨的沧桑磨难，坚实的身躯、无声的奉献使这些水乡的桥梁成为古镇家庭中不可或缺的成员，河岸因桥而通，古镇因桥而美。拾级登桥，不仅可俯瞰往来不绝的舟楫和风帆，还可以见到两侧街面上络绎不绝的人流。禹迹桥坐落在宝塔街东，慈云禅寺前，南北走向，拱形单孔，桥身石缝里的枸杞如长发般披下来，点点的红果闪耀着明丽的新鲜。镇东的慈云寺塔是震泽古镇的全国重点文物保护单位，高大挺拔、俊俏雄伟、造型精美、别具风采，成为镇区的制高点，一枝独秀。禹迹桥与慈云寺塔，构成江南水乡特有的“拱桥塔影”，这塔桥相依的画面是江南水乡的符号，也是震泽古镇的标志。禹迹、思范两桥一东一西，如两轮明月，遥遥相望，互相呼应，堪称姐妹桥而相媲美。

宝塔街，因街东建有慈云寺塔，故名之。南侧房屋沿河而筑，底层北向临街设铺开店，楼上居住。下雨天，行人在街上走，不用打伞，头顶上是人家的楼房，隔着木楼板能听到楼上人沓沓的脚步声。在宝塔街的西段有全国重点文物保护单位师俭堂。漫步宝塔街，跨越禹迹桥和思范桥，瞻仰王贤祠，浏览师俭堂后，悠闲地坐在茶馆里喝上一杯震泽特有的香气四溢、回味隽永的熏豆茶时，便会真切地感受到这江南古镇“灵区”文化的熏陶。

震泽是蚕丝古镇，蚕丝是震泽的经济命脉，震泽以生产蚕丝而闻名遐迩，地处太湖南岸的震泽借助頔塘河的水利之便，依靠蚕桑发祥。晚唐文学家、农学家陆龟蒙寓居震泽时，作诗有“桑柘含疏烟，处处倚蚕箔”“尽趁晴明修网架，每和烟雨棹缫车”。在明代，震泽出产的辑里丝、辑里干经是湖丝中的精品，历来蜚声海内外，震泽成为中国著名的丝市之一。清光绪六年（1880 年），小镇出口的辑里丝五千四百余担，产量占全国十五分之一，震泽古镇成为国内有名的“蚕丝之乡”。清代诗人在《荻塘棹歌》中所咏唱的“经络蚕丝一万家”，正是水乡古镇丝行林立、丝业繁忙的写照。20 年代，苏南地区的蚕桑改良发端于震泽地区，江苏省立女子蚕业学校蚕丝改进社、制丝改良传习所、震丰缫丝厂、蚕丝合作社相继在震泽建立。40 年代，镇上有丝经行 23 家，常年不辍经营丝经生意。新中国成立初，镇上有丝经行 28 家，从业人员 144 人。60 年代，震泽镇先后办起 3 家队办缫丝厂。70 年代，蚕丝产业发展很快，镇上建立蚕丝外贸站，办理蚕丝、蚕茧及丝绸收购业务。90 年代初，震泽“丝市”兴起，有生意头脑的率先办起缫丝厂、绢丝厂、丝织厂，一批有识之士创办蚕丝被厂，打出响亮的品牌。蚕丝被产业成为震泽镇的特色产业、品牌产业和富民产业。2008 年，震泽镇“慈云”“辑里”“太湖雪”“山水”“丝立方”引领的蚕丝被企业如火如荼地发展起来，全镇蚕丝被生产企业和蚕丝被原辅料生产企业有 150 余家，蚕丝被的销售量在全国市场占有率达 24%，100 万条精品高档蚕丝被出口东欧、北美、俄罗斯等国家和地区，出口额占全国蚕丝被行业的 37%。2013 年，震泽镇被誉为中国蚕丝之乡。2015 年，全镇有蚕丝被中国驰名商标 2 件，江苏省名牌产品和江苏省著名商标 5 件，苏州市名牌产品和苏州市知名商标 10 余件，蚕丝被及相关企业生产的蚕丝被 300 万条、真丝原料 1 万吨、真丝床上用品 100 万套、蚕丝服装与真丝围巾等 100 万套（条）销往国内外 130 余个大中城市。震泽蚕丝产品已延伸到家纺、丝绸系列产品等各个领域，是年，蚕丝被及丝绸系列产品销售收入达 12 亿元。

一方水土养育一方人。震泽有着悠久的饮食文化历史，震泽的太湖农家菜历史源远流长，具有“鲜、野、土、奇”的特色，居住在震泽的农家人，一代代传承着独特的太湖农家菜。夏禹思乡品方糕，西施范蠡煮蟹虾，张志和喜食小银鱼，陆龟蒙鸭肴宴宾客，乾隆称赞黑豆腐干，费孝通饮用熏豆茶。各式菜肴、丰富小吃、特色茶点，形成了太湖农家菜这一独特品牌。那些著名的菜肴，风味诱人的传统美食小吃，都让往来的游客大饱口福，记得舌尖上的震泽。

悠远的岁月，深厚的文化积淀，为震泽古镇留存了丰富的历史遗迹和人文景观。古镇现存各级文物保护单位 40 处，其中有全国重点文物保护单位 2 处，省级重点文物保护单位 3 处，市级文物保护单位 22 处，市级文物控制单位 13 处，这些深深的庭院、典雅的厅堂、古老的石桥，就像是震泽古镇史册上依次排列的岁月章回，是震泽千年古韵的魅力所在。

震泽一向以崇文重教、文化昌盛闻名，千百年来，这里雅士齐聚，文人涌现，自宋绍兴四年（1134 年）至清光绪三十二年（1906 年），先后有进士 15 人，举人 33 人。著名的有宋代儒林三贤王蘋、陈长方、杨邦弼，明代按察副使吴秀，清代天文学家王锡阐，中国红十字会创始人之一施则敬，著名金融家施肇曾，著名外交家施肇基，中国科学院院士杨嘉墀，昆剧表演艺术家蔡正仁、王芳等一大批杰出人士，在政治、经济、社会、科技、艺术等领域卓有贡献。

历史上有多少名士学者在震泽定居或盘桓游览。春秋时越国大夫范蠡辅助越王勾践卧薪尝胆，最终战胜吴国，后隐居震泽垂钓斩龙潭；唐代诗人张志和结庐浮玉墩，留下“数椽结庐，一水环境；玉山浮游，震泽清净”的佳句。唐代文学家陆龟蒙在震泽修筑别业，养鸭藕河滩，寄情一方水土。30年代，著名社会学家费孝通在震泽区辖开弦弓村作社会调查，写下《江村经济》这一社会学巨著。费孝通曾四次访问震泽，提出城乡物资交流互通的作用，震泽乡镇企业经济得到大力发展，随之，震泽镇成为江苏省重点中心镇。

多少年来，震泽镇沐浴着江南的春风，饱含着太湖的波光，散发出丰盈充沛的灵气。古镇震泽，据吴根越角为镇，以桑蚕文化享誉，凭水乡风貌著称。历史为径文物遍布，文化为纬景观众多。在96平方千米的丰饶水土上，不仅饱含着江南水乡的万种风情，也孕育了震泽这个中国历史文化名镇的独特内涵。蚕桑是震泽的地标，蚕丝是震泽的灵魂，丝业公学启蒙震泽人开眼看世界，江丰农工银行开中国民间银行之先河，悠悠頔塘河是近代中国“水上丝绸之路”，而种桑养蚕、剥茧缫丝的传统，数百年来绵延传承，不绝如缕。

震泽镇被评为“中国幸福乡镇”实至名归。那美丽如画的古镇建设，与大自然亲密融合的优良环境，传统文化和古镇特色的演绎，震泽镇居民悠闲自得的幸福生活，是震泽镇人民的荣耀。全镇居民2.06万辆机动车在宽畅的公路上、洁净的镇村道上井然有序地安全驾驶。居民家中2.25万条宽带网和2.44万部手机电信的流通丰富了震泽人民的文化生活。震泽镇广泛开展群众性文化活动，12个文体团队，健身锻炼人群达1.8万人；参加吴江区、苏州市、江苏省的各项文体比赛连续获奖；“欢乐震泽”的文艺表演，丰富了群众的精神生活。古镇居民欣喜地感受到，曾经略显冷清的家园搬进了一批批充满朝气的年轻人，安静的小巷迎来了更多游客的造访，习以为常的生活状态成了摄影家眼中珍贵的镜头。

一根蚕丝成为震泽镇的发展主线，一条集农业观光、工业旅游、美食体验、生态休闲于一体和丰润灵动的绿色经济产业链已经形成。美丽震泽建设永远在路上，将特色产业、古镇旅游、自然生态和新城建设相结合；古韵新风交相辉映，把震泽真正建设成美丽城镇，成为江南水乡中独具韵味的一颗明珠。一根丝串联起了震泽的水，串联起了震泽的土，更串联起了震泽的情。在新城、古镇之外，那片广袤的乡间，至今存留着震泽人、震泽城和震泽丝最朴素的情怀记忆。于是那一栋栋拔地而起的农居小楼，那些清澈一如千年往昔的河水，那些郁郁葱葱的桑林，那些因新时代新生活而绽放的笑脸，那些对家乡的一份怀想，一抹乡愁，就这样被呵护着、定格着。未来的震泽古镇将更加宜游、宜业、宜居、宜文，她必将在现代化新城镇建设中奏出更加华美的乐章。

常有一丝牵挂在震泽！

# 镇情概貌

震泽镇濒临太湖，作为江南古埠，前唐开埠，南宋设镇，沿千年历史；鱼米之乡，蚕丝之府，显农桑之盛。悠远的岁月，深厚的文化积淀，为古镇留存了丰富的人文景观，这些饱经历史风尘、岁月沧桑的文化宝藏犹如颗颗晶莹剔透的宝石，镶嵌在丰饶秀美的太湖之滨，点缀于清流逶迤的頔塘河畔。

震泽镇区（2015 年 8 月摄）

## 建置沿革

震泽镇在 5000 年前的原始社会晚期已有人类居住。春秋时期先属吴，后属越。战国时期归楚。秦代、东汉、三国时期均属乌程县。西晋时期属东迁县。隋唐时期，东迁县并入乌程县，辖震泽。后梁时期属吴江县。南宋年间，为皇畿近地设震泽巡检司以镇之，镇之名于此始。清雍正四年（1726 年）至宣统三年（1911 年），划吴江偏西地置震泽县，震泽镇乃属震泽县。1912 年，震泽县并入吴江县。1952 年 7 月，震泽镇升为县属镇，直属吴江县。2003 年 12 月，八都镇与震泽镇合并为震泽镇，镇政府驻地在原震泽镇区，原八都镇区改为八都贯桥社区。2015 年，震泽镇建置不变。

# 区位交通

震泽镇位于北纬 30° 52′ ~ 30° 57′，东经 120° 26′ ~ 120° 33′，江苏省苏州市吴江区西南部，江苏、浙江两省交界处，是吴江区的西大门，东邻平望镇和盛泽镇，南接桃源镇，西依浙江省湖州市南浔镇，北连七都镇。境内沪苏浙高速公路、318 国道和京杭运河支流长湖申线并行横贯东西 15 千米。震泽毗邻太湖南岸，苏嘉湖平原中心，地理位置优越，水陆交通便捷，地处中国经济最发达地区的长江三角洲之中，东距上海 80 千米，南距杭州 75 千米，西距湖州市南浔镇 10 千米，北距苏州 50 千米。旅客搭乘各地航班至上海虹桥机场、浦东国际机场或杭州萧山国际机场，可以从上海经沪苏浙高速公路或从萧山经苏嘉杭高速公路至震泽，车程约 2 小时。

震泽镇区位交通图

# 行政区划

1950年2月，震泽镇建立南横街、梅场街、凤凰街、砥定街、宝塔街、藕河街、太平街7个街道居民委员会。1958年9月，震泽人民公社成立，公社下辖23个生产大队。1985年10月，震泽镇实行镇乡合一，镇管村体制，镇设1个街道办事处，辖7个街道居民委员会，镇区面积1.4平方千米；农村辖30个村民委员会。2003年12月，八都镇与震泽镇合并为震泽镇，震泽镇设震泽、八都2个街道办事处，辖砥定、石瑾、镇南、贯桥4个社区居委会，辖23个行政村。2015年，震泽镇镇域总面积96平方千米，其中镇区面积10.38平方千米，设震泽、八都2个街道办事处，辖砥定、石瑾、镇南、金阳、八都5个社区居委会，大船港村、兴华村、朱家浜村、新乐村、众安桥村、齐心村、永乐村、勤幸村、蠡泽村、双阳村、金星村、新幸村、三扇村、龙降桥村、花木桥村、长家湾村、联星村、曹村村、桃花庄村、林港村、前港村、夏家斗村、贯桥村23个行政村。

## 社区居委会

**砥定社区** 2002年9月，砥定社区建立，社区位于镇区北。社区东起宝塔街，南靠頔塘市河，西至新开河，北依318国道，面积1.81平方千米。社区由砥定街、藕河街、太平街、宝塔街、公园路、虹桥6个街道居委会合并而成。社区所辖区域是原老镇区，是震泽镇文化教育中心。社区内有震泽中学初中部，有全国重点文物保护单位师俭堂、慈云寺塔，省级文物保护单位王锡阐墓，苏州市级文物保护单位禹迹桥、思范桥、一本堂、丝业公学旧址、汇丰农工银行等18处，旅游景点有慈云禅寺、震泽公园、贞惠先生碑亭等。砥定社区是镇商贸中心，为休闲旅游胜地。2015年年底，社区共设92个居民小组，有居民1655户，总人口4294人。

**石瑾社区** 2002年9月，石瑾社区建立，社区位于镇区南。社区东起南横街、快鸭港路，南起分乡河，西至严墓塘，北靠頔塘市河，面积2.5平方千米。社区下辖石瑾新村、石瑾二村、凤凰街、梅场街。石瑾社区是镇金融、商业中心，农贸市场、太湖小商品市场及吴江区国税局震泽分局，中国银行、农业银行、工商银行、建设银行、农村商业银行等分支机构均设在该社区。社区西部有耶稣教堂、门球场。2015 年年底，社区共设 53 个居民小组，有居民 1488 户，总人口 3860 人。

**镇南社区** 2002 年 9 月，镇南社区建立，社区位于镇区东。社区东起震桃公路东侧，南至新乐新村，西依南横街、快鸭港路，北靠頔塘市河，面积 3.29 平方千米。社区下辖优瑾新村、镇南新村、頔塘新村、南横街、小稻场街。镇南社区是镇政治、新兴商业服务中心。震泽镇人民政府、吴江区地税局震泽分局、吴江区公安局震泽派出所、震泽邮政电信大楼、国际花园酒店及四家大型餐饮店、商业一条街（横街）均在该社区。2015 年年底，社区共设 76 个居民小组，有居民 1398 户，总人口 4009 人。

**金阳社区** 2012 年 9 月，金阳社区建立，社区位于镇区东南。社区东起镇路南靠新乐新村，西至快鸭港路，北依镇南社区，面积 1.95 平方千米。社区下辖金丰花园、阳光家园、富景湾小区、名人苑、新乐新村、镇南一路、中心街。吴江区震泽交管所、吴江区第四人民医院、民生银行、震泽中心农贸市场等均在该社区。2015 年年底，社区共设 28 个居民小组，有居民 484 户，总人口 1284 人。

**八都社区** 2002 年 7 月，贯桥社区建立。2014 年 11 月，贯桥社区更名为八都社区，社区位于震泽镇西北，社区所辖范围是原八都镇镇区。社区东起八都中学、八都小学，南靠贯桥村 10 组，西依三官桥，北至茧站，面积 0.83 平方千米。社区下辖 18 个住宅小区，10 个居民小组。社区街路有八七公路、贯前路、小平大道、滨河路、新马路、八丝新路、市场路、贯南路、西环路等 15 条路。社区东部有八都中学、八都小学及中心幼儿园。社区中心是商业区，有影剧院、卫生院、农业银行、农村商业银行、电视广播站、大润发超市、联华超市、农贸市场等。2015 年年底，社区共设 10 个居民小组，有居民 1008 户，总人口 2257 人。

### 行政村

**大船港村** 大船港村位于震泽镇西，距镇 5.5 千米。2003 年 7 月，大船港村、桥头村、外倚村合并为大船港村。东与朱家浜村相邻，南与兴华村、青云陶墩村隔河相望，西接浙江省南浔镇浔东村，北靠頔塘河。面积 5.51 平方千米。下辖麻字圩、石头桥、竹园湾、邱家湾、戴家湾、长滩漾（东）、叶家浜、西港上、曹村港、划船港、横港上、长稻场、长滩漾（西）、大船港、陈家斗、水路斗、盛家坝、严家里、芦埂头、吴家坝、竟成头、许家坝（南）、许家坝（北）、沈家坝、姚家扇、石家斗、董家巷、龙桥坝、谢家浜29个自然村。村委会驻地姚家扇。2015年年底，全村共设42个村民小组，有居民980户，总人口3741人，耕地面积3210亩。全年村集体收入1311万元，其中彩钢板钢架制造企业150家，上交村土地租赁费1100万元。是年，村民人均纯收入3.31万元。

**兴华村** 兴华村位于震泽镇西南，距镇中心5千米。2001年8月，水木桥村与梅桥村合并为兴华村。2003年7月，兴华村与新联村合并为兴华村。东连蠡泽村，南邻青云金光村，西靠大船港村，北接朱家浜村。面积5.88平方千米。下辖水木桥、东庄桥、金家浜、菱塘浜、李家桥、车头浜、庙墩、金家坝、李家港、顾庄浜、波斯港、小坝里、河西坝、鸦雀浜、北冷水港、辰字圩、郁家浜、梅家桥、打瓜浜、钱家湾、镬子坝、燕浜、北港上、梅家坝、匠人坝、念佛浜、姬家湾、庄家湾、栲栳坝29个自然村。村委会驻地郁家浜。2015年年底，全村共设32个村民小组，有居民718户，总人口2685人，耕地面积3870亩，全年村集体收入735万元，其中企业108家、农业承包大户16户，上交村土地租赁费570万元。是年，村民人均纯收入2.75万元。

**朱家浜村** 朱家浜村位于震泽镇西，距镇中心0.75千米。2003年7月，朱家浜村与夏水斗村合并为朱家浜村。东靠严墓塘与蠡泽村隔河相望，南与蠡泽村、兴华村接壤，西邻大船港村，北濒塘河。面积4.49平方千米。下辖朱家浜、梅家浜、沈家浜、孙家浜、杨林浜、小村浜、马赋浜、史家厂、闸坝头、夏水浜、鸭仙桥、馄饨斗、南大港、北大港、李水港、曹家浜、袁家浜、匠人坝18个自然村。村委会驻地杨林浜。2015年年底，全村共设28个村民小组，有居民667户，总人口2406人，耕地面积2940亩，全年村集体收入759万元，其中570亩土地出租给110家企业，上交村土地租赁费532万元。是年，村民人均纯收入2.93万元。

**新乐村** 新乐村位于震泽镇东南。2001年8月，新乐村与梅家浜村合并为新乐村。2003年7月，新乐村与范家坝村合并为新乐村。东与双阳村相连，南与新幸村、南麻沈家村隔河相望，西与蠡泽村相接，北靠頔塘河。面积6.5平方千米。下辖张家浜、腊缺浜、庞家埭、张善坝、孙家坝、木桥头、姚家浜、快鸭港、王家浜、石墩浜、计家湾、油车基、钮家埭、乌泥坝、倒树下、梅家坟、梅家浜、渡船头、茶墅头、杨家湾、石臼桥、陈家埭、范家坝、范家浜、小圩里、蒋家浜、新开河、豆基浜28个自然村。村委会驻地姚家浜。2015年年底，全村共设39个村民小组，有居民985户，总人口3323人，耕地面积1560亩，全年村集体收入507万元，其中土地出租140亩、物业综合大楼出租 2300 平方米，上交村土地租赁费 244 万元。是年，村民人均纯收入 3.35 万元。

**众安桥村** 众安桥村位于震泽镇东北，距镇中心 3.5 千米。2003 年 7 月，众安桥村与谢家村合并为众安桥村。东连齐心村，南濒頔塘河，西邻金星村，北靠长漾，318 国道穿村境。面积 3.39 平方千米。下辖曹长浜、扁家浜、牛头浜、俞家浜、庄里、南横港、醋酸浜、朱家湾、燕花庄、羊浜头、谢家路、宽鸭港、北横港、田鸡港 14 个自然村。村委会驻地俞家浜。2015 年年底，全村共设 22 个村民小组，有居民 493 户，总人口 1667 人，耕地面积 2595 亩，全年村集体收入 653 万元，其中 6.58 万平方米土地出租给 22 家企业，上交村土地租赁费 118 万元。是年，村民人均纯收入 2.35 万元。

**齐心村** 齐心村位于震泽镇东北，距镇中心 4 千米。2003 年 7 月，齐心村与徐家浜村合并为齐心村。东邻平望镇庙头村，南濒頔塘河，西接众安桥村，北靠长漾。面积 4.4 平方千米。下辖塘口浜、善长浜、徐家浜、小洪浜、大洪浜、宋家门、醋家港、杨家湾、李家埭、香同湾、庄圣港、下马浜 12 个自然村。村委会驻地宋家门。2015 年年底，全村共设 22 个村民小组，有居民 516 户，总人口 1860 人，耕地面积 2670 亩，全年村集体收入 1032 万元，其中 3 万平方米厂房出租给 6 家企业，上交村土地租赁费 350 万元。是年，村民人均纯收入 2.86 万元。

**永乐村** 永乐村位于震泽镇东，距镇中心 4.5 千米。2003 年 7 月，永乐村与徐家埭村合并为永乐村。东与梅堰三官桥村接壤，南濒北麻漾，西连双阳村，北靠頔塘河。面积 3.8 平方千米。下辖靴脚浜、永乐寺、仲家浜、山茶花、寿元浜、李家浜、钮家墩、师姑浜、梅家浜、段其港、北庄浜、姚家浜、徐家埭 13 个自然村。村委会驻地段其港。2015 年年底，全村共设 22 个村民小组，有居民 605 户，总人口 2186 人，耕地面积 3225 亩，全年村集体收入 656 万元，其中 10 家企业上交村土地租赁费 166 万元，25 户农业承包大户上交村土地租赁费 168 万元。是年，村民人均纯收入 3.19 万元。

**勤幸村** 勤幸村位于震泽镇北，与镇区相连。2001 年 8 月，勤幸村与勤俭村合并为勤幸村。2003 年 7 月，勤幸村与蔬菜村合并为勤幸村。东与金星村接壤，南邻頔塘河，西与龙降桥村隔河相望，北连三扇村。面积 3.87 平方千米。下辖吴家港、庙夫浜、大港上、蟹介桥、西黄浜、莫家浜、王家庄、高桥头、宋家湾、鲤鱼浜、小带坟、乌雀浜、蒲鞋浜 13 个自然村。村委会驻地鲤鱼浜。2015 年年底，全村共设 23 个村民小组，有居民 583 户，总人口 1600 人，耕地面积 1800 亩，全年村集体收入 572 万元，其中标准厂房、店面房出租 1.1 万平方米，上交村土地租赁费 150 万元。是年，村民人均纯收入 2.64

万元。

**蠡泽村** 蠡泽村位于震泽镇南。2001年8月，蠡泽村与塔水桥村、南浦浜村合并为蠡泽村。东接新乐村，南靠新幸村，西邻兴华村与朱家浜村，北依镇区。面积2.5平方千米。下辖南浦浜、快鸭港、回字圩、康庄、济字坝、徐家浜、顾家里、荡东滩、北港上、塔水桥、苏字圩、杨家湾、同家浜、彭家里、精字圩、独圩墩、张家里17个自然村。村委会驻地南浦浜。2015年年底，全村共设23个村民小组，有居民689户，总人口2111人，耕地面积2085亩，全年村集体收入564万元，其中53家彩钢板企业租赁土地417亩，上交租赁费185万元。是年，村民人均纯收入2.43万元。

**双阳村** 双阳村位于震泽镇东，距镇中心3千米。2001年8月，双阳村与庙浜村合并为双阳村。东连永乐村，南濒北麻漾，西接镇区和新乐村，北靠318国道。面积2.8平方千米。下辖南庄浜、北湾里、仁安港、小港上、双阳、上墩、三角荡、盗南浜、盗南滩、小浜里、北景浜、朝南埭、庙浜、荡湾里、钮家埭、庞家埭、北洞里17个自然村。村委会驻地双阳。2015年年底，全村共设21个村民小组，有居民529户，总人口1922人，耕地面积309亩，全年村集体收入363万元，其中土地出租100余亩、厂房出租6000平方米，上交租赁费165万元。是年，村民人均纯收入2万元。

**金星村** 金星村位于震泽镇东北，距镇中心1.5千米。2001年8月，金星村与周家扇村合并为金星村。东邻众安桥村，南接双阳村，西连勤幸村，北濒长漾。面积2.18平方千米。下辖牌楼头、西萝卜兜、杨家门、东萝卜兜、唱歌桥、枫林湾、笠帽港、小圩里、藕池湾、莲珠浜、唐家湾、九曲港、南桥头、网船头、汤家湾、黄家浜、缝匠湾、漆匠港、打铁湾、凋家浜、周家扇21个自然村。村委会驻地杨家门。2015年年底，全村共设23个村民小组，有居民533户，总人口1611人，耕地面积1320亩，全年村集体收入614万元，其中2800平方米集体宿舍、7000平方米标准厂房的物业收入120万元。是年，村民人均纯收入2.01万元。

**新幸村** 新幸村位于震泽镇南，距镇中心4千米。东邻南麻沈家村，南连铜罗后练村，西靠蠡泽村，北接新乐村。面积2.8平方千米。下辖田鸡坝、李家扇、旺家坝、麻花浜、湾塘里、东元坝、里沙塘浜、外沙塘浜、十字港、上南湾10个自然村。村委会驻地麻花浜。2015年年底，全村共设18个村民小组，有居民463户，总人口1817人，耕地面积2580亩，全年村集体收入322万元，其中土地出租给企业的上交租赁费228万元。是年，村民人均纯收入2.34万元。

**三扇村** 三扇村位于震泽镇北，距镇中心 2 千米。东濒长漾，南邻勤幸村，西北连花木桥村，北靠荡白漾。面积 2.25 平方千米。下辖鳝鱼扇、鸟家扇、麻布扇、计家坝、潘祥桥、小港上、石桥头 7 个自然村。村委会驻地小港上。2015 年年底，全村共设 14 个村民小组，有居民 435 户，总人口 1539 人，耕地面积 1725 亩，全年村集体收入 687 万元，其中土地出租企业上交租赁费 160 万元，鱼塘租赁上交 60 万元。是年，村民人均纯收入 2.24 万元。

**龙降桥村** 龙降桥村位于震泽镇西北，距镇中心 1.5 千米。2001 年 8 月，龙降桥村与勤联村合并为龙联村。2003 年 7 月，龙联村与南港村合并为龙降桥村。东邻三里塘与震泽镇隔河相望，南依 318 国道和頔塘河，西靠夏家斗村，北接徐家漾。面积 7.6 平方千米。下辖孔家桥、龙降桥、盛家浜、李家浜、蒋家浜、杨家湾、花园桥、徐家浜、廊家港、协茂桥、陶家浜、陆家庄、计横港、青鱼扇、毛儿浜、沙家浜、施家湾、清安桥、孙横上、祠堂桥、穆祥桥、周渠浜、贺家浜、史家浜、仰嘉桥、庄屋里、十都里、西潘、南浜 29 个自然村。村委会驻地孔家桥。2015 年年底，全村共设 42 个村民小组，有居民 1080 户，总人口 3680 人，耕地面积 3360 亩，全年村集体收入 1100 万元，其中土地出租给 33 家企业上交租赁费 520 万元、20 户农业承包大户上交租赁费 50 万元。是年，村民人均纯收入 2.26 万元。

**花木桥村** 花木桥村位于震泽镇西北，距镇中心 5 千米。2003 年 7 月，庄家村、李家村、勤星村、花木村合并为花木桥村。东连三扇村，南临徐家漾，西与长家湾村相接，北靠迮家漾。面积 6.7 平方千米。下辖张家浜、庄家湾、北道、南天东墐、太龙浜、花木桥、姚家里、花木塘、南塍上、李家湾、金家湾、罗家里、蛤蜊浜、吴家浜、中央里、高家埭、盛家里、张家港、浪池港、鱼池上 20 个自然村。村委会驻地花木桥。2015 年年底，全村共设 38 个村民小组，有居民 898 户，总人口 3285 人，耕地面积 4725 亩，全年村集体收入 635 万元，其中 23 家企业土地租赁上交 117 万元，25 家养鱼、植树承包户上交 201 万元。是年，村民人均纯收入 2.55 万元。

**长家湾村** 长家湾村位于震泽镇西北，距镇中心 7 千米。2003 年 7 月，陶安渠村与长家湾村合并为长家湾村。东临花木桥村，南接前港村，西连林港村，北靠联星村。面积 2.6 平方千米。下辖北陶安渠、中陶安渠、南陶安渠、长家湾、大浒浜、南枫湾 6 个自然村。村委会驻地长家湾。2015 年年底，全村共设 22 个村民小组，有居民 547 户，总人口 2017 人，耕地面积 2400 亩，全年村集体收入 516 万元，其中 25 家企业租赁土地、

26 户养殖与种植水稻户上交款 210 万元。是年，村民人均纯收入 2.68 万元。

**联星村** 联星村位于震泽镇西北，距镇中心 8 千米。东接花木桥村，南连长家湾村，西靠七都陆港村，北濒蒋家漾。面积 2.8 平方千米。下辖杨家坝、小金浜、两头大、枫家浜、厚明港、顾家里、汤扇里、蒋家湾、和睦浜 9 个自然村。村委会驻地枫家浜。2015 年年底，全村共设 16 个村民小组，有居民 445 户，总人口 1665 人，耕地面积 2220 亩，全年村集体收入 578 万元，其中 7000 平方米厂房出租给 3 家企业，上交租赁费 95 万元，1.3 万平方米土地出租给 5 家企业，上交租赁费 16 万元，120 亩鱼塘围垦上交款 23 万元。是年，村民人均纯收入 2.56 万元。

**曹村村** 曹村村位于震泽镇西北，距镇中心 7 千米。2003 年 7 月，建丰村与曹村村合并为曹村村。东邻夏家斗村，南依頔塘河，西接桃花庄村，北靠八都社区。面积 2.6 平方千米。下辖白洋头、肖家浜、小环、大环、吴家斗、朱家里、汤家汇、铁店浜、寺浜、徐家弄 10 个自然村。村委会驻地大环。2015 年年底，全村共设 19 个村民小组，有居民 436 户，总人口 1572 人，耕地面积 450 亩。全年村集体收入 351 万元，其中 35 家企业租地、资产出租上交款 200 万元。是年，村民人均纯收入 2.25 万元。

**桃花庄村** 桃花庄村位于震泽镇西，距镇中心 9.5 千米。2001 年 8 月，南联村与青池头村合并为南北联村。2003 年 7 月，南北联村与桃花庄村合并为桃花庄村。东连曹村村，南临頔塘河，西接浙江省湖州市南浔镇、七都陆港村，北靠贯桥村。面积 3.5 平方千米。下辖木香棚、谭家斗、汪家斗、刘古斗、青池头、桃花庄、小庙前、榨酒浜、迎祥桥、额圩浜 10 个自然村。村委会驻地谭家斗。2015 年年底，全村共设 25 个村民小组，有居民 632 户，总人口 2165 人，耕地面积 1575 亩，全年村集体收入 200 万元，其中 30 家企业租地、资产出租的上交款 165 万元。是年，村民人均纯收入 2.63 万元。

**林港村** 林港村位于震泽镇西北，距镇中心 8.5 千米。2001 年 7 月，枫林村与港口村合并为林港村。东接长家湾村，南连前港村，西靠贯桥村，北邻联星村。面积 1.38 平方千米。下辖港口里、长浜、短浜、大基北塍、枫林湾、西埭上、西南浜 7 个自然村。村委会驻地枫林湾。2015 年年底，全村共设 14 个村民小组，有居民 417 户，总人口 1548 人，耕地面积 1530 亩，全年村集体收入 519 万元，其中 2.5 万平方米标准厂房出租给 4 家企业，上交租赁费 250 万元。是年，村民人均纯收入 2.78 万元。

**前港村** 前港村位于震泽镇西北，距镇中心 9 千米。2003 年 7 月，渔业村与前港村合并为前港村。东临花木桥村，南靠夏家斗村，西连贯桥村，北接长家湾村。面积 1.61

平方千米。下辖竹园头、张家浜、秀才浜、前港、后港、西姚、倪家湾、西南桥、朱倪浜、慕贤浜 10 个自然村。村委会驻地倪家湾。2015 年年底，全村共设 14 个村民小组，有居民 456 户，总人口 1706 人，耕地面积 1470 亩，全年村集体收入 695 万元，其中企业租金上交 40 万元，明港道桥工程有限公司上交租金 30 万元。是年，村民人均纯收入 2.65 万元。

**夏家斗村** 夏家斗村位于震泽镇西北，距镇中心 7 千米。2003 年 7 月，双板村与永联村合并为夏家斗村。东靠龙降桥村，南临 318 国道和頔塘河，西连贯桥村，北接前港村。面积 4.8 平方千米。下辖李始浜、旺港头、双板桥、木横浜、田东城、东照浜、脚里浜、庙浜、石前桥、斗字庄、金家浜、小引、积谷浜、旱城头、波思浜、万千坝、姚家浜、夏家斗、黑虎斗、八如桥 20 个自然村。村委会驻地木横浜。2015 年年底，全村共设 29 个村民小组，有居民 801 户，总人口 3001 人，耕地面积 3330 亩，全年村集体收入 649 万元，其中通快电梯厂物业收入 118 万元，厂房、商铺出租收入 105 万元。是年，村民人均纯收入 2.16 万元。

**贯桥村** 贯桥村位于震泽镇西北，距镇中心 10 千米。2003 年 7 月，北长村与贯桥村合并为贯桥村。东与夏家斗村、林港村相连，南与桃花庄村、曹村村相邻，西与浙江省湖州市南浔镇和七都镇相接，北靠七都镇。面积 2.6 平方千米。下辖东湾里、庙后村、倪塘头、对富桥、钮家浜、闹家桥、杨家浜、南房、三官桥、庵前、王家港、太平桥、三家村、王家湾、川河田、长田湾、汤家扇、双塔桥 18 个自然村。村委会驻地庙

田园乡村（2016 年 3 月摄）

麻漾之畔（2015 年 9 月摄）

后村。2015 年年底，全村共设 26 个村民小组，有居民 712 户，总人口 2535 人，耕地面积 2220 亩，全年村集体收入 719 万元，其中 80 家企业租地、厂房出租上交租赁费 380 万元。是年，村民人均纯收入 2.73 万元。

# 自然环境

**地貌土壤** 震泽地貌类型属太湖流域的湖荡平原区，地势自东北向西南缓慢降低，水域面积占总面积的 23.5%，沿頔塘河的西南部分属低洼圩田平原。境内河港纵横，荡漾较多，素有“水乡泽国”之称，形成土壤的成土母质是淤积物和湖积物，全镇土壤以水稻土为主，5 个土属为乌黄泥、小粉土、青紫泥、青泥土和白土，耐压力 7 吨每平方米～ 21 吨每平方米。镇区内土壤主要是灰黄黏土、灰细沙土和黄黏土。

**湖荡河流**

震泽地处太湖南境低平原区，有密似蛛网的湖荡河流。至 2015 年，全镇有湖泊、荡漾 27 个，其中超过 1000 亩的有北麻漾、长漾、金鱼漾、徐家漾、连家漾 5 个。全镇有河流 289 条，总长 267.72 千米，分布在全镇各处，其中外塘河流有頔塘河、三里塘、严墓塘、西墐港、贯桥河 5 条，总长 40.97 千米，内塘河流有 284 条，总长 226.75 千米。

**北麻漾** 北麻漾位于镇区东南，又名麻漾，面积 15445 亩。周围连着震泽、梅堰、南麻、坛丘等地区，漾边芦苇丛生。北麻漾出产鲢鱼、草鱼、青鱼、鲤鱼、鲫鱼等。60 年代～70 年代，该漾属权归坛丘管辖，由坛丘水产分场（国营）养殖各种鱼类。90 年代，承包给各养殖户。

**长漾** 长漾古名牛娘湖，在镇区东北，长 9 千米，宽 1 千米～2 千米，面积 8864 亩，周围连着震泽、庙港、横扇、梅堰等地区。长漾幅员广阔，水波浩瀚，通过河港，北接太湖来水，南经运河和其他河道入海。70 年代～80 年代，吴江县水产部门经营国营水

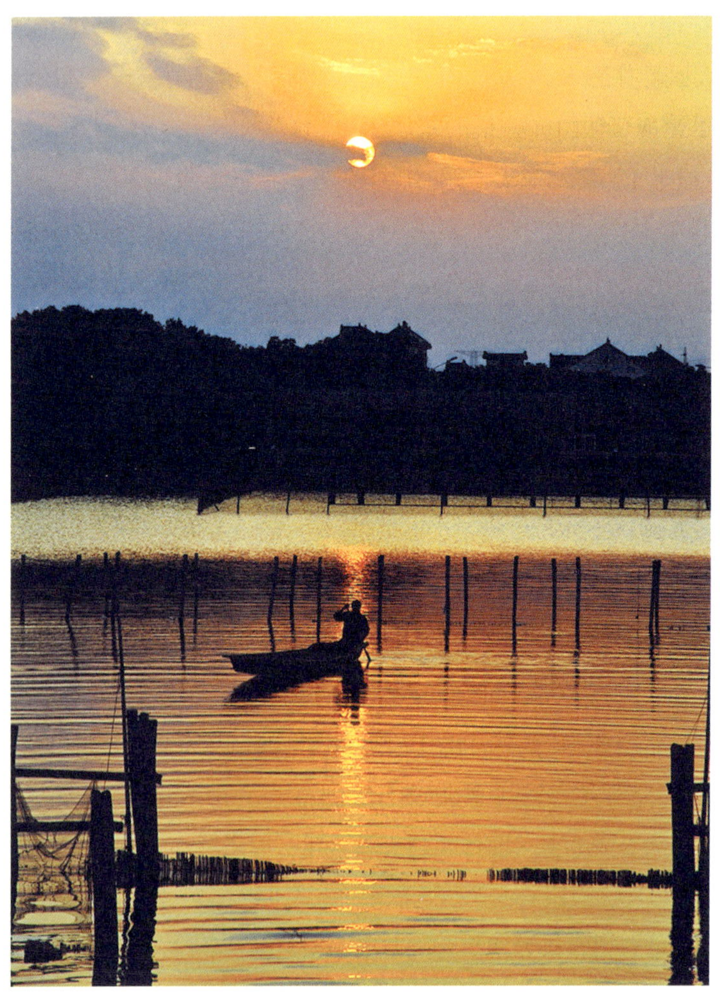

长漾（2012 年 10 月摄）

产养殖场，每年有上万吨各种鱼类供应市场，周围乡镇也利用长漾得天独厚的水资源，在周边地区养殖水产。北滩临湖地带，多生芦苇等水生植物。漾底沉积泥炭，农民大量开采，充当燃料。漾西南近震泽处，有震泽八景之一的“张墩怀古”。

**金鱼漾** 金鱼漾位于镇区西，又名稽五漾、鲸鱼漾，与七都镇相望，南与浙江省湖州市南浔镇鼓楼港相接，引頔塘河之水经双塔桥泄蒋家漾、荡白漾。漾底高程 0.5 米，面积 6474 亩，震泽境内面积 802 亩。

**徐家漾** 徐家漾位于镇区西北，东南依龙降桥村，漾北靠花木桥村。面积 1416 亩，东通长漾，南入頔塘河。徐家漾北滩芦苇丛生，70 年代，入冬后，芦苇成熟，附近庄家、李家两村农民割下芦苇，去叶后用刀把一根根芦苇劈开，做成芦席或芦帘，售给各生产队养蚕用，收入可观。徐家漾内养殖常规鱼类，由吴江水产养殖场管辖。90 年代，水产养殖转承包制。

**迮家漾** 迮家漾位于镇区东北，又名栅家漾、南漾，东通横路港，东南经庙港米古圩通荡白漾，漾西北为庙港，西与蒋家漾相连。漾底高程 0 米～ 0.1 米，面积 1012 亩，震泽境内面积 465 亩。

**頔塘河** 頔塘河本名荻塘，因周围芦荻丛生而得名。唐贞元八年（792 年），湖州刺史于頔整修荻塘岸，荻塘由此改为頔塘。頔塘河源出天目山之苕溪，西接湖州，东通上海。该河又名长湖申运河，是连接长兴、湖州、上海的水上交通要道。2004 年～ 2005 年，航道进行全面整治，河面拓宽，河岸加固。拓宽后河面宽 45 米～ 65 米，为国家四级航道。2014 年，頔塘河震泽段西起浙江省南浔镇，东至平望镇，全长 18 千米。

**三里塘** 三里塘位于震泽镇西北，南起震泽镇北栅，北至荡白漾，全长 4.6 千米。70 年代～ 80 年代，震泽至庙港有轮船通航，每天两班。庙港土特产运销震泽，震泽各种工业品运往庙港，都经此河。三里塘水流量大，汛期水位高，镇、村每年对塘岸进行加高加固。2005 年，除水泥楼板护坡外，全部做石驳岸，并对河道进行全面清淤，加以疏通。

**严墓塘** 严墓塘位于震泽镇西南，原名普安港，北起頔塘河，南接后练塘，全长 4.5 千米，河面宽 30 米，流经蠡泽、后练至铜罗（严墓塘）。严墓塘连接江苏、浙江两省，水上运输繁忙。70 年代～ 80 年代，有客轮庙青班、嘉兴班、乌镇班等，航行都经严墓塘。90 年代，318 国道公路拓宽畅通，乡镇公路相继开通，轮船的客运量日渐减少，轮班逐渐停航。

**西塂港** 西塂港位于震泽镇西面，与浙江省湖州市南浔镇相望。全长 5.2 千米，河面平均宽度 25 米。南引頔塘水经南浔镇鼓楼港注入金鱼漾。

**贯桥河** 贯桥河位于震泽镇西面，又名杨定桥河，南北流向。南引頔塘水流入金鱼漾、蒋家漾泄入荡白漾。全长 8.67 千米，河面平均宽度 30 米，河底宽 5.2 米。

**气候气象** 震泽气候属北亚热带季风区，四季分明，气候温和、湿润，雨量充沛，无霜期长。春秋两季冷暖气流交替支配，夏季受副热带高压影响，冬季受北方冷空气控制，春秋两季盛行东南风，秋冬季节多偏北风，年际、季际变化较大。年平均气温 15.7℃，极端最高气温 39.8℃（1953 年 8 月 26 日），极端最低气温 −10.6℃（1977 年 1 月 31 日）。年平均降水量 1145.6 毫米，一年中降雨量最多在 6 月，月平均降雨量 181.3 毫米，一年中降雨量最少在 12 月，月平均降雨量 38.3 毫米。年平均日照时数 2014.6 小时，日照百分率 45%，7 月～ 8 月，白昼较长，且多晴日，日照百分率 55%～ 60%，2 月～ 6 月，日照百分率 38%～ 42%。

# 人口构成

**人口总量** 震泽在元代时，镇区居民数十家。明成化年间（1465 年～ 1487 年），镇区居民三四百家。嘉靖年间（1522 年～ 1566 年），镇区居民近千家。清代初，镇区居民两三千家。雍正九年（1731 年），震泽司辖 25395 户。乾隆九年（1744 年），震泽司辖 35907 户，114495 人。

1928 年，震泽市镇乡人口 16453 户、63361 人。1929 年，汪伪政府设震泽为第五区，全区镇乡人口 15842 户、63164 人。1934 年 10 月，震泽区市镇人口 2017 户、8787 人。1948 年，震泽区镇乡人口 20915 户、98438 人，其中市镇人口 3602 户、15843 人。1950 年，震泽区人口 2600 户、10150 人，其中男 5171 人、女 4979 人。

1982 年 7 月，震泽镇人口 2785 户、8226 人，其中男 4183 人、女 4043 人；震泽公社人口 7842 户、32551 人，其中男 16928 人、女 15623 人。1990 年 7 月，震泽市镇人口 3459 户、10017 人，其中男 5093 人、女 4924 人；震泽农村人口 8095 户、33829 人，其中男 17255 人、女 16574 人。2000 年 7 月，震泽镇总户数 13207 户，总人口 42695 人，其中男 21417 人、女 21278 人。

2015 年，震泽镇总户数 20576 户，户籍人口 67319 人，其中男 33153 人、女 34166 人，非农业人口 15704 人，暂住人口 32257 人。人口密度为 701 人每平方千米。

**人口变动** 南宋建炎年间（1127 年～ 1130 年），金兵进入中原，北方汉族人口大量涌入江南，震泽一带人口增长。清顺治年间（1644 年～ 1661 年），南京、丹阳、句容等地商民到震泽定居。康熙至乾隆年间（1662 年～ 1795 年），安徽屯溪、歙县、祁门的茶叶商，浙江宁波、绍兴籍的中药商、染坊和酒坊商人，金华兰溪的火腿商等到镇经商。镇江和丹阳的浴室、理发、切面等行业的商人和手工业者迁至震泽镇并世代定居。光绪年间（1875 年～ 1908 年），避难逃荒的河南、绍兴、苏北籍农民至震泽镇租田耕种，落户的农村人口集中在镇东北片，纺经农户集中在双杨、柳塘两乡。

新中国成立初，震泽境内人口自然增长过快，出现高出生、低死亡的现象，人口出生率 35‰。60 年代初，人口出现低出生、高死亡的现象，人口负增长。1964 年～ 1971 年，人口增长回升，增加 4735 人，平均年增加 592 人，自然增长率 16.42‰。1972 年～ 1984 年，人口增长下降，增加 2785 人，平均年增加 214 人，自然增长率 5.46‰。1985 年～ 1990 年，自然增加 1564 人，平均年增加 260 人，自然增长率 6.17‰；由外省、外县迁入震泽镇人口 1323 人，大多来自云南、贵州、四川、广西等地的农村。

2008 年，全镇出生 423 人，死亡 601 人，人口净减 178 人，自然变化增长率 −2.63‰；全年迁入 301 人，迁出 197 人，人口净增 104 人，机械变动增长率 1.54‰。2012 年，全镇出生 550 人，死亡 585 人，人口净减 35 人，自然变化增长率 −0.52‰。

2015 年，全镇出生 484 人，出生率 7.19‰；死亡 578 人，死亡率 8.59‰；人口自然增长率 −1.4‰。

**人口结构** 1982 年 7 月，震泽镇 60 岁以上人口 4775 人，占总人口的 11.65%；80 岁以上人口 363 人，占总人口的 0.88%；90 岁以上人口 14 人。1990 年 7 月，震泽镇 60 岁以上人口 5965 人，占总人口的 13.6%；80 岁以上人口 528 人，占总人口的 1.22%；90 岁以上人口 43 人。是年，震泽镇总人口中，汉族人口 43791 人，占总人口的 99.88%，少数民族人口 55 人，占总人口的 0.12%。2000 年 7 月，震泽镇 60 岁以上人口 7300 人，占总人口的 15.4%；80 岁以上人口 755 人，占总人口的 1.59%；90 岁以上人口 47 人。是年，震泽镇总人口中，汉族人口 47265 人，占总人口的 99.74%；少数民族人口 125 人，占总人口的 0.26%。

2015 年，全镇 60 岁以上人口 19954 人，占总人口的 29.64%；80 岁～90 岁人口 2643 人，占总人口的 3.93%；90 岁以上人口 327 人，100 岁以上人口 2 人。震泽镇总人口中，汉族 67009 人、壮族 120 人、侗族 35 人、苗族 34 人、布依族 29 人、彝族 25 人、土家族 19 人、满族 11 人、傣族 7 人、黎族 5 人、回族 4 人、哈尼族 3 人、其他民族 18 人。共有 23 个少数民族。姓氏 393 个，其中 1000 人以上的姓氏有沈、周、吴、李、徐、张、王、杨、朱、潘、陈、庄、倪、黄、孙、曹、姚、金 18 个，300 人以上的姓氏有 45 个，300 人以下的姓氏有 330 个。

## 社会经济

**发展概况**　震泽历代以农业为主，种植水稻、小麦、油菜。自明代以来，震泽农民对蚕桑业的依赖胜于农耕，把养蚕作为主要副业。新中国成立后，经过土地改革，农业合作化，家庭联产承包责任制，农、渔、林业协调发展。90 年代，农业产业结构调整初见成效，工业经济发展态势强劲，民营企业崛起，形成亚麻绢纺业、新型建材业、光电缆及铜材业、有色金属加工业、电机电器电梯业五大支柱产业，民营开发区和外商投资区有五十余家企业落地生根，总投资十多亿元，以专业市场、旅游、房地产开发为主的产业雨后春笋般地蓬勃发展。无公害鸭蛋生产基地、震泽镇生猪养殖合作社、震泽林果合作社的成立，农业综合生态开发区建立，农业生态村创建，推进现代化农业发展的进程。震泽依托优越和独特的地理环境，蚕丝产业蓬勃发展，成为震泽镇的特色产业、品牌产业和富民产业，蚕丝被及丝绵系列产品的开发，给震泽镇带来很好的经济效益。

2008 年，震泽镇社会总产值 51.32 亿元，农、林、牧、渔业总产值 5.6 亿元，工业

捕鱼（2016 年 1 月摄）

震泽行政服务中心（2014 年 9 月摄）

总产值 152 亿元，全年财政总收入 2.83 亿元，居民人均可支配收入 2.72 万元。2012 年，全镇地区生产总值 95.64 亿元，其中第一产业 3.52 亿元，第二产业 56.30 亿元，第三产业 35.82 亿元。其中农、林、牧、渔业总产值 6.91 亿元，工业总产值 229.11 亿元，全年财政预算收入 3.92 亿元，居民人均可支配收入 3.85 万元。

2014 年 9 月，震泽行政服务中心启用。中心共设置 36 个窗口，涵盖 16 个部门的 129 个事项，为市民及企业提供一站式服务。2015 年，震泽镇以“一丝兴三业，三产绕一丝”为主线，利用古镇优势、产业优势、生态优势建设美丽震泽。镇区对外交通干道全面硬化，完成 6.7 千米七铜公路震泽段道路改造和震桃公路南段道路改造，实施震庙公路震泽段和盛 震线路面改造工程，完成 9.2 千米苏震桃公路震泽段工程建设。镇区主干道全面硬化，震新南路、横街改造，启动震泽新城、麻漾片区等道路建设，完成八都社区贯前街、八丝新路、新马路、贯南路综合改造工程。打造 100 亿元级光电缆产业，50 亿元级电梯等装备制造产业，30 亿元级蚕丝亚麻特色产业。提升富民强村工程，发展村级物业项目，成立镇农投公司，创建以“乡风和谐”为主题的“美丽乡村”示范点。是年，震泽镇地区生产总值 112.62 亿元，第一、二、三产业比为 5.12∶55.06∶39.82，第一产业 5.77 亿元、第二产业 62 亿元、第三产业 44.85 亿元。其中农、林、牧、渔业总产值 8.11 亿元，工业总产值 186.77 亿元，全年财政预算收入 4.86 亿元。

**文教卫生** 随着经济建设的发展，震泽镇的教育资源、教学设施更加优化。1997 年，镇政府投入 1600 万元，易地重建镇中心小学，建筑面积 1 万平方米。1998 年，政府投入 400 余万元在原梅诗场小学建镇中心幼儿园。2001 年，政府投资 1000 余万元修复师俭堂，整顿、改造有线广播和电视传播，扩建万册图书馆和各村图书室。2002 年，震泽中学投入 3000 万元扩大规模，建科技大楼、教学大楼、学生宿舍、塑胶运动场，改建尊经阁、图书楼等。2006 年，震泽镇被全国爱国卫生运动委员会授予“国家卫生镇”称号。2008 年，震泽镇成为全国环境优美镇。2014 年 9 月，八都中心幼儿园落成，政府耗资 3600 万元，占地面积 10655 平方米，建筑面积 7778 平方米，园内教学设施、设备齐全，达到省级优质幼儿园标准。2015 年，镇区内有中学 2 所，小学 6 所，中心幼儿园 3 所，成人学校 1 所，共有在职公办教师 355 人，在校中学生 1525 人，小学生 5864 人，学龄前儿童 2100 人，义务教育入学率 100%。社会终身教育网络不断完善，成人学校、老年大学开设各类课程 35 门，学员 3.9 万人次；少儿假日学校开设各类课程 42 门，58 个班，受教学生 2.29 万人次。全镇医疗卫生服务体系完善，城乡医疗卫生网络健全，有 2 所卫生院，23 个村级卫生服务站，儿童预防接种、传染病防治、妇女“两癌”筛查、妇幼保健工作、在职职工和退休人员体检工作有序开展。

江苏省震泽中学（2004 年 4 月摄）

农贸市场（2014 年 5 月摄）

广场舞（2010 年 8 月摄）

**人民生活** 震泽镇经济建设的发展，带动了震泽镇各项社会事业的发展。2008 年，震泽镇参加城镇职工养老保险 1.14 万人；参加农村社会养老保险（简称“农保”）1.54 万人，享受“农保”1.08 万人；参加土地换保障（简称“土保”）6783 人，享受“土保”3377 人。2012 年，震泽镇参加职工养老保险 2.5 万人；参加“农保”3001 人，享受“农保”1.09 万人；参加“土保”2029 人，享受“土保”3888 人；参加农村新型合作医疗保险 3.48 万人。

2015 年，震泽镇人均居住面积 65 平方米，镇建成区人均绿化面积 76 平方米。全年居民用电量 6136 万千瓦时，金融机构存款余额 72 亿元。震泽镇社会保障体系健全，覆盖面大，参加城镇职工养老保险 1.65 万人，其中退休职工 1.2 万人；参加“农保”2244 人，到龄享受 1.08 万人；参加“土保”1481 人，到龄享受 3852 人；参加新型合作医疗保险 3.16 万人；企业退休人员全部实行社会化管理。坚持向全镇各类弱势群体发放“低保”保障、医疗救助、社会救助和社会优抚金等各项资金，确保人民生活安居乐业。丰富多彩的学校文体活动和群众性文体活动广泛开展，建有足球、篮球、乒乓球、腰鼓等运动队和太极拳、门球、舞蹈、老年人协会等。全年开展各类文化活动 58 场次，全镇参加体育健身锻炼的老年人 1.4 万人，占老年人总数的 70%。是年，全镇居民人均可支配收入 5.05 万元，农民人均纯收入 2.54 万元。

虹桥人家（2013 年 5 月摄）

# 古镇风韵

千百年来，一条頔塘河自东向西从镇区贯穿而过，沿着頔塘河向西远远望见高大挺拔、俊俏雄伟的慈云寺塔耸立在粉墙黛瓦中。那古朴的禹迹桥宛如慈云寺塔的“姐妹”，与她塔桥相伴形影不离。行走在宝塔街、砥定街这些古镇老街，感受历史的积淀，好像范蠡、张志和、陆龟蒙就在眼前；进入银行弄，可以看到江丰农工银行的旧址；步入周坊元弄，好像穿梭在辑里丝经交易场所；身处全国重点文物保护单位师俭堂锄经园，参观设计精巧的江南园林。美丽震泽是一个布局独特的江南古镇，清新自然的古镇风韵常使人流连忘返。

古镇震泽（2006 年 2 月摄）

## 古河

**頔塘河**　本名荻塘，因地多芦荻，故名。源出浙江天目山的苕溪，自南浔东栅下泻震泽境，贯流镇区。

頔塘河呈东北西南走向，东起政安桥，西至新民桥北，全长1280米，河宽8米～15米。市镇相应亦呈东北西南格局。两岸市房壁立，临水而筑，形成一条水巷。

河岸旁有河桥和船埠，河桥有单向的、双向的、伸入河中的、嵌进驳岸的，还有私家遮阳的风雨河桥，在河桥旁装了木栅和扶手。船埠的驳岸上还嵌砌了精雕细刻的各式系缆石。

頔塘河之阳（北岸）称为上塘，之阴（南岸）称为下塘，上下塘皆是街衢成市，上塘集市密集，较为热闹。两岸临河房多为店铺，称为下滩，傍水街面可目观如梭行人，招徕生意，兼听港中欸乃橹声。水果、河鲜、杂货等店家临河而建小河桥，以便上货。街面皆石板铺成，阔狭不一，呈不规则的条形图案。街对面称为上滩，或富户望族之宅第，有照壁、拱门、花窗、回廊、隔墙等，还有砖雕相缀；或殷商大贾开设的商铺，如丝行、丝经行等，门面宽广，极有气魄，往往是前店后宅，数埭进深，出则烦嚣，入则隐逸。上下滩既有差别，又和谐地统一在一条街坊之内。

联结市河及旁侧河浜两岸的纽带是桥梁。东栅有禹迹桥，镇中有砥定桥、张家弄桥、报恩桥，西栅有思范桥，市河上的石桥多具高大、宽广的特征。砥定桥的桥面上设铺面摆摊，可以说是震泽镇上独特的景观了。河宽桥高有气势，是震泽水乡景观的一大特色。

頔塘河（2010年9月摄）

**庄桥河** 原名新兴港，在镇西，頔塘北岸支流，南接頔塘，北流与通太河水会合泄入三里塘，全长550米，河宽12米。河道浅狭，能排泄水道。自东南向西北依次跨于河上的有寿星桥、晓庵桥、小带桥。

庄桥河（2013年6月摄）

**通太河** 原名通泰河，俗称观音桥河。頔塘北岸主要支流，南起通太桥，纳頔塘水，北流至宋家湾与新开河合流，全长860米，河宽20米～30米，向北出三里塘，经荡白漾北入太湖。自东南向西北依次跨于河上的有通太桥、池塘桥、虹桥。

**运河** 俗称新开河。1935年，頔塘开辟转道河。从北面绕出镇区，全长1400米，河宽40米，河底宽16米，河底高程负1米，堤坡坡度1:2。自东向西处于古镇北侧浙沪主要航道。自东向西依次跨于河上的有东新桥、中新桥。

运河（2016年3月摄）

通太河（2016 年 8 月摄）

# 古街

**宝塔街** 原名东大街，因街东建有慈云寺塔，故改称宝塔街，位于震泽古镇区东栅砥定社区，南依頔塘河，街与河并行，东西走向，东起禹迹桥，西至斜桥，全长368米。宝塔街街面较窄，东段虎啸弄口宽6.3米，西段师俭堂门口宽2.7米，中段尤窄。最狭窄处两旁屋檐间留一线天穹，杏花春雨之时两条水帘垂地，在街面石板上跳跃，喷珠溅玉，而行人沿店面侧身而过，衣衫不湿，成为烟雨江南一景。

宝塔街为震泽镇繁华街道之一，民房密集，店铺鳞次。其东为进镇通径，是镇东北向的乡民、蚕农、经户上街的必由之路。近处除慈云禅寺外，还有总管堂、祠山庙等祠庙，香客常年穿街而过。还有米业公所和新安会所等行会。街上行人如织，川流不息，尤其是上午摩肩接踵，步履不畅。若遇寺庙法事活动，迎神游行队伍更是拥塞街道，旗幡招展，锣声阵阵，香烟袅袅。元宵佳节，家家张灯，户户挂彩，火树银花，流光溢彩，古街沉浸在新春祥和欢乐的气氛之中。

宝塔街一街分为两坊，东为仁安坊，西为仁里坊，以三官堂弄为界。弄东的辑雅堂风火墙拱门上匾额刻“仁安坊”，弄西的师俭堂风火墙拱门上匾额刻“仁里坊”。

宝塔街南侧临河，全是背水商居，北向面街设铺开店，南则傍水筑私家河埠，泊船卸货，汲水洗刷。街之北侧，商号行铺与富户宅地交错连扶，高墙崔巍，庭院幽深，柱梁恢宏。较著名的有仁安坊的毓秀堂、辑雅堂、敦善堂，仁里坊的师俭堂、茂德堂。

旧时，丝米两业为震泽镇的支柱产业，宝塔街上有恒懋昶、恒孚、杨同昌、毕万茂、黄鉴记、黄应记、钮炳记等丝经行，还有数户乡丝行。米业中有庄恒泰、庄源记、张瑞泰、高茂记等米行及几家小米店。诸多的老字号也在宝塔街上抢占一席之地，如聚顺黑豆腐干总号、宏号酒店、福美酱园、同延春国药铺、福懋泰南货店、恒裕香烛店、沈裕隆铜锡作等，其他如鱼行、肉铺、烟纸、杂货、豆腐、弹絮等店铺亦是见缝插针，设法挤得一间半室之隙。宝塔街还是茶会之处，有升平楼、得胜楼、群乐园等大茶馆，茶客盈门，茶香四溢，终年座无虚席。

宝塔街北侧，三弄平行。东为虎啸弄，原名火烧弄，因弄口铺有赭色武康石，故名。以石推测年代，宝塔街应建于宋朝。中为缸甏弄，因弄口王源昌缸甏店贮货于弄内，故名。以往也称官弄，为明代通判张源墓葬处。西为三官堂弄，因弄内有三官堂而得名。

宝塔街两侧多是两层明清建筑，粉墙黛瓦，朴实无华。背水商居壁立岸边，倒映水中，流动的水花和屹立的房舍，在粼粼波光中动静相谐。登禹迹桥或慈云寺塔俯瞰宝塔街，如诗如画，韵味无穷。

宝塔街长而少弯。置身师俭堂前远望两端，西可见砥定大桥闹市熙来攘往的人群；透过拱门东望，慈云塔刹居中见望 ，极具纵深感，塔身、拱券、墙面、屋檐、石板街面，竖横交构，显现出别样的美景。

宝塔街原先为石板路，1984 年，政府投资 4.6 万元硬化路面。2009 年，政府投资 5000 万元修复宝塔街，对基础设施进行改造，宝塔街被列为国家 AAA 级旅游景区。至 2015 年，宝塔街被列为国家 AAAA 级旅游景区。

宝塔街（2010 年 1 月摄）

砥定街（2016年11月摄）

**砥定街** 旧名底定坊，后改名底定街，因底定桥而得名，为镇上最繁华的街区。清中叶至近代，震泽丝市兴旺，全镇丝行、丝经行都集中于此，并延伸至斜桥东，旧称“丝行埭”。1971年，底定桥被改建为混凝土桥时，桥名街名上的“底”字都被“砥”字取代，其意为“中流砥柱”，然有悖于“震泽底定”的原意。砥定街东西走向，斜桥河至通太桥，路长361米，宽8米。1979年，砥定街铺设混凝土路面。街中有明清建筑敬胜堂，位于砥定街46号；宝书堂，位于砥定街50号；一本堂、文武坊位于砥定街21号。

**藕河街** 藕河位于镇北，为頔塘支流，东接斜桥河，纳頔塘来水，西泄至三里塘，北入太湖，河之北为浴字圩，河之南为镇东圩。河之两岸为粉墙黛瓦花格漏窗的民居，旧名藕河坊，为典型的小桥流水人家。藕河之上筑有形制风格各异的七座小桥，即斜桥、藕通桥、藕心桥、小浜桥、善庆桥、福缘桥和豆腐桥。河如莲藕，桥如藕节，因此得名藕河街。1958年，填河筑路。藕河街东起斜桥河底，西至震泽机电站，东西走向，路长313米，车行道宽9米，两侧部分人行道各2米。1982年，藕河街铺设混凝土路面。街中有明清建筑忠恕堂，位于花山头2号；馀庆堂，位于花山头7号；庆馀堂，位于花山头10号；耕香堂，位于花山头42号；凝瑞堂，位于公园路3号；在理堂，位于虹桥弄9号；正修堂，位于潘家扇东弄13号；砚华堂，位于藕河街33号。

藕河街（2016 年 11 月摄）

**太平街**　旧名太平坊，因太平桥而得名。太平街东起通太桥，西至施家祠堂粮库，东西走向，路长 400 米，宽 5 米。1983 年，太平街铺设混凝土路面。街中有明清建筑尚义堂，位于太平街 4 ~ 6 号；尚义堂西宅，位于太平街 56 号；周宅，位于太平街 92 号。

太平街（2016 年 11 月摄）

**凤凰街** 旧名西德兴坊，在下塘西栅，旧属庄字圩，有南浦浜。该浜中央东西各连一条小浜，状如凤凰之翅，浜南有樧转庵，庵门面北，比作凤凰之首，而中桥以北则为凤凰之尾，故别名凤凰浜。因浜及街，命名为凤凰街。凤凰街东起报恩桥，西至思范桥，东西走向，路长 400 米，宽 6 米。1983 年，凤凰街铺设混凝土路面。

**梅场街** 旧名东德兴坊。1913 年，教育家沈秩安以庄字圩义冢地十亩建小学，广收贫苦子弟入学。此处原是埋厂的场所，沈氏将其雅化为梅诗场，并在校园内广植梅花，美化环境。因梅诗场在街坊范围内，更名为梅场街。梅场街东起北新桥，西至报恩桥，东西走向，路长 340 米，宽 6.5 米。1983 年，梅场街铺设混凝土路面。街中有明清建筑致德堂，位于梅场街 34 号；仰宅，位于潭子河 17 号；积善堂，位于小稻场 3 号；尚志堂，位于东青河 20 号。

**南横街** 该路以原位于镇南的一条横街而得名，南横街南起潭子河，北至砥定桥，南北走向，路长 155 米，宽 6.5 米。1983 年，南横街铺设混凝土路面。街中有明清建筑文德堂，位于打线弄 3 号；张宅，位于麟角坊 3 号；行素堂，位于麟角坊 17 号。

凤凰街（2016 年 11 月摄）

梅场街（2016 年 8 月摄）

南横街（2016 年 11 月摄）

# 古弄

震泽镇有古弄 32 条，选介其中 6 条。

**虎啸弄**　位于宝塔街东端，南北走向。南接宝塔街，北至新开河，弄全长 229 米，弄口宽 3.9 米，中段宽 1.7 米，弄底宽 3.2 米。该弄原长度不足百米，始建于宋咸淳年间（1265 年～ 1274 年）。虎啸弄附邻于慈云禅寺建筑群，弄内大部分建筑翻建于明清时期。经百年变迁，60 年代，大办工厂，在弄底相继办起米厂和化工厂，弄堂也相继延伸。至 2005 年，弄堂一直延伸至新开河。

虎啸弄，因弄底北端原先为池塘，没有建筑物，每年一到冬天刮起西北风，风穿弄而过，风声像虎啸一样，故名“虎啸弄”。又名火烧弄，因清乾隆三十年（1765 年）十一月辛卯夜，弄底民房失火，所有建筑化为灰烬，俗称“火烧弄”。另一说法因弄口横铺一条长约 1 米余，宽 50 厘米～ 60 厘米的赭色武康石，因颜色呈红褐色，像火烧过一样，人们习惯称之为“火烧弄”。1981 年 6 月，恢复原街名时，该弄命名为虎哨弄，民间一直称为“虎啸弄”，沿用至今。

**三官堂弄**　东起宝塔街仁安坊西发券门西侧，西至藕河与斜桥河转角交汇处，呈厂字形。全长 133 米，其中南北长 21 米、东西长 112 米。

三官堂弄原为一条小河，西接藕河，在东端仁安坊西发券门处通頔塘河，在此建有一桥，为东观音桥。在东观音桥堍建有“三元阁”（旧俗以农历正月十五日为上元，七月十五日为中元，十月十五日为下元，合称三元）。而道教称天、地、水为“三元”，“三元”又称“三官”（即天官、地官、水官），三元阁即为三官堂。三官堂初建无考，清嘉庆三年（1798 年），僧祖修重建。光绪三十一年（1905 年），震泽镇兴办新学时，将三官堂改为明体学堂。1937 年，日军入侵时被火焚。1946 年，在原址改建救火会，现该地建有公共厕所。在原三官堂旁边靠近小河有条小弄称“三官堂弄”。三官堂几经变化早已不复存在，弄名一直沿用。

50 年代中期，紧贴三官堂旧址的小河被填平成道路，小弄堂也不复存在，这条路就称之为“三官堂弄”，沿用至今。

1985 年，镇政府投资 2.8 万元，在三官堂弄建镇农贸市场。1990 年，农贸市场迁出改设镇小商品市场。1996 年，镇小商品市场迁出。

三官堂弄 2 ～ 4 号是辑雅堂西宅庄氏祖居建筑群。三官堂弄 9 号，是丝商朱季芬建于清末的旧宅，面阔三间，前后三进，双层建筑，宅内雕刻精细，做工考究，现为吴江市文物保护单位。

三官堂弄南侧有全国重点文物保护单位师俭堂和吴江市文物保护单位懋德堂，北侧有吴江市文物保护单位凝庆堂。

**缸甏弄** 位于宝塔街中段，仁安坊东发券门旁。该弄南北走向，南临宝塔街，北为住宅，是一条盲弄堂（死胡同）。该弄全长 66.6 米，弄口宽 1.46 米，弄中宽 1.5 米，弄底宽 2.15 米。

缸甏弄西侧为镇上望族“辑雅堂”庄氏祖居建筑群，“辑雅堂”为教育家庄蓉裳及其子、名医庄畏仲的故居。缸甏弄原为辑雅堂东弄，旧时在弄口开有一家王源昌缸甏店，因店面临宝塔街，而缸甏是很占地方的货物，在店内无法过多堆放样品，许多缸甏只能贮存在弄内，故人们习惯将这条弄称之为缸甏弄，而叫起来拗口的辑雅堂东弄反被人淡忘了。辑雅堂中弄在三官堂弄 3 号内，南北走向。弄全长 38.4 米，弄南宽 0.95 米，弄中宽 2 米，弄北宽 1.05 米，该弄是“辑雅堂”备弄，为暗弄堂。辑雅堂西弄在三官堂弄 4 号内，弄全长 24.6 米，呈 L 字形走向，东西长 4.8 米，宽 1 米；南北长 19.8 米，南宽 1.3 米，中宽 1.1 米，北宽 0.85 米。

缸甏弄在历史上称为官弄，因明朝通判张源墓葬在弄底北端，故名官弄。

缸甏弄东侧为敦善堂，清同治九年（1870 年），举人王徐庠的旧宅，内筑“蛰庐”，收藏地方志书及古籍数以千册，在民国时期，遭受火灾连同房屋一并烧毁。新中国成立后，镇煤球店工场设在此，后被人称为煤球白场。

缸甏弄西侧“辑雅堂”第二进为毓秀堂，清光绪六年（1880 年），武进士徐人骥在此居住。1958 年上半年，毓秀堂为震泽农业中学校址，下半年改名为震泽镇民办职业初级中学。60 年代中期，改名为民办中学。1969 年，民办中学停办。

**银行弄** 1919 年，邑绅施肇曾（施省之）创建江丰农工银行，行址在上塘中市张家弄，现文武坊 26 号，坐北朝南，一幢五间双层西式楼房，面积 469 平方米。这是震泽第一家商办银行。江丰农工银行经营存款、放款、汇兑、贴现及买卖国家债券等一切银行业务。存户主要是工商企业，也有居民私人的存款。江丰农工银行的放款对象除工商企业外，亦对农民放款。对震泽丝米两市为主的商业流通资金周转和沪、苏（州）、浙、皖等异地汇兑划款业务，对支持农业、扶持近代工业、发展商品经济、繁荣市场起了重要作用。2014 年 7 月，江丰农工银行旧址被列为吴江区文物保护单位。银行所在地张家弄，从此称为银行弄，沿用至今。银行弄全长 83.5 米。成 L 形走向，南北长 58.5 米，弄宽 1.65 米；东西长 25 米，弄宽 2.4 米。路面用水泥小方块道板铺设。

银行弄（2016 年 10 月摄）

**城隍庙弄**　砥定街为城隍庙原址，因此名“城隍庙弄”。该庙祀唐太宗十四子、苏州刺史李明，正山门大门上彩绘唐初名将秦叔宝和尉迟恭两门神。门楼内为戏楼，两侧连接厢楼。正殿高大轩敞，殿后内宫，有花园、假山、水池、曲桥、亭榭之属。庙前设左右对称两座双层砖木结构吹鼓亭，飞檐翘角，装饰精美。1956 年，城隍庙被摄入《华东画报》。“文化大革命”期间，城隍庙被拆除改建，东侧留一条弄堂。城隍庙弄自通太桥至文武坊，全长 83 米，弄宽 4 米。路面用混凝土铺设。

**周坊元弄**　位于震泽镇藕河街西，东自公园路西侧，西至丝业公学东侧，南临藕河，北连震泽公园。周坊元弄是震泽居民耳熟能详的地方对于震泽周边乡村的农户来说也是十分熟悉的地方。周坊元名称的由来，可追溯到居住在此的周氏家族。

清乾隆三十二年（1767 年），周氏七世祖周钧全家由浙江桐乡乌镇九曲弄迁至震泽花山头租房居住，始居震泽镇。乾隆五十四年（1789 年），周氏始买宅，在藕河修旧添新，建造一年，其墙门、大厅、大楼砚华堂竣工。道光九年（1829 年），周氏在砚华堂之东建郁云堂和鹤书堂。三幢楼房都是面阔五间，五进穿堂式高墙深宅。又在鹤书堂北建周氏祠堂、更楼及其他辅助房屋，形成一个周氏家族集居的建筑群。周氏为震泽望族，先祖经商致富，后辈读书出仕。道光二十年（1840 年），周士炳、周士炯兄弟同科中举。道光二十五年（1845 年），周士炳中进士，授翰林院编修。周氏还有 8 名举人、4 名贡生。

道光年间（1821 年～ 1850 年），周氏在居住地开设“芳元丝庄”，“芳元”成为周氏经营丝绸行庄的招牌。咸丰二年（1852 年），“芳元丝庄”经营规模变大，分为“芳元丝庄东所”和“芳元丝庄西所”，一直经营至民国后期。由于丝庄都开在周氏同一个居住地，又用同一个“芳元”招牌，街区就名为“周坊元”，一直沿用至今。

周坊元这三幢五进楼房之间有贯穿南北的三条弄堂相通，称之为周坊元东弄、周坊元中弄和周坊元西弄。三条弄堂兼作备弄，家人进出、淘米、洗菜、购物等都由弄堂进出。周坊元东弄为现今镇上唯一保存完整的石板弄，全长 78.3 米，弄南宽 1.55 米，弄中宽 1.34 米，弄北宽 1.6 米，共有石板 222 块。

周坊元中弄，全长 82 米，弄南宽 2.25 米，弄中宽 1.2 米，弄北宽 1.2 米。1995 年路面改造为混凝土路面。

周坊元西弄，全长 60.4 米，弄南宽 4 米，弄中宽 1.8 米，弄北宽 1.1 米。

周坊元东弄（90 年代摄）

周坊元西弄（2012 年 9 月摄）

## 古塔

**慈云寺塔**　慈云寺塔，位于震泽镇宝塔街东首的慈云禅寺内。初建无考。仰莲上有明万历五年（1577 年）修缮时铸刻的文字。清咸丰十年（1860 年），寺毁于战火，唯塔独存。1926 年秋，塔的第五层层面被大风吹坍。1928 年，修复慈云寺塔。1937 年 11 月，塔遭日军炮击，被击去第四层的飞角廊柱。1954 年，镇政府和省文物保护管理部门拨款重修慈云寺塔。1957 年 8 月，慈云寺塔被列为江苏省文物保护单位。1982 年，再次修复慈云寺塔，又一次被列为江苏省文物保护单位。1998 年，再度重修塔。1999 年 2 月，慈云寺塔修复竣工。2013 年 5 月，慈云寺塔被国务院公布为全国重点文物保护单位。

慈云寺塔为砖身木檐楼阁式，总高 38.44 米。六面五级，由回廊、塔壁、塔心组成。自第二层起每层施平座腰檐，并辟有三面壶门。塔内的第四、第五层有楠木刹柱直透顶端。塔刹约为塔高的四分之一，由铁质覆钵、仰莲、五重相轮、宝盖、宝珠、受花和铜质宝瓶等组成。宝瓶呈葫芦状，造型精美。

慈云寺塔（2013 年 3 月摄）

慈云寺塔是吴江境内唯一的一座古塔，是震泽古镇的标志性建筑。“慈云夕照”是震泽八景之一。

# 古桥

震泽镇有苏州市吴江区（市）文物保护单位和文物控制单位的古桥 16 座，选介其中 7 座。

**香花桥**　俗称香火桥，位于震泽镇龙降桥村 8 组，始建于南宋年间（1127 年~1279 年）。

香花桥（2011 年 12 月摄）

香花桥梁式三孔，东西走向，全桥长 16.1 米，面宽 2.09 米，中孔跨度 4.66 米，矢高 3.66 米，桥柱和桥座处，各有三条长石为主柱，顶着三孔桥面。全桥主要构件为武康石，典型的宋代桥梁特色。桥台经多次修缮，夹有青石和花岗石。该桥桥面石梁由两端逐渐向中间拱起，桥面成弧形，造型美观，于稳厚中显秀逸。该桥历经千年，显露出岁月的沧桑。整体结构保持完好，整座桥梁稳固。

香花桥南有南港，北有北港，静卧在连接南港北港的横港上。桥西的圩墩上，原有一座规模较大的麒麟寺，寺中香火旺盛，住持为方便香客进香，用香客捐赠的香火钱建造此桥，故又名香火桥。取名“香花”，是指信佛升天，佛国以香花佳乐相迎，而到寺进香者，路过此桥，如闻花香，似近西天咫尺，可成为有福之人。

1986 年 7 月 1 日，香花桥被列为吴江县文物保护单位。2006 年 6 月 5 日，香花桥被列为江苏省文物保护单位。

**禹迹桥** 位于震泽宝塔街东首，横跨頔塘河（震泽市河段），北堍临近慈云禅寺和慈云寺塔。该桥南北走向，拱形单孔，始建于清康熙五十四年（1715 年）。

禹迹桥全长 43.5 米，桥孔跨度 10.45 米，矢高 5.56 米。桥坡自下而上逐渐变窄，桥面宽 4.3 米，桥南堍宽 6.2 米，北堍则根据地形和人流量设置桥台。东西两面设石级分流。桥面中央和桥底拱圈龙门处分别镌刻有“轮回”“云龙”图案。整座桥梁古朴壮美、气势恢宏，与桥旁的慈云寺塔，交相辉映，是古镇独特的瑰丽景观。

清乾隆四十四年（1779 年），为迎接乾隆帝第五次南巡，重修禹迹桥。重修的禹迹桥，特聘请善刻碑文的江南名匠张石匠雕凿石桥东西两面的桥联。东侧为“善政惟因，不易大名仍禹迹；隆时特起，重恢古制值尧巡”。西侧为“市近湖滣，骈肩无俟临流唤；地当浙委，绣壤应多题柱才”。桥联的书法艺术和雕刻工艺均独具特色。

1986 年 7 月，禹迹桥被列为吴江县文物保护单位。

禹迹桥（2005 年 7 月摄）

双塔桥（2013 年 7 月摄）

**双塔桥** 位于震泽镇贯桥村与七都镇李家港村交界处，始建于明洪武年间（1368 年～ 1398 年），在水洲东西各建拱形三孔石桥，名双石桥，东桥两桥堍镇以石塔，故名双塔桥。万历七年（1579 年），重修双塔桥。清康熙年间（1662 年～ 1722 年），两桥俱毁。雍正七年（1729 年），双塔桥重建为拱形三孔桥，西桥则建石墩平板桥。光绪二十七年（1901 年），分别重修东桥、西桥。

双塔桥北临桥下水漾，南接稽五漾，是两漾的分界点。桥为三孔拱形桥，东西走向，全长 34.3 米，顶宽 3.4 米，中间桥孔矢高 5 米，全是花岗石建成。桥两侧各有桥联两副。南侧两联为“惟上上田，农桑兴大利；活泼泼地，兰若宛中央。是吴中第一津梁，揽太湖三万六千顷；问劫后重修岁月，维光绪二十有七年”。北侧两联为“遥对莫厘峰，别饶胜境；滨临稽五漾，时听渔歌。水从天目来源，导江入湖皆夏禹王力；塔跨桥头分峙，齐云曜日昉明洪武时”。

该桥造型美观，气势恢宏，显示出晚清日臻完善的造桥工艺。1997 年 9 月，双塔桥被列为吴江市文物保护单位。

**思范桥** 位于震泽镇太平街西栅，为纪念越国大夫范蠡而建，始建年代无考。元至正二十三年（1363 年）、明嘉靖十一年（1532 年）、清嘉庆二十四年（1819 年），分别重建，现存之桥为同治五年（1866 年）重建。

思范桥拱形单孔，南北走向，全长 34.2 米，面宽 4.9 米，矢高 5 米，跨度 12.2 米，全桥均以花岗石构筑。两侧均有桥联。东侧为“禹迹媲宏模，望里东西双月影；蠡邨怀故宅，泛来南北五湖船”。西侧为“苕水源来，阅尽兰桡桂楫；荻塘波泛，平分越尾吴头”。

思范桥（2016年8月摄）

思范桥与范蠡有着千丝万缕的联系。相传越国灭吴之后，范蠡功成名就，遂带西施隐居于震泽镇南的斩龙潭畔，忙时农织，闲时垂钓，震泽八景的“范蠡钓台”即位于此。斩龙潭畔的民众为纪念范蠡，建范蠡祠，将斩龙潭改名为蠡泽湖，将村庄改名蠡泽村。在范蠡携西施泛舟太湖经过的河上建桥，将桥名定为“思范桥”，以寄托震泽人思念范蠡之情。

1997 年 9 月，思范桥被列为吴江市文物保护单位。

**万福桥** 又名乌梢桥，位于震泽镇龙降桥村，建于清光绪二十一年（1895 年）。该桥梁式三孔，东西走向，全长 30.75 米，中宽 1.7 米，堍宽 1.7 米，中孔跨度 5.35 米，矢高 3.4 米，两边孔跨度各 4.65 米。中孔两桥墩，下部用花岗石，上部用青石并列砌筑，长 3 米、宽 2 米、高 3.4 米（水面以上），墩体下部粗宽，上部缩小成梯形桥墩，顶部横卧枕石两块，均是长 2.7 米、宽 0.5 米、高 0.3 米。两边桥墩下部用花岗石，上部用青石并列砌筑，高 2.9 米。中孔桥面用三块长 6.75 米、宽 0.56 米、高 0.3 米条石搁置桥墩上组成。桥面两侧刻有“万福桥”。两边孔桥面分别用三块长 5.8 米、宽 0.56 米、高 0.3 米条石搁置桥墩组成桥面。桥面护栏用 0.25 米见方、长 6.75 米条石横卧两边，两边孔桥面护栏筑法相同。两边桥坡踏步均是整块条石铺级，东西各 6 级，级宽 0.3 米、高 0.16 米。两边引坡长 3.8 米。90 年代，桥坡踏步上铺设混凝土板，便于自行车及摩托车通行。桥西旁有一座方亭。亭柱上刻着楹联“日月高庚入乾坤，风雨雅乃平安地”和建筑时间“民国 33 年建”。

1994 年，万福桥被列为吴江市文物控制单位。2012 年 10 月，万福桥被列为吴江市文物保护单位。

万福桥（2012 年 1 月摄）

政安桥（2012 年 1 月摄）

**政安桥** 俗称张湾桥，位于震泽镇镇东。始建于明洪武年间（1368 年 ~ 1398 年）。清道光十年（1830 年）、宣统三年（1911 年），分别重建政安桥。2004 年，因河道拓宽整桥北移 10 米。

该桥东西走向，拱形单孔，桥全长 13.6 米，跨度 6 米，矢高 3.3 米，桥面宽 2.1 米，桥面龙门石镌刻“轮回”图案。桥面两侧护栏石长 2.2 米、宽 0.15 米、高 0.45 米。两坡护栏从桥面往下各沿 5.9 米，两端为石狗尾巴。两坡踏步各 15 级，级宽 0.38 米、级高 0.12 米。全桥为花岗石建筑。桥南北两侧中间刻有“政安桥”。两侧桥身各镌刻着桥联。南侧为“鸠工修踵浮图后，鼍驾成逢赛会年。西往东来，径通梅堰；水回岸曲，断接荻塘”。北侧为“塔望慈云图入画，墩瞻分水柱留题。石渡塘凹，高瞻一塔；虹登波上，直指双杨”。

1994 年，政安桥被列为吴江市文物控制单位。

**虹桥** 位于震泽镇藕河街虹桥弄西，初建无考。清乾隆四十五年（1780 年），重建虹桥。光绪十八年（1892 年），重修虹桥。1935 年 6 月，因新开頔塘转道河（新开河），将虹桥拆除移建于思古墩。

该桥为花岗石单孔拱桥，东西走向，跨通太河。桥长 24 米，中宽 3.1 米，堍宽 3.5 米，矢高 3 米，跨径 7.1 米。拱券为纵联分节并列砌置。虹桥龙门石面刻有“轮回”图案，桥栏望柱雕有两对石狮，桥面石南北两侧刻有“虹桥”。桥南北两侧各有桥联一副。南侧为“波平柳岸长虹卧，水绕渔村半月悬”。北侧为“鸭头新涨湖光远，雁齿斜连塔影横”。

虹桥（2012 年 1 月摄）

每年中秋午夜，步上虹桥可见慈云寺塔影不偏不倚倒悬在桥拱倒影之中。一年三百六十五天就这一晚出现此奇观，堪与杭州三潭印月和苏州石湖串月相媲美。清人庄观《塔影桥》诗云："荒桥乱石隐村墟，中望浮图咫尺余。怪道月光寒似水，一条倒影伴游鱼。"倪师孟《虹桥晚眺》诗曰："悠然闲眺出尘嚣，一路归鸦破寂寥。寺拥残霞明雁塔，波浮新月落虹桥。泉声远共溪流急，帆影低随浦树遥。此地真堪供啸傲，沧江何用学渔樵。"两诗皆描绘这一奇观。"虹桥晚眺"是原震泽八景之一。

1919 年，震泽市镇当局在虹桥东堍近处增建一亭，名之为"小垂虹亭"，以增光添色，其前抱柱楹联写道："远望洞庭山色水光成画本，近邻塔影花香鸟语尽诗情。"

1994 年 7 月 29 日，虹桥被列为吴江市文物控制单位。2012 年 10 月，虹桥被列为吴江市文物保护单位。

## 古寺

**慈云禅寺** 慈云禅寺坐落在震泽镇宝塔街东端，面向頔塘河，左临禹迹桥，占地 20 余亩。慈云禅寺是一座历史悠久的寺院。南宋咸淳年间（1265 年 ~ 1274 年），慈云禅寺建立。几经兴衰。90年代中期前，慈云禅寺破败不堪。1997年6月25日，吴江市人民政府批复同意恢复震泽慈云禅寺。7月28日，慈云禅寺奠基动工，部分信佛群众捐资100余万元，修建山门、钟楼、东庑9间（设观音殿）、僧房等设施。1998年2月，慈云禅寺第一期工程结束，竣工后即对外开放。慈云禅寺正门匾额由赵朴初所书。2003年，慈云禅寺第二期工程开工，重建大雄宝殿，开挖洗钵池（放生池）。2004年，通鼎集团捐赠一尊8.8米×2.6米汉白玉观音，供奉在大殿上。2005年10月，慈云禅寺恢复药师殿、财神殿、三圣殿、地藏殿等建筑。12月，大雄宝殿内的释迦牟尼、海上观音、文殊、普贤菩萨和18尊罗汉各安其位，装饰金身。2006年，寺内寺外路面铺上石板，改建整治外墙。2007年9月29日，慈云禅寺举行复寺10周年庆典仪式暨圆通殿奠基、大雄宝殿佛像开光法会。

慈云禅寺（2016年12月摄）

慈云禅寺（2006年2月摄）

# 古宅

震泽镇有苏州市吴江区（市）文物保护单位和文物控制单位的古宅 21 处，选介其中 5 处。

**师俭堂** 位于宝塔街西段，坐北朝南。清道光年间（1821 年～ 1850 年）为徐氏所建。三面临水，南濒頔塘河，西傍斜桥河，北枕藕河。前门上轿，后门下船，水陆称便，为典型的江南水乡大宅门。

师俭堂占地面积 2500 余平方米，面阔五间，六进穿堂式高墙深宅，共有大小房屋 147 间。集河埠、行栈、商铺、街道、厅堂、内宅、花园、下房于一体，街中建宅，宅内含街，为苏浙市镇中所罕见。

师俭堂整体建筑分三条轴线，而以中轴为主轴线。中轴南临頔塘河，前沿为石驳岸，一座宽阔平整的双向河埠伸入水中，为起卸货物、上下商客之用。第一进和第二进相连，为双层楼房，前临河，后面街。楼上为房仓，楼下为铺面。两进之间上下各有东、中、西过道相连，中间过道较宽。在楼板上开凿方方正正的货仓口，围以齐腰栏杆，既可升降收发物料，还可观察楼下店堂内动静。两进间东西各有一个小天井相隔，俗称“眉毛天井”，有分有合，若即若离。

第一进沿河为大顺米行，进门槛，巨石铺地，以起卸过秤粮谷，余则为清水方砖。第二进面北，临街为商铺，民国年间自东向西依次为陈天一帽庄、万昌祥烟纸店、沈裕隆铜锡作及谭记丝线店。

过街为第三进，临街门楼宽 4 米，其上三根月梁分别雕上《孔明迎主》《状元及第》及“福禄寿禧”四神，两端则是夔龙、蝙蝠、祥云、花卉图案。门楼左右石墩对称雕琢五蝠献寿图，门楼内为过道及宅门。两侧各有两间店面：东为新合兴弹絮店、公正泰水果店；西为福懋泰南货店（双开间）。自第一进至第六进，东西两面各筑风火山墙，双层马头墙高高耸起，气高势昂。第二进、第三进间山墙开有券门，券门砖刻题额上书“仁里坊”，以示宅院所处之街坊位置。粉墙黛瓦间将街道纳为宅内天井，而两侧券门则常年洞开，容市民川流而过，静中见闹。

过第三进门楼进入第四进，高大敞厅呈现眼前，面阔五间，爽朗通风。两侧经轩廊通厢房，敞厅中间三间作为正厅是此组建筑群体的中心。厅内原有匾额一方，为“师俭堂”堂匾，悬于屏门上方，在此堂匾之前悬挂两道蟠龙金框圣旨，惜已佚失。正厅依官府厅堂式样营造，高而且深，柱壮础实，画栋雕梁，极具官宦气派。梁柱间饰有六对枫拱（俗称“纱帽翅”），雕卷叶花纹，金碧辉煌。徐氏自营的恒懋昶丝经行设于此，徐氏家族的祭祀礼仪及商事交易活动皆在此厅内进行。

第五进、第六进是楼房，上下环通。第五进副檐下及厅前建双重翻轩。明间为雕花落地长窗，两厢为格纹和合窗，天井东南西三向的八个柱头雕以《八仙过海》神话故事，情趣盎然。楼下明间内一堂六扇屏窗尤为珍贵，雕上《水浒演义》折子，宛如戏台突现眼前。楼上短窗全部嵌有七彩玻璃。

第六进为内眷住地，厅内格扇屏窗上部裱以书画屏条，夹堂及裙板都是浮雕花卉盆景，散发出淡雅的书卷之气。雀宿檐上则以梅、兰、竹、菊“四君子”为雕饰。

师俭堂（2004 年 8 月摄）

第六进既是内宅，又是徐氏家族聚财之处。营造时，安全防范极为关注。如第六进门楼内安装三档门闩，而第五进、第六进上下侧厢相通处都是石库门，门厚栓粗。第六进的东北贴墙建更楼，雇更夫巡更守夜，前可俯瞰全宅，后则监视藕河水上动静。师俭堂西、北两面围筑院墙，高达 8.6 米，成为沿河屏障，围墙之上开各式逑门花窗，图案多变。

东轴布置为花园，名鉏经园，意取《汉书·儿宽传》中“带经而鉏”（鉏即锄），面积 420 余平方米，呈不规则梯形，北宽南窄，依势巧加布局，结构紧凑。园内主体建筑为佛楼，佛楼二层三间两边连侧厢，楼下后部还附有耳房。耳房西侧装有四扇漆雕格扇窗，其裙板为名家草书，笔法凝练秀逸。上、中、下夹堂俱雕有花草静物，版画风格，颇为雅致。楼下明间正中置有楠木缠枝葫芦飞罩，东西厢口俱有挂落，雕有瓶笙三戟花样（寓意平升三级）。天井口四个琵琶撑分别雕有“福禄寿禧”四神。佛楼楼上为回形纹栏杆，栏外则是落地长窗，推窗凭栏可尽收园中景色。佛楼北窗则临藕河，诵经之余，亦可饱览水巷佳景。佛楼隐身园之深处，入则清净福地，超凡脱俗，出则浏览园中秀色，别有洞天，乃是一幅“天人合一”的悠闲图像。

出佛楼，过月洞门，见其上南向隶书题额“玩月”两字。咫尺之距，四面厅就在眼前。名之为厅，实是亭，一丈左右见方，周皆细花透雕长短窗，精美绝伦。厅顶四沿俱是翻轩，中央藻井下垂四只木雕花篮，厅外柱头雕以四尊护法神将，护卫佛楼。

园之极南为黎光阁，跨窄梯折向而登，阁面呈梯形，南窄北宽，仅容一桌，可谓小景致。黎光阁为近代震泽园林第一景，由太守杨岘山题额。

园内，地铺文石，细巧多变。西叠假山，上筑倚墙半亭。东则为沿壁回廊，高低起伏，错落有致。其间山石花木，垒栽得当，藤蔓交缠，青苔屐痕，悠然古意。春风秋月，闲庭信步，别有情趣。

园与第五进东侧门相通，门楣额题“叠碧”两字。

西轴在街北第三进店面房之西另立石库门，内接备弄，过窄天井通往下房。西轴由三进三合院组成，为厨房、杂屋（贮藏室）、仓房及柴间等，为徐氏家族、丝经行的生活及经营活动用辅房。柴房西侧临斜桥河，筑单向河桥，用以淘米、洗菜、上柴、出灰。

师俭堂六进古宅，三条轴线的巧构空间组合，营造出凝重古朴的传统中式风格，亦动亦静，亦庄亦谐，兼具官、儒、商三重使用功能，为近代江南民间建筑所罕见，堪称水乡大宅门。

师俭堂为震泽徐氏祖产。徐氏先祖为西周或春秋时徐（戎）族首领偃王之后，十传至徐永昭，始定居震泽镇。徐氏家族人丁兴旺，英才辈出，成为富户望族，其房产遍布全镇，号称“徐半镇”。徐永昭之孙徐学健为震泽保赤局创始人。清同治元年（1862年），徐学健之孙徐汝福出任江苏省抚恤总局局长。太平天国战火之后，徐氏家产毁损过半。同治三年（1864年），徐汝福在被毁宅基上规划重建师俭堂。

以师俭命堂名，浅看以为崇尚节俭教诲后代，其实原意是效法东汉督邮张俭的高风亮节。

1982年，师俭堂被列为吴江县文物保护单位。1995年，师俭堂被列为江苏省文物保护单位。2006年5月，师俭堂被国务院公布为全国重点文物保护单位。

**致德堂** 清宣统二年（1910年），致德堂兴建。1912年，致德堂落成。致德堂位于震泽镇下塘中市梅场街34号。

房主徐簾青为震泽富商，开设米行、丝经行、竹行及寿器店。民国年间，经营得法，积财颇丰，为便于管理，将米行及丝经行与家宅建于一处。徐簾青年事已高，乃将家业传承于其子徐子为。子为早年就读于上海文学院，师从国学大师章炳麟、金松岑研习古文，又与鲁迅、柳亚子等结为诗文之友，后又加盟南社，亦商亦儒。

致德堂与师俭堂一衣带水，隔河相望，建筑格局及风格相似，皆是前店后宅，有分有联的综合功能建筑群体。

致德堂全宅占地面积1650平方米，前后六进，通阔四间，除第五进内宅花厅面临花园而坐北朝南外，其余因街在宅北，因势皆筑成坐南朝北。

第一进为恒丰泰米行，四开间门面，店面临街，再接建风雨廊棚至驳岸河埠，使米粮装卸及门市粜籴均可遮阳避雨。穿过店堂为一狭长通道，此为第二进，两侧楼房对峙。坐西向东者为米行账房间，坐东向西者为米仓、起坐间及厨房。起坐间接待客商及航船主，厨房日日起炊，供米行及丝经行伙友三四十人用膳。

第二进通道底为风火粉墙，中间石库门，内连砖雕门楼，饰以福、禄、寿等圆形吉祥小品透雕。过门楼为第三进，第三进天井宽广，石板平整匀称，左右墙上各设翠釉漏窗。正厅三楹，西隔小天井连一边厢，自成院落。厅虽面北，然轩敞而进深。中立屏门，一隔为二，南北平分。两向又各设落地长窗，冬夏寒暖皆适，底层前后均设翻轩。厅内梁枋雕刻大幅梅、兰、竹、菊“四君子”和莲花、牡丹等花卉图案，雍容华贵。厅前后各有落地长窗，裙板上刻有整本《西厢记》故事的浮雕如连环图画逐页展示。厅内北檐挂有一对大花篮，南檐挂有一对小花篮，雕工细致，层次分明。柱础为方形花岗石，石质细洁，整座厅堂为花篮厅造型，上悬“松筠小筑”匾额，是清末吴江翰林钱崇威所题。厅西厢房为主人书斋。正厅楼房亦甚高敞，楼层地板用整条木板铺成，厚重而踏实，铺排平整，足见用材及工艺之精。楼面之上还有阁楼，净空两米余。第三进是致德堂宅院的主体，为震源丝经行行址。中间三间为收发、整理、包装丝经的所在，东西厢为账房间，楼厅内摇经户、杠夫、经行业务人员进出不绝，为免喧嚣烦扰，第四进与第三、第五进之间均可闭可通。

第四进平厅，清同治状元陆润庠手书的“致德堂”匾额悬于厅内正中，也是徐氏家族的活动中心，祭祖团拜、婚礼寿庆、红白喜事、迎来送往都在此举行。厅堂及厢房还是会客和文人诗友雅集之处，家具花卉、古玩摆设、字画悬挂无不精心设计，高雅宜人。致德堂宅院自第二进始，另筑备弄直至第五进，各进之间，有分有合，开关自如，互不干扰。

第四进与第五进之间以一个宽阔庭院相隔。院西南开凿一个约三米见方的水池，围以石栏，临池筑亭阁，以赏游鱼。亭阁的二层楼门与第五进厢楼相贯。

第五进为唯一朝南的楼房，内眷住宅，面阔四间，其中三间为花厅，一间为厢房。亦有前后翻轩及枋梁雕饰，在前翻轩檐下装有木雕挂落，图案简洁，左右对称。楼上设有统阳台，冬可孵阳，夏可纳凉，还可俯视其下花园景色。第五进与第六进之间的花园，甚为开敞，绮疏粉壁，布局得当。园中东西两侧各有丈余见方的茶亭一座，左右对称，歇山顶，飞檐翘角，甚是透逸。东亭有柱无窗，中设石桌石凳，亭柱间排设吴王靠，为夏秋弈棋、品茗、纳凉、赏月时用。西亭周设窗棂，内置桌椅摆设，严寒季节还可添置火盆，以增暖气，为冬春时使用。西亭女眷专用，设户牖可关闭，以保守私房秘密；东亭男客专用，无遮无拦，以畅胸怀。一东一西，各有所属。园内广植月桂、玉兰等树木，中央花坛栽有牡丹、芍药等花卉，终年含蕊吐芳，花事不绝。

第六进与第五进隔花园相望，为一排四间洋式楼房，是清末民国初时的建筑式样，西风东渐，洋式建筑流行于通商口岸，也传到震泽等江南市镇。致德堂的小洋楼可谓震泽人的首次尝试。第六进水刷石墙面，门券及窗框上皆饰有西洋风格的浮雕图案，与前五进的严谨风格迥异。第六进小洋楼朝北，两面开窗，楼上钢窗，楼下为木格刻花玻璃窗，采光通风远优于前五进。室内则以石膏吊顶。第六进专供女主人诵经念佛。

1986 年 7 月，致德堂被列为吴江县文物保护单位。2006 年 6 月，致德堂被列为江

致德堂（2013年6月摄）

苏省文物保护单位。

**正修堂** 清光绪十三年（1887年），丝商顾少彝所建，坐落于潘家扇东弄13号，由吴县香山建筑名匠马如龙设计监造。顾少彝之女嫁于龚氏，前两进作陪嫁妆，第二进平厅翻建成两间双层西式洋房，遂属龚姓。第三进楼厅仍属尚古堂顾宅。

正修堂坐北朝南，三埭进深，全宅砖、石、木各类雕饰奇绝，布置得当，尤以前门楼为突出。前门楼上下四格，门（用老麻栎制就）开六扇，历百年而不朽，门顶端开以冰裂纹小方窗。两侧砖砌门框具直线条纹浮饰，简洁明快。门框顶部嵌入木雕，“文武状元”各居东西。门楼月梁雕技精美，戏文毕现，若一凝固舞台，扮相各异的十余文臣武将粉墨登场，桥隘、殿宇、亭阁、花木等背景配置恰当。月梁之上有三层木雕饰，直至窗沿，幅面及图景各异。

入门厅经内门楼与第二进相连，门楼上方为多层砖雕，灰瓦覆面，匾额上题“清风遗荫”四字，门框用清水砖砌成，八方式图案十分规整，上下左右严格对称，不差分毫，足见当年用工之细谨。门框下部为青石须弥座，东西各为麒麟和鹿回头浮雕，其上凹处有花卉小品。

第二进、第三进厅堂均面阔三间，厅前翻轩左右梁上雕以《三国演义》戏文。厅堂正中设落地长窗六扇，其下部裙板亦俱是戏文浮雕，两侧则各装六扇格纹短窗。

第二进正厅悬“正修堂”匾，厅内前柱、后柱及屏门柱均挂楹联，分别为：“缵绪承家莫道守成容易，光前裕后才知创业艰难。”“惜食惜衣非为惜财缘惜福，求名求利但须求己莫求人。”“绵世泽莫如积德，振家声还是读书。”其中后柱联系朝鲜籍汉文书法家尹图（字溪石）所书。第二进正厅之西连厢房，原为房主书斋，书斋西侧为小天井。

第三进砖雕门楼上书“俭乃养德”四字，厅内悬“尚古堂”匾。其楼厅之西另有一上一下两间，自成院落，外墙高耸，近顶处嵌砌纹样漏窗。小院内之落地长窗堪称精品，上部镂空，其间上下分别镶嵌圆形及扇形框，皆配有玻璃，四周格纹则覆以蚝壳，亦洋亦古，相得益彰。长窗下部夹堂及裙板各有一横一竖两幅浮雕木刻，演绎《西厢记》折子。

书房两侧皆装和合窗，带有北方四合院风格，其窗大小规格相等，结构图案相异，东侧和合窗中央之玻璃窗框较小，内外框之间以冰裂纹图案木格联结；西侧和合窗中央的玻璃窗框较大，内外框之间以交叠的菱形图案木格相连。居书斋，顾左右，窗饰结构不尽相同，窗外景色亦异：一边是轩敞大天井，另一边是幽静小院落，可见其设计，独具匠心。

正修堂处于弄堂内，占地不大，房主又纯为商人，巧借地形以充分发挥，亦是一得之功。

1997 年 9 月，正修堂被列为吴江市文物保护单位。

正修堂（2015 年 12 月摄）

一本堂（2015 年 12 月摄）

**一本堂** 清顺治七年（1650 年），一本堂始建，位于震泽镇文武坊 21 号，坐北朝南共四进。施氏七十三世祖彩石公迁至震泽时所筑，后期进行修缮与改建。施氏为震泽望族，中国红十字会创始人施则敬、施氏三兄弟（施肇曾、施肇基、施肇祥）等名人出生之所。

第一进平房门廊，现存一开间，面阔 3.32 米，进深 3 米。石库门较为低矮，高 1.83 米，宽 1.13 米，很罕见，进石库门两米进深见一个小天井，墙门间四扇木门，木门上部为木花格字样，四扇门四个字“福”“禄”“寿”“禧”。第二至第四进均为三开间两层楼房，硬山顶，设石板天井。

第二进面阔 8.3 米，进深 7.75 米，天井左右为厢房，南墙筑砖雕门楼，门额“天赐纯嘏”，两旁为两幅砖雕《五福捧寿》。

第三进面阔 9.1 米，进深 5.7 米，中间六扇落地长窗，上部木花格配有蜊壳，现改为玻璃。下部裙板有花卉吉祥图案“春、夏、秋、冬”等，四季花卉各擅其美，比喻百花争艳，人才辈出，亦寓意四季平安。天井西侧为过道和楼梯，南墙砖雕门楼已失存。

第四进面阔 7.9 米，进深 4.3 米，东厢为过道，西厢为楼梯。

2008 年 12 月，一本堂被列为吴江市文物保护单位。

**懋德堂** 懋德堂，位于震泽镇宝塔街 28 号，清末毕姓丝商所建，为“毕万茂丝经行”旧址。坐北朝南，面临宝塔街，主体建筑共四进。其后裔毕康侯，留美学子。1921 年，由震泽丝业公会公推出席美国纽约举办的第一次万国丝绸博览会中国代表，毕万茂丝经行毕康侯是三人代表之一。

第一进门厅，面阔三间 8.79 米，进深 4.57 米。第二进大厅即丝经行营业厅，面阔三间 9.7 米，进深 9.62 米，南墙筑砖雕门楼，砖雕门楼须弥座石雕为“鸿运高照、福禄寿喜”的吉祥图案，用材考究，雕刻精细。第三进内厅面阔三间 8.95 米，进深 6.85 米，均设厢楼。第一至第三进为两层楼房。第四进平房，面阔两间 7 米，进深 4.9 米。主体建筑东部为附房，底层库房。每进前均有天井，第四进留有后天井。

2008 年 12 月，懋德堂被列为吴江市文物保护单位。

懋德堂（2015 年 12 月摄）

# 古镇保护

80年代起，震泽镇先后编制五次《震泽镇总体规划》和两次《震泽镇历史文化名镇保护规划》。规划从镇域布局、古镇区域、历史街区、名（民）宅、新农村建设五个层面规划，并按规划实施。坚持“保护为主，抢救第一，合理利用，科学管理”的原则，先后对重点文物保护单位、街道驳岸进行修复。2013年，根据国家AAAA级景区创建标准要求，开展古镇保护性整治及文化旅游资源开发，对古镇景区周围沿线7条道路实施违建拆除和街景整治，新建入口景观牌楼、生态旅游停车场和游客服务中心，完善景区服务功能。同时，对慈云路、禹迹路、驳岸路等3条景区核心道路进行石板路铺设改造，6条景区路段实施三线入地改造，宝塔街、运河风光带、震泽公园等多个节点的景观绿化整治和重塑，核心景区的民居、道路、河埠等进行修缮和美化，有效地整治古镇区的环境面貌和做好历史文化遗产的保护工作。

古镇住宅（2015 年 9 月摄）

## 保护规划

**震泽镇总体规划** 1982 年，震泽镇编制《震泽镇总体规划》，规划期为 1982 年～2000 年。

1996 年，震泽镇编制第二轮《震泽镇总体规划》，规划期为 1996 年～2010 年，其中近期为 1996 年～2000 年，规划确定城镇性质：震泽镇的政治、经济和文化中心，服务于吴江市西南地区的工商城镇，是一个有着悠久历史的水乡古镇。

2001 年，震泽镇邀请上海同济大学城市规划设计研究院编制第三轮《震泽镇总体规划》，规划期为 2002 年～2020 年，其中近期为 2002 年～2005 年，规划确定城镇性质：震泽镇是江苏省级历史文化名镇，吴江市域西部片区中心，以商贸流通和旅游服务为特色的中心城镇。

2004 年，震泽镇委托浙江大学城乡规划设计研究院编制第四轮《震泽镇总体规划》，规划期为 2004 年～ 2020 年，其中近期为 2004 年～ 2010 年，远期为 2011 年～ 2020 年。规划确定城镇性质：震泽镇是江苏省历史文化名镇，吴江西南部中心城镇，中国麻纺集群产业基地。

2008 年～ 2013 年，震泽镇委托江苏省城市规划设计研究院编制第五轮《震泽镇总体规划》，规划期为 2013 年～ 2030 年，其中近期为 2013 年～ 2020 年。规划确定城镇发展目标：震泽镇为经济强镇、商贸重镇、文化大镇、旅游名镇，生态新镇。城镇性质：震泽镇是历史文化名镇、吴江西南部以麻纺生产与湿地湖荡为特色的工贸旅游型城镇。城镇规模：2012 年，城镇人口规模 5.94 万人，其中，中心镇区 4.93 万人，八都社区 1.01 万人。2020 年，人口规模 9.2 万人，其中，中心镇区 8.4 万人，八都社区 8000 人。2030 年，人口规模 12 万人，其中，中心镇区 11.2 万人，八都社区 8000 人。用地规模：2012 年，现状建设用地 10.46 平方千米，其中，中心镇区 7.59 平方千米，八都社区 2.87 平方千米。2020 年，规划建设用地 12.27 平方千米，其中，中心镇区 11.15 平方千米，八都社区 1.12 平方千米。2030 年，规划建设用地 14.16 平方千米，人均建设用地控制在 120 平方米以内，其中，中心镇区 13.04 平方千米，八都社区 1.12 平方千米。镇区发展方向及动态调整：镇区包括中心镇区和八都社区。中心镇区生活用地主要向东，生产用地主要向西，南部优化整合，北部控制发展；八都社区限制建设用地进一步发展，以优化调整为主。

**震泽镇历史文化名镇保护规划** 2002 年，《震泽镇历史文化名镇保护规划》由吴江市规划技术服务中心及南京工业大学建筑与城市规划学院编制。规划分总则、原则与目标、框架规划、保护等级与范围、整治措施、生态绿化、旅游交通、重点地段整治、非物质文化保护等 15 章。保护规划范围：新开河以南、镇南路以北，东至震桃公路、西至震泽中学西侧，面积 1.12 平方千米。规划期至 2020 年。古镇保护范围划分为三个等级：一级保护范围即文物保护单位的绝对保护区范围。二级保护范围即重点保护区，是为保护文物的完整和安全所必须控制的周围地段及古镇内有代表性的传统民居，沿街沿河风貌带及震泽的景点和景区，用地范围 0.3 平方千米 。三级保护范围即建设控制地带，是为保护和协调文物古迹及古镇主要风貌带的完好所必须控制的地段，范围在重点保护区外，用地范围 0.82 平方千米。规划保护框架，分别以“典型苏南水乡城镇”“明清繁华贸易重镇”“文人雅士辈出之镇”和“传统习俗生活之镇”为主要内容，保持历史街区原有的合理用地性质和空间格局，改善居住环境，突出文化内涵，合理调整布局，增强古镇区居住、商业和旅游服务的功能。

2008 年～ 2013 年，震泽镇委托江苏省城市规划设计研究院和苏州市设计研究院有限公司编制第二轮《震泽镇历史文化名镇保护规划》，包括规划文本、图纸及说明书。规划文本分总则，历史文化特色价值，保护层次、内容、重点，空间景观、道路交通、市政公用设施等 19 章 66 条。规划层次：分镇域、历史镇区、历史文化街区、历史文化遗存四个层次。镇域范围：面积 96 平方千米，保护与名镇历史文化密切相关的自然环境、河流、湖漾及空间格局，具体为：独特的江南水乡、桑蚕环境，頔塘河、西塘河、三里塘、杨定港、双杨港等历史河道，麻漾、长漾、金鱼漾、徐家漾、连家漾、蒋家漾、荡白漾等湖漾。历史镇区范围：东至分水墩，南至仰家鸳鸯厅，西至頔塘河，北至新开河北岸，面积 0.76 平方千米，保护历史镇区的整体空间环境，包括街巷格局和传统风貌，保护历史镇区内的文物古迹，重点保护历史镇区内的历史文化街区，保护与历史镇区风貌有密切关系的河道、驳岸、街巷、铺地、民居、寺庙、墓葬、古桥、古塔、古井、古树等历史环境要素，保护历史镇区内传统工艺、民俗精华、传统文化等。历史文化街区范围：东至禹迹桥，南至市河南侧，西至报恩桥，北至藕河街南侧，面积 0.13 平方千米，保护历史文化街区内的文物古迹；保护历史文化街区的空间格局，市河沿线“一河一路”“一河两路”的格局及“上宅下店、前店后宅、深宅大院”的传统居住格局，粉墙黛瓦、“吴头越尾”的独特建筑风格；保护街区传统风貌，保护与街区风貌有密切关系的河道、驳岸、铺地、民居、寺庙、古井、古桥、古树等历史环境要素；保护并延续街区内传统生活方式和习俗。历史文化遗存的保护范围：文物保护单位，控制保护建筑，传统风貌建筑，历史文化环境要素，非物质文化遗产等。

规划保护目标：使震泽古镇整体空间格局、传统风貌和丰富的历史文化遗存得以保护，使优秀的历史文化传统得以传承和发扬；再现震泽清末民国初江南古镇的风韵。同时整治古镇环境、完善基础设施配套，满足现代生活需求，提升古镇新活力。规划期：近期 2012 年～ 2015 年，中期 2016 年～ 2020 年，远期 2021 年～ 2030 年。

规划功能定位：在保护古镇风貌格局的前提下，突出震泽历史文化名镇的历史人文特色，延续震泽古镇的宁静、祥和的氛围；以传统居住为主，兼顾古镇文化体验旅游的历史文化名镇。

震泽历史文化名镇保护规划（2014年10月编制）

# 古迹修复

## 重点文物保护单位修复

**慈云寺塔** 1924年，慈云寺塔由震泽丝业公会和丝经行捐款修建。1926年，慈云寺塔第五层层面被大风吹坍，1928年修复。1937年11月，慈云寺塔遭日军炮击，塔的第四层飞角廊柱被击飞。1954年，震泽区政府和省文管部门拨款重修慈云寺塔。1998年，慈云寺塔再度重修。1999年2月，慈云寺塔竣工，共投资70万元。2011年7月至2012年1月，慈云寺塔进行修缮保护。修缮内容：第一层副檐采用揭顶维修方案，主要加固戗根部位，对缺损的构件按原材料、原工艺进行更换；第二层、第三层、第四层和第五层进行保养性维修，对缺损的构件按原材料、原工艺进行补换，并对整体建筑进行防腐、防虫处理，配备消防设施，电线采用明线穿管（铁管）敷设，安装防雷装置，共投资87.62万元。

**师俭堂**　2001年年初，为开发震泽的旅游资源，更好地保护文物师俭堂，镇政府在省、市有关部门的支持下，决定修复师俭堂。2月，吴江市文物管理委员会办公室进行师俭堂修缮方案设计工作。5月，师俭堂一期修缮工程获吴江市计划委员会立项。8月，镇政府成立师俭堂修缮领导小组，下设修缮办公室。震泽镇政府通过无偿拨给房管所开发南环路6号商住楼土地1400平方米，无偿拨给优瑾新村搬迁用房（中、小户型）5套的优惠政策，开始对师俭堂的住户进行置换、搬迁，并要求供销社搬出占用的师俭堂第一至第四进的全部房屋。11月，省文化厅对《师俭堂一期修缮方案》批复。是年，师俭堂修缮工程全面动工，江苏省计划委员会、文化厅、吴江市计划委员会、建设局、文化局下拨部分资金，镇政府组织人员、资金，按照修复方案，开始全面施工。修缮工程由吴江市腾龙建筑集团公司负责施工，师俭堂修缮办公室负责建筑材料供应。

2002年8月，省文化厅批准了《师俭堂二期修缮方案》。2003年7月，由上海历史博物馆设计的《吴江市震泽师俭堂展示陈列设计方案》通过省文物专家组论证。9月，上海历史博物馆开始对师俭堂进行复原陈列工作。12月，师俭堂二期修缮工程竣工。2004年4月，修缮后的师俭堂对外开放。工程共投资一千余万元。

慈云寺塔（2014年7月摄）

师俭堂的锄经园、四面厅（2006年5月摄）

师俭堂的锄经园、半壁亭（2006年5月摄）

**丝业公学旧址**　2010年～2011年，震泽镇人民政府对丝业公学旧址进行维修。采用不落架揭顶维修加固、局部修复的维修保护措施：揭顶维修屋面，解决屋面漏雨导致内墙面大面积渗水、大木构架及地面铺装糟朽、霉变等问题，修复木楼梯、木楼板和木门窗等，修复大木构架、内外墙面、勾缝、线脚、出线砖等，油漆木门窗、木楼梯及木楼板等，拆除丝业公学旧址两侧的传达室及辅房等，共投资62.76万元。

**耕香堂**　2011年10月至2012年6月，耕香堂进行修缮保护。根据大厅、花厅现状采用不落架揭顶修缮，局部复原等修缮保护措施。大厅南围墙门楼按传统风格（古式平开）样式修复，按原材料、原工艺、原规格重做大门。花厅南围墙砖细门楼做法样式简单，按原工艺、原材料对其进行修复。拆除蟹眼天井中的后期建筑，恢复古井遗迹。清理大厅前天井，拆除后期建筑恢复原规格石道板铺地形式，缺失部分按原工艺、原材料、原规格添补。并对整体建筑木构件进行防腐、防虫处理，配备消防设施，木构架上的电线采用明线穿管（铁管）敷设，安装防雷装置，共投资228.09万元。

**徐庆堂**　2012年12月至2013年4月，徐庆堂（第一进）进行修缮保护。采用“不改变文物原状”的原则，揭顶修缮，修复西厢房。修补腐烂木柱，拆除后墙体，改为门窗。整修木楼梯。天井铺设四六式花岗岩石板，重修排水系统。修补上下层夹堂、枋子、门窗、地板，清理墙面。按原样修补雀宿檐及二层檐口处缺失的弓形轩，瓦面整体维修并加防水层，补全缺失的花边滴水。修复临街正间雕刻精美的门楼，所有木构件均采用广漆退光四遍做法（栗壳色），并做旧处理。并对整体建筑木构件进行防腐、防虫处理，配备消防设施，木构架上的电线采用明线穿管（铁管）敷设，安装防雷装置，共投资75.17万元。

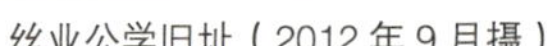

丝业公学旧址（2012年9月摄）

耕香堂门楼（2015年12月摄）

馀庆堂木雕门楼（2015 年 12 月摄）

宝塔街仿古建筑群落（2010 年 5 月摄）

## 街道驳岸修复

**宝塔街修复** 宝塔街位于古镇区东栅砥定社区，东起禹迹桥，南依頔塘河，西至斜桥河。街长 368 米，宽 2.7 米～ 6.3 米。路面原为石板，60 年代初，改为弹石。1984 年，改为混凝土路面。2009 年 5 月，政府投资 5000 万元修复宝塔街，对基础设施进行改造。在恢复石板街的同时，铺设污水处理主渠道和设置供电、电信、广电等线路的入地，对沿街店铺建筑以“穿衣戴帽”形式进行修复，保留明清、民国时期建筑风格。为体现宝塔街的整体风貌，清理河道，修筑驳岸，进行绿化，在西端斜桥河入街口，更新恢复清末仿古建筑群落。

**公园路、藕河街人行道板修复** 公园路与藕河街位于砥定社区，两街路全长 495 米。2013 年，根据国家 AAAA 级旅游景区创建标准要求，进行人行道板改造修复，安装路灯，共投资 56.45 万元。

**慈云路、禹迹路及驳岸路路面修复** 慈云路、禹迹路及驳岸路位于镇南社区，三条路共长 1346 米。2013 年，为保持古镇风貌，对慈云路、禹迹路及驳岸路进行人行道路面、石板路面、沥青路面修复，老石条路面铺设，慈云路、禹迹路北段安装景观灯，共投资 566.64 万元。

**文昌阁驳岸剁假石面修建** 文昌阁位于古镇区东，北邻頔塘航道，面积 150 平方米，四面环水。2009 年 3 月，为维护文昌阁的水系隐患，对文昌阁两条低处的驳岸内墙和两条高处的驳岸内墙增做防水、涂料的修复，在原混凝土驳岸面增建一层钢丝网和花岗岩仿古栏杆，总面积 74.66 平方米，共投资 5.77 万元。2011 年 8 月，文昌阁广场入口景观工程建设，设置停车位、种植花草、铺设管线及安装景观灯，共投资 332.26 万元。

文昌阁（2010 年 5 月摄）

## 配套建设

### 沿街立面改造

**斜桥河路、藕河街、公园路立面改造**　斜桥河路南北走向，南至斜桥河口，北至三官堂弄西，路长 97 米。藕河街东西走向，东至斜桥河底西，西至丝业公学旧址，路长 313 米。公园路南北走向，南至藕河街，北至公园，路长 182 米。2013 年 4 月 ~ 6 月，斜桥河路、藕河街、公园路 进行道路两侧外立面改造，整治环境，共投资 90 万元。

驳岸路（2013 年 11 月摄）

**震新南路、慈云路、禹迹路、驳岸路沿河立面改造**　震新南路南北走向，南至塔影桥路段，北至頔塘桥南堍，路长 1414 米。慈云路东西走向，东至景区牌楼，西至禹迹路西侧，路长 230 米。禹迹路南北走向，南至金丰花园北门，北至禹迹桥，路长 675 米。驳岸路东西走向，东至禹迹路，西至砥定桥，路长 441 米。2014 年 4 月～ 6 月，震新南路、慈云路、禹迹路、驳岸路沿河进行老街综合整治，道路绿化，景观灯光增设立面改造，保持古镇的水乡特色风貌，共投资 620 万元。

**横街、砥定街、南浦浜路立面改造**　横街南北走向，南至镇南路，北至砥定桥，路长 340 米，是连接震泽新镇区和古镇区的要道。砥定街东西走向，东至斜桥河，西至通太桥，路长 400 米。南浦浜路南北走向，南至镇南路，北至报恩桥，路长 260 米。2014 年 7 月～ 12 月，横街、砥定街、南浦浜路进行道路两侧外立面装饰改造，对沿街建筑立面进行苏式化风格改造美化，统一更新部分店招牌。立面改造后，道路整洁美观，店面景观亮丽，共投资 632.32 万元。

横街（2014 年 11 月摄）

污水处理工程（2008 年 9 月摄）

**三线入地工程** 三线入地，指供电、通信、有线电视等线路从架在空中的方式改为埋入地下的方式。2013 年 ~ 2014 年，震泽镇为改善古镇区面貌，在实施道路改造时，启动三线入地工程。先后对宝塔街、虎啸弄、驳岸路、藕河街、公园路、慈云路、禹迹路、頔塘路、运河风光带、横街、砥定街、南浦浜路、文武坊弄、城隍庙弄、步行弄进行供电、通信、有线电视三线入地，改变线路"蜘蛛网"的状态，优化城镇面貌，共投资 537.55 万元。

**污水处理工程** 2002 年 9 月，吴江市震泽水处理发展有限公司在镇东徐家棣破土动工，占地面积 80.13 亩。2005 年 7 月，工程竣工调试运行。公司有管理、机房操作、管网巡查、维修等员工 56 人。该公司是震泽镇人民政府主办的集体企业所有制，行业主管部门为吴江区环境保护局和吴江区住房和城乡建设局。工程总投资 1.8 亿元。

公司拥有日处理 4.8 万立方米污水的规模，管网工程总长 160 千米，采用生化与物化相结合的污水处理法（包括镇区生活污水、工业废水截流管网 66 千米），经处理后的污水，化学需氧量（COD）在 100 吨以下，色度在 40 度以下，酸碱值 6 ~ 9，出水水质标准达到国家一级 A 标准。

2008 年 ~ 2010 年，震泽镇为提高水环境的保护，开展污水收集管网建设，新铺设污水管道 41 千米，增设 2 个污水提升泵站，先后对禹迹路、慈云路、停车场铺设雨水管道，做到雨污分流，共投资 1484.12 万元。污水的统一搜集、统一处理、统一排放覆盖古镇区的砥定社区、石瑾社区、镇南社区和八都社区。

**入镇口建设**　2006 年～ 2013 年，为提升震泽镇入镇口的整体形象，先后进行 318 国道入镇口（頔塘桥北）的电网通信线路改造，安装信号灯和高清视频监控仪，设置绿化带，景观标志。新建慈云路入口的仿古牌楼和游客服务中心停车场（面积 18460 平方米）、宝塔街停车场（面积 1300 平方米）、藕河街停车场（面积 1600 平方米）。建有慈云路的游客服务中心和宝塔街的小型游客服务中心，两个服务中心均设游客服务大厅、售票大厅、导游室等服务设施，有效地改善入镇口的整体环境面貌，提升震泽镇国家 AAAA 级旅游景区的形象，共投资 3937.84 万元。

入镇口仿古牌楼（2016 年 4 月摄）

# 文保单位

震泽镇文物保护单位、文物控制单位共有40个，其中全国重点文物保护单位2个，江苏省文物保护单位3个，吴江区（市）文物保护单位22个，吴江区（市）文物控制单位13个。

2014年震泽镇文物保护、文物控制单位一览表

表1

| 名　称 | 级别 | 建造年代 | 定级时间 | 地　址 |
|---|---|---|---|---|
| 师俭堂 | 国保 | 清同治三年（1864年） | 2006年5月 | 宝塔街12号 |
| 慈云寺塔 | 国保 | 明万历五年（1577年） | 2013年3月 | 宝塔街东首 |
| 王锡阐墓 | 省保 | 清康熙二十二年（1683年） | 1982年3月 | 庄桥河西 |
| 香花桥 | 省保 | 南宋年间（1127年~1279年） | 2006年6月 | 龙降桥村十都里 |
| 致德堂 | 省保 | 清宣统二年（1910年） | 2006年6月 | 梅场街34号 |
| 禹迹桥 | 市保 | 清康熙五十四年（1715年） | 1986年7月 | 宝塔街东首 |
| 思范桥 | 市保 | 清同治五年（1866年） | 1997年9月 | 太平街西栅 |
| 正修堂 | 市保 | 清光绪十三年（1887年） | 1997年9月 | 潘家扇东弄13号 |
| 双塔桥 | 市保 | 清光绪二十七年（1901年） | 1997年9月 | 贯桥村 |
| 丝业公学旧址 | 市保 | 1923年 | 1997年9月 | 藕河街38号 |
| 耕香堂 | 市保 | 1923年 | 2005年1月 | 花山头42号 |
| 尊经阁 | 市保 | 1933年 | 2005年1月 | 震泽中学内（震泽） |
| 一本堂 | 市保 | 清顺治七年（1650年） | 2008年12月 | 文武坊21号 |
| 懋德堂 | 市保 | 清末 | 2008年12月 | 宝塔街28号 |
| 凝庆堂 | 市保 | 清末 | 2008年12月 | 三官堂弄9号 |
| 馀庆堂 | 市保 | 清末 | 2008年12月 | 花山头7号 |
| 尚义堂 | 市保 | 清末 | 2008年12月 | 太平街2号 |
| 敬胜堂 | 市保 | 清末 | 2008年12月 | 四宜轩弄1号 |

续表 1

| 名　称 | 级别 | 建造年代 | 定级时间 | 地　址 |
| --- | --- | --- | --- | --- |
| 耶稣老教堂 | 市保 | 1915 年 | 2008 年 12 月 | 庄桥河西 |
| 凝瑞堂 | 市保 | 1919 年 | 2008 年 12 月 | 公园路 3 号 |
| 贞惠先生碑亭 | 市保 | 1925 年 | 2008 年 12 月 | 震泽中学内（震泽） |
| 万福桥 | 市保 | 清光绪二十一年（1895 年） | 2012 年 10 月 | 龙降桥村 |
| 政安桥 | 市保 | 清道光十年（1830 年） | 2012 年 10 月 | 鲤鱼浜东端 |
| 虹桥 | 市保 | 清乾隆四十五年（1780 年） | 2012 年 10 月 | 藕河街虹桥弄西 |
| 积善堂 | 市保 | 1920 年 | 2012 年 10 月 | 小稻场 3 号 |
| 宝书堂吴宅 | 市保 | 清末 | 2014 年 7 月 | 砥定街 50 号 |
| 江丰农工银行旧址 | 市保 | 1919 年 | 2014 年 7 月 | 文武坊 26 号 |
| 仰嘉桥 | 市控 | 清光绪六年（1880 年） | 1994 年 | 龙降桥村史家浜 |
| 洪福桥 | 市控 | 清嘉庆十六年（1811 年） | 1994 年 | 龙降桥村 |
| 梅家桥 | 市控 | 清光绪二十六年（1900 年） | 1994 年 | 兴华村施家湾 |
| 长春塘桥 | 市控 | 清宣统三年（1911 年） | 1994 年 | 贯桥村 |
| 协茂桥 | 市控 | 清朝年间（1644 年～1911 年） | 1994 年 | 龙降桥村 |
| 旺港桥 | 市控 | 1918 年 | 1994 年 | 夏家斗村 |
| 南花木桥 | 市控 | 1924 年 | 1994 年 | 花木桥村 |
| 北花木桥 | 市控 | 1928 年 | 1994 年 | 花木桥村 |
| 四面厅 | 市控 | 1936 年 | 1994 年 | 震泽公园内 |
| 麟角坊张宅 | 市控 | 清末 | 2014 年 7 月 | 麟角坊 3 号 |
| 尚志堂龚宅 | 市控 | 清末 | 2014 年 7 月 | 东清河 20 号 |
| 梅场街仰宅 | 市控 | 清末 | 2014 年 7 月 | 潭子河 17 号 |
| 大柏桥 | 市控 | 1919 年 | 2014 年 7 月 | 花木桥村太龙浜 |

古宅（2013年12月摄）

# 蚕丝之乡

丝脉悠长，世代传承。震泽古镇因蚕桑而兴，因丝绸而盛。“尽趁晴明修网架，每和烟雨棹缫车”，唐代文学家陆龟蒙用这样的诗句形容震泽世代传承的耕织生活，也为震泽留下了“蚕乡”的美名。明清时期，震泽一镇出口的生丝占全国总量的十五分之一。古镇上仍保存着小镇丝绸历史的“活化石”师俭堂、丝业公学、江丰农工银行、震丰缫丝厂。种桑养蚕、煮茧缫丝等传统手艺，至今是震泽人生活的一部分。

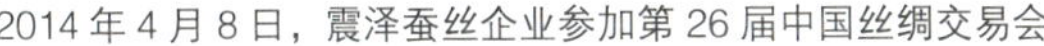
2014 年 4 月 8 日，震泽蚕丝企业参加第 26 届中国丝绸交易会

桑田（2011 年 5 月摄）

## 蚕丝技术

**养蚕** “頔塘西去路，蚕事胜耕田”，震泽栽桑、养蚕有悠久的历史，震泽是蚕桑之乡。早在唐宋时期，沿太湖村落家家栽桑，户户养蚕。清乾隆《震泽县志》载：“栽桑育蚕，湖郡最盛，里与之邻，故蚕桑独重。”日军侵占震泽时期，蚕桑、丝经业受到严重摧残。新中国成立后，人民政府贯彻“积极恢复，大力发展”的方针，从经济上、技术上支持蚕桑生产。1952 年，政府组织蚕农自采桑葚，培育桑苗，恢复桑园。1956 年，震泽镇桑地面积 5208 亩，饲养蚕种 5249 张，年产蚕茧 125.21 吨。改革开放后，蚕桑生产发展迅速。80 年代，推行家庭联产承包责任制，农民因地制宜发展养蚕业。1984 年，全镇桑地面积 7565 亩，饲养蚕种 1.1 万张，年产蚕茧 385.69 吨。

震泽传统养蚕一年四次：春蚕、夏蚕、早秋蚕和晚秋蚕。90 年代中后期，夏蚕和早秋蚕由于气温高，难饲养，茧质较差，逐渐淘汰。2004 年，全镇桑地面积 16323 亩，饲养春蚕、晚秋蚕 25443 张，年产蚕茧 975.14 吨。由于农村产业结构调整，桑园面积减少。2015 年，全镇桑地面积 1.8 万亩，饲养蚕种 1965 张，年产蚕茧 86 吨。

采桑叶（2015 年 5 月摄）

**饲养品种** 新中国成立前，震泽蚕农多数用自繁自育的土种养蚕，部分蚕农用浙江余杭、吴兴的太湖白皮土种，有虎牌、寿星、五星、吉庆、宝带等品种。新中国成立后，人民政府提倡科学制种，震泽镇的蚕种是由专业蚕种场供应的杂交改良蚕种。蚕种是蚕蛾产于纸上的蚕卵，呈灰绿色或紫褐色，扁平状椭圆形，长约 1.3 毫米，宽约 1 毫米，厚约 0.5 毫米，状如细芝麻粒，蚕卵孵化后，形似蚂蚁，故称蚁蚕。蚕种品牌统一为红星牌。1957 年，推广瀛翰杂交华八、瀛翰杂交华九、瀛文杂交华十等品种。70 年代，推广华合杂交东肥、苏 1 杂交苏 2、苏 5 杂交苏 6 等品种。80 年代，推广苏 5 杂交苏 6、苏三元、A 四元、苏 75 新杂交 7532、青松杂交皓月等新品良种。1991 年～ 2008 年，震泽镇蚕农饲养的品种春蚕以苏 5 杂交苏 6 为主要品种，夏秋蚕以苏 75 新杂交 7532（正反交）为主要品种。2009 年～ 2015 年，春蚕种是秋丰杂交白玉，晚秋蚕种是苏 75 新杂交 7532。

**饲养过程** 养蚕之前，蚕农准备蚕室，地面用清水冲洗，喷洒石灰水。屋面、椽子、梁柱、门窗、墙脚都要掸去灰尘，擦拭干净，所有蚕具、蔟具洗刷干净，在阳光下消毒。

养蚕开始，蚕农把蚁蚕放在垫上覆油纸的蚕匾内，温度控制在 20℃～ 27℃，紧闭门户（俗称蚕关门），保持室温，防病毒传入。桑蚕以桑叶为食，蚕农对各个龄期的蚕采取不同的方法饲养，蚕至五龄，食叶最旺，日分 3 次～ 5 次给桑叶，此时的蚕体重量为蚁蚕的一万倍，体内丝腺迅速发育，出现老熟的生理特征，食桑量减少，蚕农把准备好的折帚、墩帚、柴龙等蔟具放在地上，把老熟的蚕放到宜结茧的蔟具上，称为上蔟（上山），上蔟四天后，蚕茧成形，蚕成蛹后可采茧。整个饲养期因温度而异，一般需一个月。

**消毒防病** 蚕农在饲养过程中，常见的蚕病有病毒性蚕病和细菌性蚕病。蚕农需注

养蚕（2014 年 5 月摄）

摘蚕茧（2013 年 5 月摄）

重蚕室、蚕具、空间、地面的消毒防病工作，用消毒散、漂白粉等消毒蚕室、蚕具，用防僵粉防治白僵病，用灭蚕蝇防治蝇蛆病，用氯霉素防治细菌性空头病，使蚕病得到控制，提高蚕茧产量。

**缫丝**　将蚕茧抽出蚕丝的工艺概称缫丝，农家将自育的鲜蚕茧用手工方法缫成的丝称乡丝，机器缫丝问世后，则称为土丝，以别于缫丝厂家机械缫成的厂丝。原始的缫丝方法，是将蚕茧浸在热水盆中，用手抽丝，卷绕于丝筐上，盆、筐就是原始的缫丝器具。长期以来，缫丝工具改进缓慢，至唐代，有手摇式缫丝车。至宋代，缫丝技术发展较快，出现脚踏缎车。至明代，缫丝车与冷盆相结合，成为后代缫丝技术的主流。震泽地区的蚕户都备土茧灶、木缫车自缫土丝，家庭手工缫丝通常由妇女档车，一人手足并用完成全部操作，一般蚕户一户一（缫丝）车，养蚕多的也有排两三部车。蚕农擅于根据蚕种及织物需要，缫制各种用途的生丝，销给镇上丝经行，转售到上海、杭州等绸厂织绸。1929 年，震泽办起吴江县内第一家机器缫丝厂震丰缫丝厂，震泽及周边地区所产蚕茧 20% ~ 30% 由茧行销售给震丰缫丝厂，日产厂丝 50 余千克。

缫丝选用的蚕茧都是上等茧，将蚕茧浸在热水中，抽出蚕丝。机器缫丝的工序，经过混茧（把不同的干茧照工艺设计按比例混合起来）、剥茧（剥去毛茧表面松软的茧衣层，使成为光茧）、选茧（照工艺要求，在准备上车蚕茧中，按茧形大小、蚕茧色泽、茧层厚薄等进行选别，同时剔除各类下脚茧）、煮茧（将选好的茧用水加热或添加助剂等，使适度膨化溶解丝胶）、缫丝、复摇（将缫制的小丝送到复摇车上加工复摇、烘干，成为大丝）、编丝（将大丝片统一编理）、扎绞、秤丝、配光（在灯光下配色）、打包、成件，并通过生丝检验，照标准按质分等。缫丝车档车一部每人，每两部缫丝车另配打盆（索绪，从溶解后的蚕茧引出丝绪）工一人。

缫丝（2014 年 4 月摄）

制丝用水以清澈流动为佳，水清则丝肥白，蚕农总结出“山水不如河水，止水不如流水”的规律，以提高丝质。震泽蚕区位于水网地带，又濒临太湖，水源充沛，蓄水量多，流动性好，硬度低。煮茧温度需适中，水温太低，舒解程度差，索绪不易；水温过高，则茧子煮得过熟，丝胶溶解过多，不利于集丝时的抱合，并易使丝色变褐。震泽蚕区的蚕农积累丰富的缫丝经验，所产辑里丝（湖丝）闻名于世，具有细圆匀紧、白净柔韧等特点，其关键在于水质、茧质和缫制技术。

1932 年，震泽镇有岫塘、恒兴、同昌、洽兴、世鑫 5 家茧行，共有茧灶 18 乘，收干茧 1560 担，销售震丰缫丝厂缫丝。1935 年，震泽区有茧行 14 家。日军侵华时，震丰缫丝厂被毁。1970 年，复建后的吴江震丰缫丝厂年产厂丝 100 余吨，年产值超 1000 万元。1994 年，吴江震丰缫丝厂扩建为吴江震丰集团公司。2002 年，公司因资不抵债，破产解体。2008 年，震泽镇有吴江市红丰缫丝厂、吴江晋昌制丝有限公司、吴江市龙鑫缫丝有限公司 3 家民营缫丝企业，年产白厂丝 300 吨。2015 年，震泽镇有吴江市红丰缫丝厂、吴江晋昌制丝有限公司 2 家民营缫丝企业，年产白厂丝 70 吨。

白厂丝（2013 年 12 月摄）

**丝绵翻制技艺（蚕丝被制作技艺）** 优质蚕丝、丝绵和丝绵被为震泽的传统蚕丝产品。早在新石器时代，震泽已种桑养蚕，有六千余年历史，先民们缫丝织造，其副产品下脚茧则剥制成丝绵，扯绵再制成衣、被以御寒。唐代文学家陆龟蒙在震泽时作诗“桑拓含疏烟，处处倚蚕箔”，生动描绘了震泽頔塘河两岸农户种桑养蚕、缫丝织绸的蚕事活动。震泽镇原丝行埭（今砥定街）建有“蚕皇殿”，是蚕农祭祀求神，保佑“蚕花茂盛”的神庙。

丝绵制作技艺流程由六个部分组成：煮茧、去蛹、剥绵、晾晒、扯绵、翻扯成胎。

**煮茧** 将蚕茧放入铁锅，注水并加少许土碱，以加速丝胶溶解，使茧层解舒，下燃桑梗或其他硬柴，缓慢升温至水面起蟹眼泡时捞出，置于木盒内。加水加碱要适量，掌握火候和茧子煮熟程度，全凭经验，靠悟性。

**去蛹** 用手指剥开一个小洞，慢慢地沿着蚕丝纤维的丝缕扯开，把煮熟的蚕茧从洞口翻过来，逐个挖去蚕蛹。

**剥绵（上绷、脱绷）** 手工操作，双手并用，十个手指用力均匀，大拇指与其他四个手指头之间的配合，轻重有序，有韧劲。把 3 粒～ 4 粒茧挖孔后，套在小竹绷上，称为开小绵。要剥得均匀，绵兜的下圆环不能太厚，整只绵兜不能有绵块。然后，再将 3 只～ 4 只小绵，在盛水的大缸中，带水一起边拉扯，边套在大绷上，称为开大绵。

**晾晒** 将大绵取下，用绵针和线把绵兜一只一只串起来，置于屋檐或院落里晾干。晾干后，绵兜扎成三角形，约 60 只～ 64 只大绵为 1 千克，贴牌上市。绵兜可翻制成丝绵背心、丝棉袄、丝棉被和其他制品。

**扯绵** 将绵兜扯松、均匀，是整个工序的力气活，需要巧力和耐力。有单人和双人两种方式翻扯，单人扯时先将绵兜套在大竹环上，双手圆弧交叉用力牵引，将绵兜拉匀、拉松。在绵兜中央较薄处挖孔、扩孔，套在长凳头上，操作者坐在凳上使劲往上拉直拉薄；或套在自己膝盖上，或套在脚掌上，手足并用拉扯到所需长度的绵条。双人扯时两人对坐，各扯一边，拉扯至所需长度。此道工序关键是两人配合默契，用力适度，十个手指巧妙合力，将丝绵拉均匀。

**翻扯成胎**　以两张方桌或板桌为工作台，二或四人对坐，将绵兜扯开、扯松摊平，二两绵为一块，横竖层层叠加交叉、到边到位，使之复合，至一定重量和一定幅宽、幅长，即成丝绵被胎。此道是最终工序，关键是二人或四人动作协调，用力平衡，刚中带柔，拉住丝绵块用力适度，慢慢放开，使蚕丝纤维像一层层轻薄的丝网全面覆盖。

由于农村经济结构的改变，栽桑养蚕作为家庭副业渐少，而且蚕茧直接作为商品交售，蚕户很少自制丝绵，乡民能操持丝绵制作者日少。进入21世纪，蚕丝被企业迅猛发展，而传统手工剥绵，劳动力成本高，企业化生产不宜采用，故传统手工剥绵制作蚕丝被的技艺即将消失，一些会熟练操作传统技艺的工人都年事已高，该技艺面临失传的危机，随着对非物质文化遗产的重视保护传承，这一古老的工艺重新被重视发展。2013年，吴江区震泽镇蚕丝被同业公会的苏州丝绵翻制技艺（蚕丝被制作技艺）被确认为苏州市非物质文化遗产。

制作蚕丝被（2009年4月摄）

2013年6月，吴江区震泽镇蚕丝被同业公会的蚕丝被制作技艺被评为苏州市非物质文化遗产

## 蚕丝产品

**辑里湖丝**　明清时期，农家将自育的鲜茧用手工缫成的丝售于市，太湖沿岸所产的

丝泛称湖丝，江、浙交界处距南浔镇七里的七里村，湖水清澈，缫出的丝光泽和韧性都优于别处，因名“七里丝”。清雍正年间（1723 年～1735 年），雅化为“辑里丝”，辑里湖丝成为清宫龙袍原料。凡震泽、南浔百里之内所产之丝，都冠以“辑里湖丝”之名。“辑里湖丝”为湖丝中的佼佼者，南京、杭州、苏州等著名丝织中心生产的高档绸缎都以此为原料。内销的辑里丝称“用户丝”，外销的则称“洋庄丝”，辑里湖丝惠及震泽、南浔的蚕桑丝绸业。

**辑里丝经**　土丝经过分档整理，重摇而成丝经，俗称经。震泽地区是县内丝经的主要产地，原产丝经“以二丝纺为一”，摇成小条，再以若干条纺为一经，专销于苏州、南京一带及吴江县，用以织缎，名苏经。苏经原为由左至右顺摇成经，经农户仿照日本逆摇成经的方法，制成“辑里干经”，专供出口外销，因称“洋经”。另外，震泽还用三四根土丝摇成线经和广经，线经专销杭州、盛泽等地，用于制丝线；广经专销广东供织香云纱。震泽丝经以白丝经居多，黄丝经次之，黄土丝原料来自安徽、河南、山东等省。

震泽震丰缫丝厂的白厂丝，隆记、镇源、怡和仁、恒余、龚泰丰、源丰、隆昌震、怡和兴、恒茂昌九家丝行的辑里湖丝和辑里干经都是名扬国内外的丝类名优特产。

**丝绵**　丝绵是蚕丝的副产品，古代，人们在食尽蚕蛹后将废弃的、浸泡松软的茧壳扯出丝缕，层层叠加，使之缠结成片，制成绵片。在缫丝工艺成熟后，蚕农在采摘蚕茧时拣出不能缫丝的双宫茧、下脚黄斑茧剥制丝绵。将蚕茧放入锅内加水煮软，再用剥绵绷（用竹片做成弓形架）将茧子扯成绵膜，套在剥绵绷上，剥绵绷上的绵膜加至一定厚度，取下晾干即成绵兜。将绵兜拉开就是丝绵，丝绵质地轻软，保暖性能、耐用程度均远胜于棉花，用丝绵缝制成的棉袄及翻成丝绵被，是冬令御寒的佳品。

**蚕丝被**　“一湖天堂水，千载震泽丝”，震泽蚕丝被的“丝”源早在明末清初之时，辑里湖丝就名扬天下。“四面湖光绕，中流塔影悬。帧塘西去路，蚕事胜耕田。”从清沈彤的《慈云塔影》诗中可以看出震泽蚕丝业的勃勃生机。在慈云、辑里、太湖雪、山水和恒懋昶等蚕丝被名牌产品引领下，震泽的蚕丝被企业如雨后春笋般发展起来，并成为震泽的特色产业。2001 年，震泽形成从养蚕、缫丝、制绵到翻制蚕丝被及被套、枕套等丝绵系列产品，从蚕丝被延伸到家纺、丝绸艺术品等各个领域。2002 年，震泽蚕丝被企业和苏州大学蚕桑研究所合作，经过反复试验，使蚕丝被可十年免翻，从过去单一的冬被发展到十余个大类，上千个小类的四季时尚产品。过去人们只在冬天使用蚕丝被，随着人们对蚕丝优良性能的逐步认识，各种轻巧、新颖、适合不同季节使用的不同规格的蚕丝被不断投放市场。“可水洗蚕丝凉被”的成功开发，取代毛毯、化纤被，成为人们夏季用空调被的首选。震泽的蚕丝被已成为集天然、环保、绿色、保健于一体的时尚产品，深受人们的喜爱，产品畅销法国、意大利、美国、澳大利亚等三十余个国家。2006 年，慈云牌蚕丝被获江苏省著名商标和中国国际丝绸博览会新产品金奖，辑里蚕丝被获“江苏省名牌产品”称号。2007 年，辑里蚕丝被获江苏省著名商标，太湖雪蚕丝被获“江苏省名牌产品”称号。中国纺织品商业协会正式授予震泽镇“中国蚕丝被之乡”称号。2008 年，太湖雪蚕丝被获江苏省著名商标，慈云牌蚕丝被获中国驰名商标。震泽镇被中国纺织工业协会、中国麻纺行业协会、中国家用纺织品行业协会、中国丝绸协会评为中国亚麻蚕丝被家纺名镇。是年，震泽镇有蚕丝被生产企业和蚕丝被原辅料生产企业 120 余家。在国内 100 余个城市有专营店或专柜销售，在全国市场占有率 24%，100 万条精品高档蚕丝被出口东欧、北美、俄罗斯等地区和国家，出口金额占全国蚕丝被行业的 37%，震泽镇蚕丝被产业实现销售收入 6.5 亿元，实现利税 8000 万元。2009 年，山水蚕丝被获江苏省著名商标。蚕丝被行业实行“蚕丝被联盟标准”，确保震泽蚕丝被的“含金量”。2010 年，慈云牌蚕丝被获首届中国丝绸文化节全国丝绸创新产品金奖。

蚕丝被（2013 年 3 月摄）

2011年，慈云牌蚕丝被获江苏省首批蚕丝被优质产品称号。2013年，震泽镇获“中国蚕丝之乡”称号。2015年，全镇有蚕丝被中国驰名商标2件，江苏省名牌产品和江苏省著名商标5件，苏州市名牌产品和苏州市知名商标十余件。震泽镇成为江苏省产业集群品牌培育基地。是年，全镇销售蚕丝被300万条，全年蚕丝被及丝绸系列产品销售收入12亿元。

**蚕丝服装及饰品**

**蚕丝服装** 90年代初，震泽镇的蚕丝产业拓宽应用领域，拓展市场空间，办起缫丝厂、绢丝厂、丝织厂等十余家企业。2007年，震泽蚕丝被同业公会成立，实现蚕丝被产业转型升级，震泽镇的蚕丝被企业，从单纯的蚕丝被生产企业延伸到原材料生产企业和丝绸产品流通企业。产品从蚕丝被延伸到家纺产品、丝绸服装等。2013年，国家丝绸与服装产品质量检测中心震泽办事处成立，加大力度发展震泽镇的蚕丝服装产业。2015年，震泽镇苏州慈云蚕丝制品有限公司、苏州辑里蚕丝制品有限公司、苏州太湖雪蚕丝制品有限公司、苏州山水丝绸有限公司、苏州丝立方蚕丝制品有限公司等蚕丝企业生产的蚕

2013年9月，山水丝绸的真丝唐装被外交部指定为高官会服装

丝家居服、蚕丝保暖内衣、真丝睡衣睡裤、旗袍、唐装等服装，销售量达 100 万套。

**蚕丝饰品** 自 2007 年 9 月，震泽镇蚕丝被同业公会成立以来，一条丝绸创新之路逐步形成。2009 年 12 月，在德国法兰克福家纺展上，“太湖雪”企业作为苏州地区唯一一家真丝企业在世界顶级家纺展现场亮相，“太湖雪”展示精美的丝绸产品为中国丝绸扬名。2013 年上半年，“丝立方”企业引进一套先进的丝绸喷绘设备，专门用于制作高档真丝文化产品。“太湖雪”的国内外市场扩展至蚕桑产地之外的广大地区。震泽镇蚕丝企业除了生产丝绸服装外，还制作真丝围巾、真丝床上用品、商务休闲真丝袜、蚕丝拉绒制品、真丝口罩等饰品。2015 年，全镇蚕丝制品企业生产真丝围巾、真丝床上用品四件套（被套、床单、枕套）100 万套，真丝原料 1 万吨。

2013 年 10 月 28 日，震泽镇蚕丝企业赴土耳其参加丝绸之路国际大会

## 蚕丝贸易

**震泽丝市**　震泽镇位于吴江蚕区中心，跨頔塘河两岸，东贯京杭大运河，南接浙江省，北濒太湖，地理位置优越，水路交通发达，成为生丝集散基地。唐朝陆龟蒙的诗句“尽趁晴明修网架，每和烟雨棹缫车”，写出震泽人民丝业繁忙的景象。明成化年间（1465 年～1487 年），震泽丝市形成。清初，市场交易以丝类为多。清乾隆年间（1736 年～1795 年），震泽丝市进一步发展。乾隆《震泽县志》记述震泽丝市为“栋宇鳞次，百货俱集。以贸易为事者，往来无虚日”。随着生丝集市贸易的发达，震泽出现生丝专业经营行业。道光元年（1821 年），震泽徐世兴创建洋经行，4500 担干经作资本。咸丰十年（1860 年），震泽、南浔两地丝经商人，在上海联合组成跨省行会组织“丝业会馆”。丝经行人员多，资金足，经营无季节性，使近代震泽丝市常年呈兴盛状态。震泽周围所产的辑里丝及苏经，近销南京、苏州、盛泽一带，远销华北、广东等地。19 世纪下半叶，震泽丝市开始由内销转为外销，辑里丝及辑里干经在震泽集散，由湖丝船运至上海转口输出海外。上海辟为商埠后，辑里丝及辑里干经大量经上海出口，使震泽生丝贸易更为繁荣，震泽丝市成为近代中国著名丝市之一。丝经行全盛时期，镇上有 47 家，洋经行占主导地位，摇经户 1 万余户。民国初年，震泽镇在上海有震昌、震泰、怡泰祥三家丝栈，办理收货、仓储、成交、结算等业务。镇上丝行林立，有乡丝行、绸丝行、吐丝行二三十家，洋经行、广经行、苏经行八十余家，丝经行年收购土丝万担左右，再转发近乡摇户（车户）加工成经。1921 年 2 月，震泽的“辑里干经”参加美国纽约第一次万国丝绸博览会。1934 年，震泽镇有茧行 1 家，丝行 3 家，经行 7 家。1935 年，震泽镇有茧行 14 家，占吴江县茧行总数的五分之二。还有蚕种公卖处、桑叶行。桑叶行开在西栅，汇集吴县东山、浙江乌镇等地桑叶，解决产叶不足的问题。30 年代，震泽在上海的丝商有徐南驺开设的华通行、杨公度开设的广益华行，直接经营丝经出口，将出口生丝和隆昌震丝行的兰麟牌干经、辑里丝直销美国、印度。震泽在苏州曹胡徐巷、濂溪坊一带，由宽鸭港皇甫丝商等五户开设苏经纺制工场，设约30台经车，员工50余人。40年代，镇上有信大行、周鑫裕、震记、振丰、永利、金记、义利、义记、复泰、达源、贰益、万丰、源兴协等丝经行23家。新中国成立初，镇上有丝经行28家，从业人员144人。至1956年，蚕茧业务由国营中国蚕丝公司统管，委托震泽供销社办理代购业务。

1993年9月，江苏太湖茧丝市场在震泽镇开业，该市场是江苏省首家省级茧丝交易定点专业市场，由震泽镇人民政府、吴江市外贸公司、吴江市丝绸工业公司、江苏省丝绸进出口总公司盛泽办事处联合创办。第一期工程总投资1300万元，占地面积54亩，建筑面积8000余平方米，有铺面354个，仓库2000平方米，附属设备用房1000平方米。1994年，有127家来自苏、浙、沪、皖、湘、赣、粤、闽、川等十余个产蚕茧省市的客户在该市场设立公司或经销部，吸引朝鲜、韩国、俄罗斯、日本、越南等国家和中国香港地区的客商到市场交易。是年，市场成交额5.6亿元，回收投资近80%，上缴税收111.02万元。1995年8月31日，据国家统计局统计，江苏太湖茧丝市场列中国行业百强企业第86位。1996年～1999年，该市场年成交额分别为8.85亿元、12亿元、13.5亿元、11.8亿元。90年代末，国家政策进一步放宽，茧丝专业市场的优势逐渐丧失，场内具有实力的经营者转向办企业，众多经营者相继撤出，市场交易渐趋萎缩。2003年，除面积600平方米的办公楼外，市场内房产均外租别用。2004年6月，江苏太湖茧丝市场与江苏华东建材市场（八都）合并为江苏太湖建材茧丝市场。2008年，江苏太湖茧丝市场名称恢复。是年，江苏太湖茧丝市场有管理人员5人，房产、场地出租收入20余万元。2012年，市场内有经营户12户。

2013年10月28日，在土耳其伊斯坦布尔召开的丝绸之路国际大会上，震泽镇的太湖雪、丝立方、山水丝绸生产的丝绸产品代表中国丝绸参展，其巧妙的设计、新颖的花色、精湛的工艺博得各国代表和客商的赞许。丝立方研发的新品两幅真丝肖像画作为国礼赠送给土耳其总统和总理。2014年，丝立方再次创作真丝画《水乡》赠送吉尔吉斯斯坦总统。2015年6月，丝立方创作的真丝画第三次作为国礼赠送给到访苏州的比利时国王、王后。11月24日，在中国与中东欧领导人会晤（“16+1”会议）上，丝立方的真丝画作为国礼赠送给与会的外国领导人。

丝巾（2014年6月摄）

**蚕丝产业** 震泽古镇早在唐宋时期就开始从事蚕桑生产，家家养蚕，户户缫丝。自明代开始震泽出现“谷雨后头蚕市集，端午节前丝市开”“若非夜上姑苏市，定寄明朝水老鸭（水老鸭，指装运湖丝的栈船）”的活跃经济。清光绪六年（1880年），久负盛名的震泽“辑里丝经”出口量达5400余担，产量占全国生丝出口总量8.22万担的6.6%。1927年～1931年，震泽出口丝经193.54万千克，销往英、法、意、美、瑞士、印度、埃及等国。1929年，震泽办起吴江县内第一家机器缫丝厂震丰缫丝厂，日产厂丝50余千克。40年代，全镇丝经行有23家，备有湖丝船十余艘，常年不辍经营丝经生意。

新中国成立后，震泽区域农户备土茧灶、木缫车，自缫土丝，出售镇上丝经行，转售给上海、杭州等绸厂织绸。60年代，震泽镇先后办起三家队办缫丝厂。1970年，震泽镇在震丰缫丝厂原址筹建国营吴江缫丝厂。1979年，震泽外贸站成立，办理蚕丝、蚕茧及丝绸收购业务。1980年6月，国营吴江震丰缫丝厂，年产厂丝100余吨，出口量占30%，年产值超1000万元。1994年，国营吴江震丰缫丝厂组建成吴江震丰集团公司。1995年，吴江震丰集团公司开发的高品位特殊规格出口生丝，开辟日本市场。1998年，震泽蚕丝被产业开展对外贸易，产品销往日本、澳大利亚、欧美等国家和中国台湾地区。进入21世纪，震泽镇的蚕丝企业如雨后春笋般发展起来，成为震泽的特色产业。震泽镇形成从养蚕、缫丝、制绵到翻制蚕丝被及被套、枕套等丝绵系列产品，从蚕丝被延伸到家纺、丝绸艺术品等各个领域，销售范围从国内大幅度延伸到国外。2008年，震泽镇100万条精品高档蚕丝被出口至东欧、北美和俄罗斯，出口额占全国蚕丝被行业的37%。至2014年，震泽镇有苏州慈云蚕丝制品有限公司、苏州辑里蚕丝制品有限公司、苏州太湖雪蚕丝制品有限公司、苏州山水丝绸有限公司、苏州丝立方蚕丝制品有限公司“五朵金花”为代表的蚕丝企业150余家，生产蚕丝被300万条、真丝原料1万吨、真丝床上用品100万套、蚕丝服装与真丝围巾等100万套（条），全国市场占有率30%，销往国内外130余个大中城市，产品畅销欧美、日、韩、澳大利亚等国家和地区，丝绸产业年产值近10亿元。全镇年销售额达亿元级的企业3家，创建蚕丝产品交易市场1个和上市公司1家。2015年，震泽镇蚕丝企业近200家，年产值12亿元。

## 蚕丝行会组织

**丝业公会** 震泽以丝兴市，丝业为领头行业，对全镇经济活动产生重大影响。清道光二十三年（1843年），上海开埠以后，震泽产的辑里湖丝和辑里丝经运往上海直接出口，数量至巨，利润丰厚，丝业处于鼎盛时期。咸丰末年，镇上各丝行、丝经行合议建同业行会组织，初名丝业公所，设于文武坊关帝殿。1912年，废震泽巡检司署。1913年，丝业公所呈请江苏都督府准予在震泽巡检司署衙原址新建公所。1917年，丝业公所落成，并改名为震泽丝业公会，共耗资1.92万两白银。是年，震泽丝业公会迁入新址。地方绅士施则敬、施肇曾及隆昌震丝经行业主杨文震任会长或名誉会长等职。

丝业公会会所前枕頔塘河，正面偏左为一座有双向桥台的宽大石桥，名报恩桥，旁侧驳岸砌筑整齐，中嵌口衔铁环的兽头石刻，其状各异。傍岸埋设成排黑漆镂花铸铁护栏，栏内侧文石铺地，为小型街心花园，植以花木，再北为西大街街面，两者间以护栏相隔。

公会会所朝南，正面为砌成菱形的清水砖墙，平整素雅。石库大门居中，宽而且高，对开两扇黑漆墙门，配以紫铜门环，锃亮发光。会所正面与街面留有一丈左右的隙地，可停轿，与正面墙体直交者为左右两座风火粉墙，一直砌至岸边。侧墙在街心部分开了拱门，容行人过往。其内侧扇状门额砖刻上分书“物华”“天宝”，外侧为“人杰”“地灵”。

丝业公会会所三埭进深，第一进门楼为公会办事、会客、议事场所。隔石板天井为正厅，高出天井三石级，飞檐斗拱，气势轩昂，厅内正中高悬白底黑字“纶辉堂”匾额，系著名书法家唐驼所书。大厅为全行业进行节庆礼仪活动场所，厅内可设宴数十桌。第三进供奉丝行业祖师嫘祖，又称嫘祖殿。每值嫘祖生辰，全镇同仁拈香膜拜，祈祷蚕丝丰收、丝市兴旺。丝业公会会所从整体上看严谨而极有气势，细节处理又极为精致，如门楼上的砖雕及梁柱间的木雕都精美绝伦，堪称艺术精品。

丝业公会旧址（1985 年摄）

近现代，多次与蚕丝业有关的重大活动均在丝业公会会所内进行。1923 年 12 月 11 日，美国丝业代表团一行八人考察震泽丝经业，丝业公会在会所内设宴招待，美商还在该会所大厅内放映国外蚕丝业概况的电影。清末民国以来，震泽历次送展于国内外展览会、博览会的丝类产品均先在会所内预展、评议、挑选。1924 年，江苏省立女子蚕业学校在公会大厅内举办蚕丝展览，宣传蚕桑改良。1926 年，吴江县第一家现代工厂震丰缫丝厂的筹建创办也事先在公会会所内由同仁策划。

1937 年，震泽沦陷之后，丝业同业行会活动被迫中止，会所被伪保安司令部侵占。抗战胜利后，丝业公会改组为丝经商业同业公会，仍以此为办事及活动场所。新中国成立初期，私营蚕丝业逐渐退出经营。至 1956 年，全行业停止，丝业同业公会解体。60 年代～70 年代，震泽丝业公会旧址用于大会堂和影剧院。1985 年，丝业公会旧址改建为中心幼儿园，所存之门墙及石库门框移建于震泽公园大门。

**丝业公学**　1912 年，震泽丝业公会为便于业内子弟就学，筹建震泽丝业小学，开吴江同业公会办学的先河。1913 年，丝业小学因教学成绩突出，被省里评为模范小学。1920 年，丝业公会由杨剑秋牵头，在震泽北栅藕河豆腐桥之北（今藕河街 38 号）择购土地建造新校舍，耗资 1.24 万元，建两幢双层西式砖砌教学楼，每幢面阔四间，前有拱形走廊及栏杆，左右侧连接厢楼。后有大礼堂、辅房及操场。1923 年，丝业小学落成。1925 年 10 月 10 日，国民党吴江县第三次代表大会及廖仲恺追悼会在此召开。11 月，中共早期党员陈味芝（化名凌云）在丝业小学以教师身份掩护向中央报告吴江政党和学运情况。12 月 25 日，在丝业小学召开云南起义 10 周年纪念会，陈味芝在会上发表演说，号召师生投入反对军阀、开展国民革命运动。

1926 年，丝业小学增设初中班，报省备案后改称丝业公学。1937 年，日军入侵，丝业公学被日军用作驻扎宪兵队。抗战胜利后，恢复学校教学。新中国成立后，丝业公学改为震泽镇藕河街小学。

70 年代，丝业公学拆去后幢教学楼，现存丝业公学旧址，有前幢教学楼及东西厢房和楼梯间，正楼两层四间，坐北朝南，东西宽 15.6 米，南北进深 10 米～12.5 米，占地面积 183 平方米。砖木结构，墙体用青砖砌成，前面砖砌拱形走廊，楼上走廊有柱节形状栏杆。楼顶上面有围栏露台，露台上方人字形悬山顶墙上镌有“1923”字样。校门两侧有石质界碑，上有“丝业公学”四字。1979 年，藕河街小学并入梅诗场小学，在原址创办震泽镇第二中学，镇第二中学并入镇第一中学后，又成为震泽镇第一中学民办初中班校址。1997 年 9 月 15 日，丝业公学旧址被列为吴江市文物保护单位。

丝业公学旧址（2009 年 2 月摄）

**蚕丝同业公会** 震泽蚕丝同业公会的前身是震泽蚕丝被同业公会，2007年9月16日，震泽蚕丝被同业公会成立，召开第一届会员大会，选举产生第一届理事会，会长沈福珍，副会长胡毓芳、曾炳海、朱文超，秘书长卢斌煜，理事10人，公会会员31家。震泽蚕丝被同业公会为全国首家蚕丝被同业公会。

2008年5月23日，震泽蚕丝被同业公会41家会员企业，整体加入江苏省丝绸协会蚕丝家纺专业委员会。公会制定《震泽蚕丝被联盟标准管理办法》，规范震泽蚕丝被标识的申请、使用和管理，确保蚕丝被产品的质量和特色。2010年7月，公会被苏州市工商联评为苏州市“优秀基层行业公会”。12月27日，震泽蚕丝被同业公会在原丝业公学旧址举行揭牌仪式。2011年，公会注册震泽蚕丝被集体商标，制定《震泽蚕丝被同业公会行业自律公约》。2013年7月，公会被苏州市工商联评为苏州市“优秀基层行业公会”。11月28日，震泽蚕丝被同业公会召开第二届会员大会，选举产生第二届理事会，会长卢云华，副会长胡毓芳、曾炳海等6人，秘书长卢斌煜，理事15人，公会会员53家。震泽蚕丝被同业公会自成立以来，坚持服务企业、行业自律、统筹协调，会员企业从单纯的蚕丝被生产企业延伸到原材料生产企业和丝绸产品流通企业，对蚕丝被商品市场、行情、国际贸易的服务、国内国际市场的开拓、蚕丝被产业集群发展都起到引领和助推作用。12月，震泽蚕丝被同业公会更名为苏州市吴江区震泽蚕丝同业公会。是年，蚕丝同业公会为维护震泽蚕丝被的质量、声誉，对蚕丝被产品组织12批次抽查，组建震泽蚕丝被QQ群和专业卖家淘宝群，帮助企业争取到扶持资金120余万元。2014年4月，蚕丝同业公会组织震泽镇10家蚕丝企业到上海参加第96届中国丝绸交易会。7月，同业公会组织震泽镇10家蚕丝企业参加“丝绸产业传承与创新”省级高级研修班，并获得结业证书。8月，同业公会代表震泽镇蚕丝企业申报江苏省区域名牌和优质产品生产示范区。12月，震泽镇蚕丝企业获江苏省区域名牌和优质产品生产示范区称号。2015年1月，同业公会组织震泽镇7家蚕丝企业在苏州永旺梦乐城举办企业诚信经营爱心义卖活动。3月，同业公会组织震泽镇8家蚕丝企业到上海参加第97届中国丝绸交易会。8月，同业公会组织震泽镇8家蚕丝企业参加上海中国家纺展。是年年底，苏州市吴江区震泽蚕丝同业公会未换届。

# 蚕丝文化

**祭蚕神** 养蚕是苏州农村主要副业生产，农户对蚕神的膜拜祈求是普遍心理，寄希望于蚕茧丰收是乡民的普遍愿望。新中国成立前，镇上城隍庙弄口的蚕皇殿（轩辕祠）内供奉蚕神像，养蚕时节香火颇旺。丝业公会第三进设嫘祖殿，乡村庙宇的偏殿或旁座塑有蚕神像，村头巷尾的小土地堂有蚕神像。有些富裕农户在家里墙壁上砌神龛，自供蚕神像。此外，镇乡各处烟杂店、香烛店均备有神码（俗称码张），神码是一张印在红纸上的蚕神像，供蚕农“请”（买）回去贴在蚕室或折成方柱状立于祭桌供奉。蚕神，蚕农称之为“蚕王菩萨”“蚕花菩萨”“蚕花娘娘”。蚕事之前，蚕农备香烛前往蚕神祠庙，顶礼默祷，通神许愿，祈求丰收。一般在谷雨前后蚁蚕孵出的一天，将供品和蚁蚕上桌供奉，称为“祭蚕神”。若养蚕期间发生蚕病，还会再祭拜数次，以求消灾弭祸。

**戴蚕花** 养蚕妇女在养蚕季节里用红色彩纸做成花朵，插在发髻、鬓角或辫梢上，称为“戴蚕花”，表示对蚕神的虔敬。其时，杂货摊及庙会上还有用绒线或绢做成的精致蚕花出售。

**忌讳**

蚕事习俗中的“忌人” 养蚕之始，先要孵蚁，蚕娘身穿棉袄，将蚕种焐在胸口，靠体温使之孵化，称为暖种。暖种期间，蚕娘少言寡语，消除杂念，家人也不来相扰，气氛严肃庄重，犹如十月临盆。清道光《震泽镇志》中，有已婚妇女在育蚕期间孤眠独宿净身以示虔敬的记载。蚁蚕孵出后，在蚕室内挂帏，置火盆饲养。养蚕开始，一切交谊活动停止，家家闭户，不相往来，村坊里行人寥落，悄然肃穆。乾隆《震泽县志》称三月、四月为蚕月，“禁喧闹，忌亲朋来往”，意为“蚕关门”。“蚕月”成为闲人莫入的禁令，蚕期避免邻居往来，防止蚕病传染，俗称“忌人”。一般亲友来访，止步门外，待招呼才进门，非请莫入，成为习惯。

忌说不吉利的字 养蚕时，见到死蚕只能悄悄拣去，不能言传；见坏蚕改称“白相蚕”“懒惰蚕”，不说病蚕名称。蚕室内见蜈蚣称“蚕花”，见蛇说成“蚕旺”，惊喜交集，一般只驱赶勿弄死。蚕期烧菜用的老姜称“辣块”，“僵”是蚕病，“姜”与“僵”同音，竟为不利。忌说“豌豆”，避“完结”之嫌；餐毕只能说“吃好了”，不能说“吃完了”。忌说“葱”，以免犯冲；忌直呼酱油，改称“赤油”，以免遭“酱油病”（蚕受细菌感染腐烂，体液呈赤褐色，俗称“烂死蚕”）危害。忌直呼豆腐，改称“白玉”。忌叫“鸭”，以防“压”死蚕宝宝，改称“连连”（赶鸭时的吆喝声）。蚕室里禁止淫词秽语，禁传私生子一类轶闻，因“私”与“丝”谐音。

**口彩** “春蚕到死丝方尽”，蚕吐丝作茧创造财富，农家重蚕至宝，见蚕称谓“蚕宝宝”，养蚕收成称之“蚕花”，计算“蚕花”多少是以 0.5 千克三龄眠头为例，若采茧 5 千克，即为十分收成，其时十分“蚕花”属稀有高产。蚕期亲邻见面，均有互祝“蚕花”的习惯，口念“蚕花廿八分”，以示来日结茧丰收。在采茧称茧时，总是先喝彩“千斤万两”。“田蚕茂盛”“蚕花廿八分”是农户传统灶膛、门壁普遍书写的字句。“蚕花”作为口彩，每当春蚕开始饲养时，讨饭者用红纸剪成猫形纸花，串村走户剪，挨家分户送，备受农家欢迎，讨饭“送蚕花”，给钱不给米饭，与平时两样对待。也有游民乞丐，在蚕期大眠至上蔟时分，用稻草扎成马鸣王菩萨（蚕神），外面用红布包缝好，挨家挨户乞讨，边敲小锣，边唱《莲花落》“一家过去两家来，马鸣王菩萨上门来。家家人家发大财，小茧采来像鸡蛋，大茧采来像鹅蛋……”以好口彩取悦蚕农，换取施舍。农家惯用“蚕”字取名，襁褓之中男孩取乳名蚕宝、蚕卿、蚕生、蚕大，女孩取乳名蚕金、蚕娜、蚕珍、蚕猫等比比皆是，无不以蚕为贵。渔民叫卖鱼虾，蚕期的虾不喊“弯转”（震泽方言），小虾改称“蚕花”。养蚕期间俗谚流传“清明一粒谷，看蚕娘娘哭；清明雀口，看蚕娘娘拍手”“一斤熟蚕半斤茧”等，均是蚕农对桑叶产量和茧子产量的预测。

**祛蚕祟** 蚕农认为蚕事失利是鬼怪作祟所致，故而想尽办法驱赶危害蚕宝宝的邪神恶煞，使之逢凶化吉，遇难呈祥。如在门前地面上用石灰画出弓和箭，或在门框上方悬“照妖镜”，或张贴门神像守护蚕室。清明夜有吃螺蛳的习俗，相传蚕病称为“青娘”，“青娘”躲藏在螺壳内，吃掉螺蛳肉，把空螺壳抛上屋面，使之无处藏身，也就无从作祟了。与往日不同的是，这一天吃的螺蛳，尾部不用剪去，螺蛳肉不用嘴吸出，而用针挑出，故称“挑青”。震泽东南面的村落端午节有食面条的习俗，此日不能用门牙将面条咬断，而须一口吸入嘴内闭唇咀嚼，相传这种吃法可以吃掉“拖丝娘”（蚕病之一，学名脓病）。震泽蚕区一带在家蚕食叶盛期，有桑叶不敷的时候，常从桑叶行里购买来自东山、乌镇等地运来的桑叶。蚕农在外来桑叶进屋前先用桃枝拍打几下，寓用桃木驱邪。有些蚕农将嫩桃枝弯成小圆圈放入蚕匾压邪。鼠为蚕之天敌，常偷食壮蚕，为害非浅。猫为鼠之天敌，相生相克，蚕农惯用红纸剪成猫状，俗称“蚕猫”，或粘贴于蚕室墙上，或置于蚕具内，以期驱鼠。

**望山头**　上蔟一两天，邻里亲戚间恢复串门走访，评看结茧情况，特别是新结的亲家，必具礼物去“望山头”。所具的礼物中，咸鲞及水糕（方形米粉软糕，中间置糖或肉馅）为必备之物，另加猪蹄、枇杷等物，从“鲞”的谐音引申出来的，意为“有想头”，期望蚕茧丰收，水糕的谐音“丝高”，意为生丝高产。

**谢蚕神**　采茧以后，养蚕过程结束，蚕户门窗洞开，称为“蚕开门”。此时，新丝即将缫制上市，“活来钿”进账指日可待，喜悦心情溢于言表，而村坊喧闹如常。蚕户在采茧或做（缫）丝完毕将供品及茧子（或生丝）列于神像前，称为“谢蚕神”。蚕户多办酒宴以庆贺，名为“蚕花酒”。

**念蚕经**

**马明王菩萨念蚕经（民歌）**

马明王菩萨到门来，
身骑白马上高山，
马明王菩萨勿吃荤来便吃素，
宋朝手里到如今。
蚕宝今年西南方，
除出东南对龙蚕，
清明过去谷雨到，
谷雨两边堆宝宝。
头眠眠来齐落落，
二眠眠来崭崭齐，
九日三眠蚕出火，
楝树果花开捉大眠。
捉好大眠开叶船，
来顺风，去顺风，
一吹吹到河桥洞，
毛竹扁担两头尖，
唧唧挑到蚕房边，
喂蚕好比龙风起，
吃叶好比阵头雨，
大眠回叶三昼时，
小脚通跑去上山。
东山木头西山竹，
山棚搭得几间屋，
隔仔三日凉山头，
满山茧子白满满。
廿四部丝车两面排，
当中出条送茶道，
东面传来鹦哥叫，

西面传来凤凰声，
红袱包，绿袱包，
一包包了十七廿八包。
东家老太要想囤，
西家老太要想放，
亦勿囤来亦勿放，
上海城里开爿大钱庄，
收着蚕花买田地，
高田买到寒山脚，
低田买到太湖边。

**蚕花节** 清朝时，震泽乡民在庙宇的蚕神像前祈求一年养蚕好收成。他们在家里墙壁上的神龛内供蚕神像，在蚕室里挂神码，养蚕时节，全村人点香燃烛，供奉蚕神，祈祷“蚕王菩萨”“蚕花菩萨”“蚕花娘娘”保佑。宣统三年（1911 年）春，震泽、南浔的丝商和乡民，集中在震泽镇东双杨村举行祭蚕神、庆蚕花丰收的大聚会，人们举着蚕神像，敲锣打鼓，喜迎蚕种的到来。新中国成立初，震泽镇乡民每逢三四月，都要组织蚕花巡游活动。从镇东宝塔街、慈云禅寺至西栅思范桥，三四百人的巡游队伍白天延续至晚上。队伍里抬着的轿子里坐着“蚕王菩萨”“蚕花菩萨”。路边店铺旁观摩者挤得水泄不通，鼓乐声、欢呼声营造蚕花节日气氛。2014 年 5 月 1 日，震泽

蚕花巡游（2014 年 5 月摄）

镇在文昌阁隆重举行首届震泽蚕花节。上午 9 时，伴随着悠扬的唢呐声与欢快的腰鼓声，由大旗队、蚕娘队、大头娃娃队、河蚌队、生肖队、花船队等组成的巡游队伍，从文昌阁广场出发，沿着禹迹桥、慈云禅寺、宝塔街、横街、镇南路开始巡游。一路上鼓乐齐鸣，彩旗招展。身着红黑丝绸长袍的主祭人走在队伍最前面，一面三角杏黄旗上写着“祭蚕神”三字，“祭”字位于旗中央，巨大醒目。随后是六名唢呐手，边走边吹。举着六面彩旗的大旗队气势壮观。彩旗上“国泰民安”“风调雨顺”“福泽千秋”“泽被百业”等红色大字格外鲜明。道路两旁挤满围观的群众和慕名而来的游客，热闹非凡，丰富多彩的巡游队伍和表演为游客渲染欢乐喜庆的节日气氛。

巡游结束，巡游队伍回到广场，祭拜蚕神。祭旗手举着“祭”字大旗，主祭人将祭品放上供桌，点燃蚕烛、敬香、斟酒，随后敬献帛、果、桑，恭读祭文，全体祭礼人员随乐叩拜“蚕花娘娘”，大头娃娃、河蚌队、花船队等进行蚕花歌舞演出。最后，进行发蚕种仪式。整个祭拜仪式一共九道程序，持续约半个小时。

祭蚕神（2014年5月摄）

蚕花歌舞表演（2014 年 5 月摄）

蚕花节中，震泽镇同时举行蚕丝产品大型展销会，丝立方、太湖雪、慈云、山水、辑里等 12 家企业共设 22 个摊位，琳琅满目的创意蚕丝产品，展示作为中国蚕丝之乡的震泽蚕丝产业的发展活力。来自全国各地的 400 余名摄影师参加“太湖雪杯·丝韵震泽”全国摄影大赛。蚕花节持续 31 天，包括老街巡游、祭蚕神、蚕花歌舞演出、蚕丝产品展销、美食展销、桑葚采摘等活动。首届震泽蚕花节，作为首届吴江太湖文化节的活动项目，进一步弘扬震泽蚕丝文化、民俗旅游文化、美食文化，提升震泽镇“中国蚕丝之乡”的品牌形象。

2015 年 5 月 17 日，震泽镇举行第二届蚕花节主题日活动。在慈云寺广场上举行蚕花节开幕式，震泽古镇，锣鼓喧天，热闹非凡。由大旗队、蚕娘队、生肖队、大头娃娃、河蚌队、花船队等组成巡游队伍，沿着慈云寺、宝塔街、驳岸路、文昌阁一路巡游。在慈云寺门口，举行非物质文化遗产展演和剥丝绵兜、拉丝绵被比赛；在禹迹桥西南堍，开展绕柴龙比赛，让游客驻足观赏。还有“欢乐震泽”的群众文艺表演、美食展销、桑葚采摘等丰富多彩的活动，展示着震泽旅游景区的新面貌、蚕丝文化的新成果、民俗文化的新亮点。

# 古镇旅游

震泽，风光胜迹众多，文化积淀深厚。人杰地灵的震泽，风景独好。慈云寺塔、禹迹桥、师俭堂、文昌阁、宝塔街；新申农庄的黑瑰香葡萄、水蜜桃、翠冠梨、白沙枇杷；美食节暨旅游文化节上的震泽太湖美食；光彩亮丽的蚕丝被和蚕丝服装向游客展示丝绸之乡的魅力。

震泽镇旅游线路图

## 旅游资源

震泽古镇景区旅游线路：文昌阁—中国太湖农家菜文化展览馆—江苏省农机具博物馆—禹迹桥—慈云禅寺、慈云寺塔—宝塔街—师俭堂—历史人文民俗陈列馆—震泽公园—王锡阐纪念馆—新申农庄—工业旅游点（太湖雪、山水丝绸、麻立坊等）。

### 古镇游

**文昌阁** 文昌阁原位于镇西分水墩上。頔塘河河阔水急，舟楫来往，昼夜不绝，古人为减缓东泄之湍流，垒土为墩，如岛似屿，此墩将水分为两支，故名分水墩。清乾隆三十六年（1771 年），在墩上建文昌阁。道光二十年（1840 年），里人徐学健等人重修文昌阁。震泽八景中的“飞阁风帆”就在这里。文昌阁居墩中央，墩周边筑石驳岸，其内镶嵌形制各异的系缆石，供渡船停靠。墩南有一条石板短堤，与頔塘南岸相连。文昌阁深两进，前为山门，宽三楹；后为阁，高三层，底层为殿，中层为楼，顶层为阁。建筑为单檐歇山顶，四周皆窗，琼阁连通，玲珑剔透。文昌阁气势雄伟，与近处的慈云寺塔、禹迹桥等组合成景。清沈环《秋日登文昌阁》诗曰："飞阁凌空峙，丹霞倒影流。烟凝万户晓，爽挹一天秋。水势要还合，山容淡更幽。笔峰浮古塔，言藻接瀛洲。"诗中点出文昌阁的气势与周围景物的和谐融合。1958 年，文昌阁因年久失修而坍塌。1965 年，因分水墩严重影响水上交通，航道部门将墩基清除。

2007 年 9 月，镇政府决定恢复文昌阁景点，旅游文化节期间举行奠基仪式。12 月，破土动工，在文昌阁原址西南侧筑墩围石建阁。整个景点总占地面积 13334 平方米，工

文昌阁（2016 年 11 月摄）

程主体建筑面积145平方米，总投资1500万元。游客登上文昌阁，望见頔塘河中疾驶而过的船只，勾起对历史文人的眷眷遐思。早晨，市民到这里健身锻炼；晚上，文昌阁的广场上华灯初放，广场舞曲悠扬动听，跳广场舞的人们随着音乐翩翩起舞。

**震泽历史人文民俗陈列馆** 2004年4月，在宝塔街师俭堂第三进二层楼上开设震泽历史人文民俗陈列馆，此馆分历史变迁、人杰地灵、民俗民风三个陈列室。历史变迁陈列室介绍蠡泽湖古文化遗址及震泽镇的历史沿革，人杰地灵陈列室陈列震泽十位古代人物的画像、生平和十位近现代人物的照片、生平，民俗民风陈列室以照片展示震泽蚕桑习俗、双阳庙会、茶馆三市和旧时“震泽八景”。

沧桑岁月，物华嬗变。陈列馆以大量珍贵的图片、实物、文字史料等，介绍震泽千年历史钩沉，展现震泽众多人文景观。

**震泽公园** 震泽公园为国家AA级旅游景区。1936年，震泽公园建成，位于镇北新开河中心桥畔，占地面积4万平方米。该处原为“震泽八景”之一“虹桥晚眺”旧处，筑园时因势利导，巧借地物，开池疏浚，起伏错落，复再广植松柏花卉，草木葱茏，绿树长青，四时争妍。园内景观布局精巧，雅致幽静，荷塘、假山、石桥、小亭点缀其间，小桥流水，别具韵味。园内主建筑四面厅为琉璃瓦覆顶，四周长廊围绕，厅旁荷花池倒影相映。经厅前通道西行，穿过类似凯旋门的建筑物，即是波光粼粼的三里塘和新开河。岸边两方亭，相距不远。垂柳下，长椅散放。园内园外，浑然一体。1985年，震泽公园重修，大门改设于东向，清水砖墙，古朴素雅，门额砖刻“震泽公园”四字，为费孝通手迹。1996年，公园创办水榭书苑，为评弹演出场所。

震泽公园四面厅（2009年10月摄）

2003年10月，因长湖中航道拓宽，公园切角征地3046平方米，池畔双榭、土山方亭、池北双三角亭及烈士陵园均在拆迁之列。河道工程处补偿拆迁费1000万元。2005年，先后在池西重建水榭书苑、双三角亭。原公园西南部的盆景园改建为烈士陵园，占地面积700平方米。烈士陵园由烈士事迹陈列室、祭扫广场、墓道、墓室四部分组成。陈列室收集较多文字图片和音像资料。整个工程的主体建筑采用花岗石建成，三位烈士的陵墓在苍松翠柏的簇拥之中，庄严肃穆、气势恢宏。为适应现代生活，园内附设水榭书场、儿童乐园、茶室、舞厅、摄影室等设施，成为老少皆宜，集休闲、娱乐、聚谈、晨练的好去处。至2014年，震泽公园面积1万平方米。

**贞惠先生碑亭** 贞惠先生即施则敬先生，震泽望族一本堂施氏八十一世孙，中国红十字会创始人之一。

1925年，贞惠先生碑亭建成，位于震泽中学校园内。碑亭坐南朝北，南临頔塘古运河。亭区东西长18.2米，南北宽9米。碑亭为六边形，边长2.5米，基台高出地面两级台阶0.3米。碑亭飞檐翘角，混凝土浇筑亭顶，筒筒瓦屋面。亭周边为座槛，亭中央竖立着青石纪念碑一块。碑高2.29米、宽0.79米、厚0.2米，碑座高0.42米。纪念碑正面为贞惠先生画像，北面为碑文，碑文由同里金天翮撰文，太仓毕寿颐书丹并篆额，吴县周梅谷刻。“文化大革命”时期碑亭基本被毁。2008年上半年，政府出资整修碑亭，恢复原貌，并按原碑拓片重新立碑。施则敬捐资重建頔塘河浔震石塘6千米，并修筑平望梅堰河驳岸。12月，贞惠先生碑亭被列为吴江市文物保护单位。

贞惠先生碑亭（2012年5月摄）

**江苏省农机具博物馆**　江苏省农机具博物馆位于頔塘河南岸，与慈云寺塔隔河相望。原址是震泽镇粮管所的勤俭仓库。2005 年，博物馆筹建，第一期工程建筑面积 960 平方米。2011 年 12 月，博物馆正式开馆，分为原始馆、古代馆、纺织馆和现代馆四个部分。

绕过一条长长的回廊，到原始馆。看到四千余年前太湖流域新石器时代的农具类型，原始农具的材料从最初的石木质发展为骨蚌质。

在古代馆中，摆放着错落有致的农具，墙上和空中悬挂着各个时代各式各样的农具，地面摆放着谷桶麦箩、风车水车，门类繁多。驻足观瞻，一幅幅生动的劳作场景浮现眼前。

纺织馆内，放置着不同年代的各式纺织机，如纺坠、纺车、锭子、踏板织布机、机械织布机、数控自动织布机等。

现代农具馆中展示新型的农业工作机具的实物及图片文字资料。馆中有 50 年代～ 70 年代在村上、田间集中统一干活的脚踏打稻机，有耕耘和整地机械，种植和施肥机械，田间管理和植物保护机械，收割机械，谷物脱粒、清选和烘干机械。有 80 年代～ 90 年代的农副产品加工机械，装卸运输机械，排灌机械，畜牧机械和其他机械。

江苏省农机具博物馆（2011 年 11 月摄）

中国太湖农家菜文化展览馆（2012 年 11 月摄）

**中国太湖农家菜文化展览馆** 震泽毗邻太湖，受到太湖水的润泽，物产丰富，资源充足。地道的食材搭配造就流淌在水乡周边的各式美食。

2008 年，中国烹饪协会认定震泽为“中国太湖农家菜美食之乡”。2009 年，中国烹饪协会调研考察后同意在震泽设立“中国农家菜研发基地”。2012 年 11 月，中国太湖农家菜文化展览馆建成，展览馆坐落在禹迹桥西的麟角坊，与慈云寺塔隔岸相望，占地面积 3000 余平方米，是中国首次对太湖流域农家菜发展历史的系统整理。中国烹饪协会会长苏秋成为“中国太湖农家菜文化展览馆”题词。展览馆主要分为六个展区：第一展区江南名镇、情系太湖，第二展区丰富食材、人勤天赐，第三展区乡风民俗、淳厚不衰，第四展区农家菜点、回味隽永，第五展区名家名人、乡土恋情，第六展区绿色环境、生态美食。展览馆从营养、视觉、味觉等多角度对农家菜进行评析，还将与游客进行互动。定期邀请国内专家、学者与烹饪大师进行交流，成为农家菜传承的行业品牌。

一道道色、香、味俱佳的太湖农家菜，尽显“鲜”“野”“土”“奇”特点，让人“经此过不去，知味求常来”！

### 农家乐游

**江苏震泽省级湿地公园** 2007 年 8 月，江苏震泽省级湿地公园设立。湿地公园位于镇北与太湖临近的长漾自然湿地，被列入太湖湿地生态系统功能区。

公园总面积 916 公顷，其中水域面积 435 公顷。含三扇、勤幸、金星、众安桥、齐心等五个行政村村域，将生态保护、生态旅游和生态环境教育的功能有机结合，实现自然资源的合理开发和生态环境的改善。公园内名胜古迹众多，有张家墩、周生荡、范墓、唐家湾庙古银杏、安庆桥、高桥等。

一座牌楼气势不凡，那三百余亩茂密的桑园发出淳厚诱人的清香，长漾、周生荡湖畔的桃树、李树、葡萄藤苍翠葱绿，空气格外清新。蚕桑生产科技馆、养蚕大棚、游客服务中心、停车场，设施完美。

每到四五月份，湿地公园的“亲子游”活动最为热闹，从上海、苏州及浙江省到此地的大量游客，到湿地公园采摘和垂钓，平均每天有三四百人。

江苏震泽省级湿地公园（2015 年 9 月摄）

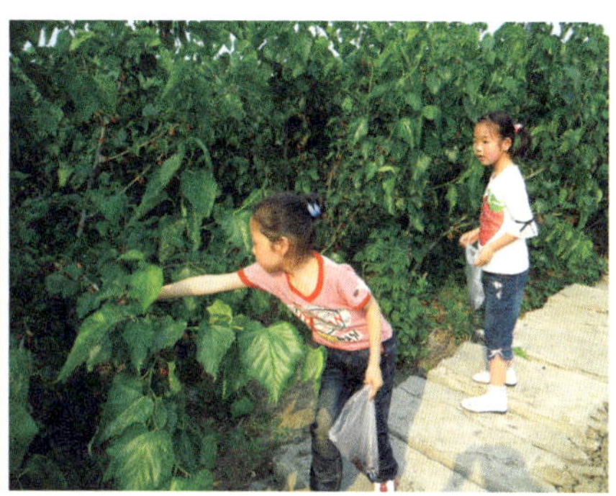

湿地公园采桑葚（2015 年 5 月摄）

湿地公园钓鱼（2015 年 8 月摄）

新申农庄（2007 年 5 月摄）

新申农庄果园（2016 年 6 月摄）

新申农庄粗菜坊（2003 年 1 月摄）

**新申农庄** 又名吴江市现代化农业生态示范园，位于镇区东郊，濒临頔塘河，农庄占地面积 25.33 万平方米，将观光、休闲、娱乐和度假融为一体，分 3 个区，7 个园。3 个区为粮食加工区、家禽养殖区、休闲区及农机具库；7 个园为桃园、桑园、梨园、枇杷园、葡萄园、番茄黄瓜园、盆景园。2006 年 7 月 2 日，新申农庄举行开园仪式。12 月 27 日，农庄被评为全国农业生态旅游示范点。2007 年，农庄获全国乡村旅游最佳观光农业奖。

粮食加工区及农机具，可参观大米加工过程和农机具展览。家禽养殖区主要是生态养殖草鸡的地方。休闲区有森林氧吧、烧烤区、垂钓区、植物迷宫、盆景园等，烧烤区设在靠皫塘而建的曲廊内。

新申农庄是生态湿地园林。桃园内种植从日本引进的“良缘”新品种，出产的桃子比一般水蜜桃更甜更鲜，而且甜而不腻，甜中带脆。每年春暖花开时节，这里是一处花海。桑园内，从东向西种植的是“日本果桑”“十大”“白玉”“红果二号”“垂柳桑”和“乔木桑”。桑果是新开发的蔬果品种（桑葚、桑叶），桑葚营养丰富，桑叶有药用价值。梨园内种植的是翠冠梨，翠冠梨是浙江省农业科学院培育的新品种，具有皮薄、肉嫩、汁多、味甜等特点。每年梨花盛开的时候，这里就像是一个雪海。枇杷园内种植的是洞庭山优良品种白沙枇杷。葡萄园内植藤稔、无核白鸡心、维多利亚和黑瑰香四个品种。藤稔葡萄形状接近球状，最大的有乒乓球那么大，故称它为“乒乓球葡萄”，颜色紫黑，味道甜中带酸。无核白鸡心葡萄又称“青提”，脆而甜，口感清醇，因无核吃起来非常方便。维多利亚葡萄是从罗马尼亚引进的品种，形状像无核白鸡心葡萄。黑瑰香葡萄表皮紫黑色，有玫瑰香味。番茄黄瓜园内，橙红的番茄，翠绿的黄瓜，挂在藤下的，缠在架上的盆景园内有大小各异、形态多姿的百年古桩上千盆，品种有鹊梅、杜鹃、紫薇、小叶狗骨、三角枫、五针松、红梅等十几个。

园内建有一座石拱桥，取名日月桥，意为自然界中日月轮回，经久不变。桥西南堍有一条鹅卵石小道。桥东北侧枇杷园旁有一条小河，因河岸上种着桃花，故名“桃花溪”，河对岸栽种很多柳树。每到阳春三月，桃花盛开，垂柳披绿。农庄内还设有会议中心、粗菜坊。在粗菜坊里可品尝到地道的农家菜，食材大都是农庄自产的绿色食品。新申农庄门口设有农庄超市，里面供应震泽镇的土特产。

**工业游**

“寻梦长三角，乐游震泽镇”，震泽古镇独特的地理位置和优越的气候条件造就参观（产品生产流程）、体验、购物、休闲为一体的工业游。2012 年，吴江麻立坊科技文化发展有限公司被江苏省旅游局评为江苏省工业旅游示范点。2014 年，苏州山水丝绸有限公司被江苏省旅游局评为江苏省工业旅游示范点。是年，苏州英宝丝绸有限公司被苏州市旅游局评为苏州市工业旅游示范点。

*麻立坊旅游点*　2010 年 9 月，吴江麻立坊科技文化发展有限公司创建麻立坊工业旅游点。一期工程竣工，占地面积 2 万平方米，建筑面积 1.2 万平方米，总投资 5000 万元。11 月，正式对外开放。“麻立坊”旅游点在震泽镇北，318 国道北侧。南侧为震泽

麻立坊亚麻研发中心（2014 年摄）

麻立坊亚麻文化馆（2014 年摄）

麻立坊亚麻产品展厅（2014 年摄）

工业区，有震泽古镇师俭堂、慈云寺塔等旅游胜景，北侧为长漾湿地公园。沪苏浙高速公路、318 国道、京杭大运河穿梭而过，水陆交通便捷。

整个场馆分为亚麻文化馆、科技研发中心、亚麻生活体验馆、购物中心、休闲茶吧，集展览、旅游、购物、休闲为一体，游客在这里参观，通过文物展示并解说机器设备演示加工生产过程，体验产品的设计应用，让游客切身体会到亚麻文化如何发展，原料如何变为成品这一系列过程。在麻立坊生活体验馆内，卧室里的床单、被套、衣袜，客厅里的壁画、沙发、地毯，餐厅里的桌布、毛巾等，由亚麻制成的各类产品一目了然。游客不仅看得尽兴过瘾，还可品味水乡农家特产，吃到震泽的黑豆腐干、熏豆茶、大头菜，购买特色的亚麻产品和蚕丝被。2011 年，参观麻立坊的游客有 3.5 万人次，营业收入 5320 万元，带动旅游产品收入约 3000 万元。2015 年，旅游点参观的游客 5000 余人。

**山水丝绸旅游点**　2011 年 5 月，苏州山水丝绸有限公司创建山水丝绸工业旅游点。山水丝绸工业旅游点地处震泽镇 318 国道 2438 号，占地面积 1.1 万平方米，建筑面积 1.8 万平方米。交通便捷，旅游点有多处停车场。一入大门就有游客服务中心，寄存包裹、咨询事项非常便利。旅游点有齐全的引导标识，在产品展示体验中心，有为残疾人专项设计的无障碍通道。有阵容强大的导游、讲解员队伍，他们运用生动的解说方式，将丝绸文化介绍给游客。

旅游点集旅游娱乐、购物休闲为一体，分为蚕丝文化长廊、丝绸产品生产馆与展示厅、丝绸精品体验馆三个场馆。通过文物展示和解说，让游客了解丝绸文化的发展史；参观丝绸精品制作车间，通过机器设备演示加工生产过程，让游客了解并切身体会制成丝绸成品的系列过程。丝绸产品展示厅内，均配有说明牌、商品介绍牌，让游客自主挑选。产品丰富，从蚕丝被到家纺、服饰、配件等，覆盖婚庆、家居、婴幼儿用品及夏凉用品等 30 余个大类，400 余个品种。产品陈列面积 1800 平方米，琳琅满目的丝绸产品，让游客大开眼界。丝绸产品体验馆在大楼一楼，环境优美典雅，可让游客参与产品制作。

旅游点接待的游客每年人数递增。2015 年，每月有四五批旅游团队，约 400 余人参观，全年有 5000 余人参观。

苏州山水丝绸有限公司（2014 年摄）

山水丝绸文化长廊（2014 年摄）

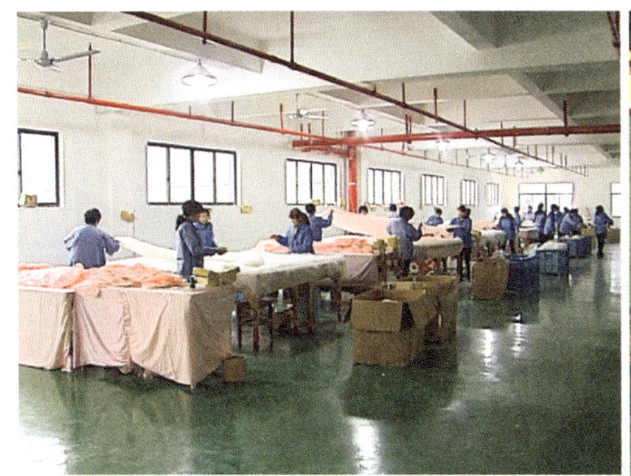

山水丝绸生产车间（2014 年摄）

山水丝绸产品展厅（2014 年摄）

**英宝丝绸旅游点** 2013 年 7 月，苏州英宝丝绸有限公司创建英宝丝绸工业旅游点。英宝丝绸旅游点地处震泽镇 318 国道 2428 号，拥有现代化生产车间 1 万平方米，丝绸产品展厅 3000 平方米，工作人员 150 人。旅游点交通设施完善，有停车场、游客服务中心，可为特定人群（老年人、儿童、残疾人等）提供个性服务。游览区域功能划分明确，参观通道设置合理，游览线路清晰。导游、讲解员配备齐全。从业人员服饰统一，服务技能娴熟，服务用语规范。

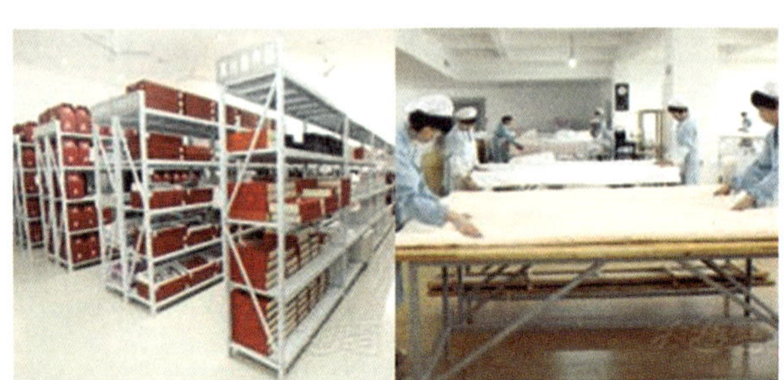

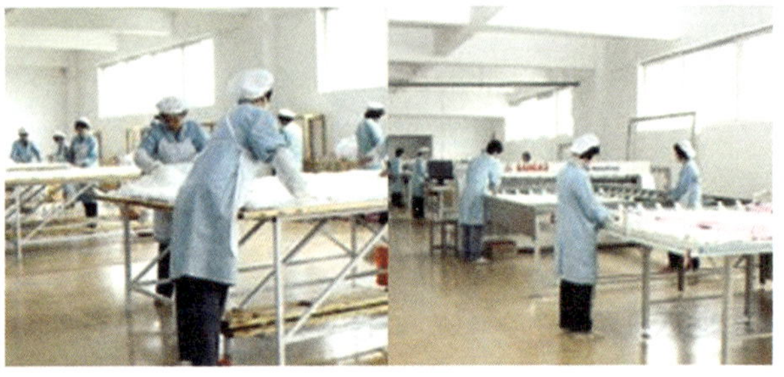

太湖雪丝绸生产车间（2013 年 10 月摄）

展厅内丝绸产品种类丰富，特色鲜明。文化娱乐设施俱全，可提供餐饮服务、住宿服务。2015 年，旅游点接待近 200 个团队，游客约 2 万人。英宝丝绸旅游点（太湖雪丝绸旅游点）具有独特的产品形象、良好的质量形象、鲜明的视觉形象。

太湖雪丝绸产品展厅（2010 年 5 月摄）

震泽古镇游客服务中心（2013 年 11 月摄）

## 旅游服务

**游客服务中心** 震泽游客服务中心位于頔塘桥南堍，震桃公路与慈云路交界口，在古镇标志性建筑古镇入口仿古牌楼的西面。

游客服务中心，按照国家旅游服务行业标准设置，具有三大功能：展示、服务、管理。服务中心有环境优雅、宽敞明亮的服务大厅，一流的导服人员，为游客提供信息咨询、购票服务、游程安排、讲解休息等服务。

**旅行社** 2005 年 8 月，吴江市天时旅行社经江苏省旅游局批准建立。位于震泽镇镇南路 1418 号，天时旅行社按有关规定，国内旅游线路全部开通，其中北京、上海、山东、山西、云南、海南、桂林及浙江、江苏各地均为热线行程。

2006 年，天时旅行社共组织旅游团队 60 余个，游客 1500 余人，旅行社还经办代购机票、车票业务。

2007 年 8 月，吴江市震泽慈云旅行社建立，全称为吴江市震泽慈云旅行社有限公司，是吴江市震泽旅游文化发展有限公司的下属机构，位于震泽镇宝塔街 12 号（师俭堂），有管理人员 4 人，讲解员 3 人，具有国家执业导游证者 1 人。是年，慈云旅行社震泽营业部组织旅游团队 43 个，游客 11 万人次，营业收入 372.3 万元。

2008 年 6 月 12 日，吴江天马旅行社震泽营业部建立，位于震泽镇快鸭港路 38 号二楼。营业部开业半年组织大小团队 10 余个，接待游客 1000 余人。是年，慈云旅行社接待游客 10 万余人次，组团出游 400 人次，总营业收入约 20 万元。

2012 年 12 月，天马旅行社迁至震泽镇镇南一路 1267 号。营业部除组织、受理公民国内游和境外游外，还代售飞机票、长途汽车票、代客订车、订房业务。

2014 年，天时旅行社组织旅游团队 120 个，游客 3300 余人，营业收入 30 万元。是年，慈云旅行社震泽营业部组织旅游团队 43 个，游客 11 万人次，营业收入 372.3 万元。天马旅行社震泽营业部组织旅游团队 35 个，游客 5050 人次，营业收入 120 余万元。

2015 年，震泽古镇有吴江市天时旅行社、吴江市震泽慈云旅行社、吴江天马旅行社震泽营业部 3 家旅行社。接待外地旅客 13 万人次，组织旅游团队 200 余个。

**餐饮住宿** 民国时期，镇上有菜饭馆 14 家、面店 19 家、糕团店 10 家、大饼店 8 家、茶馆 28 家、食品摊贩 23 户。镇上开设交通、春明、頔塘、奇昌、华洋等旅馆 5 家。新中国成立初，镇上菜馆、面饭店、饼馒头店等 58 家，茶馆 20 家，食品摊贩 19 户，开设旅馆、旅社等 6 家。80 年代，个体饮食店、旅馆纷纷开张营业，镇上有饮食饭店 23 家，茶馆 15 家，食品摊贩 30 余户，旅馆、旅浴商店等 6 家。90 年代，镇上有人民楼、震泽饭店、点心店、便民饭店等 34 家，茶馆 10 余家，食品摊贩 30 余户，有震泽旅馆，江村旅社、新街旅社、港口旅社等 10 家，吴江酒厂、皮革一厂、经编染织厂等企业附设住宿服务，开设旅馆、招待所，对外开放营业。2008 年，全镇有餐饮业 70 余家，住宿服务业 20 家。至 2015 年，全镇共有餐饮住宿企业近百家，经营规模不断更新，酒店集客房、餐饮、娱乐于一体，其中有以美佳乐酒楼为代表的“中华餐饮名店”、吴江汇丰国际花园酒店、苏州知名特色餐饮企业 4 家，规模型餐饮企业 20 余家，规模型宾馆 14 家，旅游购物中心 2 家。

酒店配有桑拿休闲中心、KTV 包房、棋牌室等功能齐全的娱乐服务设施。

酒楼主推以太湖湖鲜为原料的苏式菜系，有太湖蟹、鳜鱼、银鱼、鳖、河鳗及红烧蹄髈和东坡肉等特色菜肴，同时兼顾南北食客，汇集粤式、杭帮、川菜等名菜佳肴。

位于318国道旁的新申农庄内的粗菜坊，餐厅环境优美。菜肴是以农庄自行放养的太湖湖鲜和自行栽培的绿色食物为原料，水产现捕，蔬菜现摘，以传统农家菜烹饪方法加工制成，菜肴新鲜、卫生营养，是朋友聚会、商务宴请的极佳场所。

## 旅游节庆

**慈云庙会**　2008年2月19日～24日（元宵节期间），震泽举办“欢乐震泽”慈云庙会。庙会以“贺新春、庆佳节、乐民众”为宗旨。庙会期间，慈云寺内张灯结彩，香火缭绕，还有杭州小百花艺术团的精彩演出。宝塔街上，红灯高挂，游人如织。街侧摊位紧连，现制现卖的各种工艺品、美食名点吸引游客。元宵节庙会热闹非凡，猜灯谜、打腰鼓，镇上地方戏曲联谊会等群众文艺团体举行“欢乐震泽慈云庙会”文艺演出专场。入夜，寺内寺外人山人海，灯火辉煌，自宝塔街西端斜桥至禹迹桥，人来人往，摩肩接踵。至2015年，震泽镇慈云庙会从不间断。

慈云庙会（2009年2月摄）

2007 年 9 月 29 日，震泽镇举办首届中国苏州太湖农家菜美食节暨中国吴江震泽旅游文化节

**美食节暨旅游文化节** 震泽镇美食节暨旅游文化节从 2007 年～ 2015 年共举办 9 次。

2007 年 9 月 29 日至 10 月 31 日，首届中国太湖农家菜美食节暨中国吴江震泽旅游文化节在震泽镇举办。美食节内容有评选太湖农家菜主题筵席、组合菜、传统菜、创意菜等奖项。文化节内容有慈云禅寺复寺 10 周年庆典及圆通殿奠基、大雄宝殿佛像开光法会、文昌阁重建奠基仪式，中国（震泽）麻纺产品科技创新园揭牌仪式，“欢乐震泽”摄影展，頔塘书画展，慈云庙会等。

2008 年 10 月 26 日至 11 月 9 日，第二届中国太湖农家菜美食节暨中国吴江震泽旅游文化节在震泽镇举办。美食节主题是以土生土长的农家食材为原料、以原汁原味的制作技艺为手段，以区别宾馆菜肴为标准，深入挖掘探索太湖吴文化特征的农家菜发展空间，内容有太湖农家菜菜肴展示评比、“吴越渔耕、太湖美食”太湖论坛、“锦绣震泽、风味太湖”特色小吃展和中国太湖农家菜美食之乡、中华餐饮名店、苏州餐饮名店授牌仪式。在太湖农家菜菜肴展示评比中，吴江、无锡、常州、镇江等地共 50 余个旅游星级饭店的餐饮企业参展。无锡西新饭店、盛泽华沙渔港大酒店、金悦王朝震泽大酒店、震泽美佳乐酒楼、镇江润州区毕士荣长江渔港、苏州汉唐国际大酒店等 15 家饭店获最高奖。文化节内容有王锡阐 380 周年诞辰纪念会、江苏震泽省级湿地公园规划论证会和纪念改革开放 30 周年“欢乐震泽”群众文艺活动。

2009 年 11 月 22 日至 12 月 10 日，第三届中国太湖农家菜美食节暨中国吴江震泽旅游文化节在震泽镇举办。开幕式上举行《东吴孙尚香》《震泽镇志续稿》首发仪式，“苏州剧协创作基地”、中国阿拉伯头巾之乡、长三角世博主题体验之旅示范点、中国太湖菜美食之乡、中国农家菜研发基地的授牌仪式。活动包括 7 大板块，22 项内容。

2010 年 11 月 18 日至 12 月 31 日，第四届中国太湖农家菜美食节暨中国吴江震泽旅游文化节在震泽镇苏龙纺织科技园举办。开幕式上,《美在震泽》《震泽指南》《历史文化名镇——震泽》《慈云塔下》四本新书的首发式同时举行。震泽镇龙降桥村百亩大棚基地和夏家斗村高效设施农业基地同时被授予中国农家菜研发基地食材供应基地铜牌。震泽镇姚长子篮球俱乐部接受授旗。苏龙科技园落成揭牌。在开幕式上，集中展示中国蚕丝被之乡和中国麻纺集群产业基地的优质产品，这次活动，共分 9 大板块，18 项内容。

2011 年 10 月 1 日至 11 月 30 日，第五届中国太湖农家菜美食节暨中国吴江震泽旅游文化节在震泽镇举办。熏青豆、黑豆腐干、麦芽塌饼、水晶糕、萝卜丝饼等太湖美食让人们大饱口福。这次“双节”活动的特色是旅游、美食与篮球。民间糕点小吃比赛吸引 70 余种花色美味同场竞技，将古镇震泽的美食文化带回到民众身边。开幕式上，聚蚨阁中国历代钱币馆的揭牌和江苏省农机具博物馆开馆成为震泽旅游的新亮点。同时，还举行第二届震泽杯姚长子篮球俱乐部邀请赛授旗仪式、新书《震泽，梦里依稀见过你》首发式和吴江当代艺术院成立暨赠画仪式等活动。

2012 年 10 月 1 日至 11 月 30 日，第六届中国太湖农家菜美食节暨中国吴江震泽旅游文化节在震泽镇举办。这次“双节”活动的特色是古镇旅游与蚕丝文化、美食文化相融合。活动分 6 大板块，24 项内容。包括“舌尖上的震泽”中国太湖农家菜创意烹饪比赛、“镜头中的震泽”“江南情丝，水乡震泽”苏州摄影大赛、“笔尖下的震泽”《人文震泽画册》和《千年古镇一慈云》两册图书的首发式、第三届姚长子篮球俱乐部邀请赛、乐游震泽营销活动、“欢乐震泽”群众文化系列活动等。开幕式在苏州蚕丝文化创意园举行。该园以江苏震泽省级湿地公园为载体，组建包括蚕丝文化创意产业园、现代蚕桑农业示范园、桑蚕文化主题游乐园、优质蛹虫草生物科技产业园、费达生纪念馆、优质蚕丝创意产品展示馆等。

2013 年 10 月 1 日至 11 月 30 日，第七届中国太湖农家菜美食节暨中国吴江震泽旅游文化节在震泽镇举办。在这次“双节”活动中，四个国字号的聚集成为最大的亮点，分别是：国家级丝绸及服装产品质量监督检验中心震泽办事处揭牌，“中国蚕丝被之乡”授牌，“太湖雪·丝韵震泽”全国摄影大赛正式启动，全国著名编导刘郎制作的《魅力震泽》蚕丝古镇形象宣传片首映。为期 60 天的活动，形式多样，内容丰富，融合旅游文化、蚕丝文化、美食文化，为构筑魅力震泽——“太湖旅居第一镇”风景线

美食展示（2008 年 10 月摄）

增光添彩。

2014 年 11 月 1 日至 11 月 30 日，第八届中国太湖农家菜美食节暨中国吴江震泽旅游文化节在震泽镇举办。活动为期一个月，分美食烹饪（红烧肉）比赛、“震泽味道 · 传统美食”展销活动、“蚕丝古镇 AAAA 震泽”主题营销推介活动等 9 大板块。同时，还举行“震泽镇商会太湖美食分会”成立揭牌仪式、“太湖农家菜体验店”授牌仪式、沈求我藏书捐赠仪式、震泽行政服务中心（文化体育中心）揭幕等活动。

2015 年 11 月 22 日，第九届太湖农家菜美食节暨中国吴江震泽旅游文化节在震泽镇举办。太湖农家菜美食节以“太湖羊”为主题，古镇的厨娘们用灵巧的双手料理出一道道鲜活美味，肥而不腻、鲜而不膻、酥烂软糯，回味醇厚。旅游文化节中丝绸旗袍秀，令古镇摇曳出丝绸的秀美灵动。

在这次旅游文化节上，震泽镇的“老邻居”浙江省南浔镇首次参与，签约“湖丝水乡双古镇联票”正式上线，共建昔日繁盛的水上“丝绸之路”。

在这次双节上，精彩纷呈的活动，惊喜十足的优惠，琳琅满目的产品，美味诱人的小吃，让震泽古镇喧腾起来。文化搭台，丝绸主演，美景唱戏，美食助兴，震泽旅游文化节为振兴苏州丝绸文化产业带来新的思路和新的机遇。

# 太湖美食

震泽镇水资源充足、土地肥沃、四季特产丰富，盛产太湖美食。有水八仙、香大头菜、油豆腐、太湖三白、太湖三禽、太湖大闸蟹、长漾大米等太湖食材，有清蒸鲈鱼、红烧蹄髈、红烧羊肉、宽汤野甲鱼等太湖农家菜，有熏青豆、黑豆腐干、风枵、麦芽塌饼、青团子等太湖小吃。这些太湖美食以“鲜、野、土、奇”的本土特色，让人感受江南水乡独特的饮食文化，享受“绿色、健康、营养”的美味佳肴。

水八仙（慈姑、茭白、水芹、荸荠、莲藕、红菱、芡实、莼菜）

## 太湖食材

### 水八仙

**莼菜** 莼菜有水菜、水葵等别名。震泽的纯菜是一种生长在湖泽池沼中的多年生草本植物，叶子椭圆形、深绿色，背面分泌出一种似琼脂的黏液，含有丰富的蛋白质、葡萄糖等多种成分，有清热、润肺等功效。

**芡实** 芡实俗称鸡头米，是多年生浮叶形水生草本植物。震泽的芡实叶片大如锅盖，浮在水面，籽实圆形壳硬，剥开后露出白色或淡黄色果仁，可用来做菜。

**红菱** 震泽的红菱种植历史较长，红菱亦称水红菱，属菱科，为一年生浮叶水生草本植物。红菱软薄而水分多，肉质细嫩，味道甘美，宜于生吃。老红菱可制作淀粉，菱粉质细洁爽滑，最宜于制雪糕、冰淇淋和细糕点。

**莲藕** 莲藕可做水果生食或加工成藕粉，也可炒煮蒸煨等做成菜肴。莲藕种子称莲子，莲子汤是宴席上的常见菜，也是高级滋补品。

**荸荠** 荸荠俗称马蹄，又称地栗。震泽荸荠皮色紫黑，肉质洁白，味甜多汁，清脆可口，自古有地下雪梨之美誉。

**水芹** 震泽的水芹清香脆嫩，茎叶柔软均可食用。长期食用对高血脂、高血压等心血管系统疾病及便秘、肠癌等消化系统疾病有良好的调理功能。

**茭白** 震泽的茭白种植历史较长，带壳的茭白，青绿颀长，剥去数层外壳，肉白如玉，清爽可人。其茭白肉洁白柔软少纤维，可加工配以荤素炒煮成佳肴。

**慈姑** 震泽的慈姑种植普遍，慈姑又称燕尾草，属泽泻科多年生宿根浅水草本植物，个大质糯，淀粉蛋白质含量高。慈姑有许多食疗功能，具有清热解毒、润肺止咳的功效。

**桑葚 蚕蛹**

**桑葚** 2015年，震泽镇桑树种植面积1.8万亩，盛产桑葚。桑葚是桑树的成熟果实，又叫桑果，是民众常食的水果之一。蚕农喜欢食用其成熟的鲜果，味甜汁多，酸甜适口，以个大、肉厚、色紫红、糖分足者为佳。每年5月，果实成熟时采收，去杂质，晒干或略蒸后食用，也可用来泡酒。《本草纲目》等多种医药典籍中对桑葚的实用价值和用法有详尽的阐述。桑葚性味甘寒，具有补肝益肾、生津润燥、乌发明目等功效，是百姓常采用的一种利尿、保健、消暑鲜果。

桑葚（2013年5月摄）

**蚕蛹** 震泽盛产蚕茧，蚕做成茧子脱去原来的皮，变成蚕蛹。蚕蛹是幼虫和成虫之间的一个变态期。棕红色的蚕蛹营养丰富，富含蛋白质、脂肪、维生素B2等，人们把蚕蛹搬上餐桌，是一道美味菜肴。

蚕蛹（2013年5月摄）

**香青菜** 震泽的香青菜久有闻名，有香青菜叶薄脉明，呈花网格分布，叶缘像绣花边一样曲折，又名绣花锦菜。该菜烧后易烂、糯性、纤维较少、口感良好、营养丰富、有特殊香味且香气浓郁，为叶菜中上品。香青菜为含维生素和矿物质最丰富的蔬菜之一，含有较多维生素、胡萝卜素和钙、铁等元素，有助于增强机体免疫功能。

香青菜（绣花锦菜）（2009年11月摄）

**香大头菜** 60年代～70年代，震泽四乡广种大头菜，每年的10月栽种，寒潮来临前收获（不让大头菜因结冰而空心），大头菜拔起后，削根、清洗、晒干、绕蔓、切片、盐渍、上甏、甏口封泥、倒置（用少量稻草灰捂住甏口泥），放至翌年初夏。开甏时清香扑鼻，食之鲜嫩、爽口开

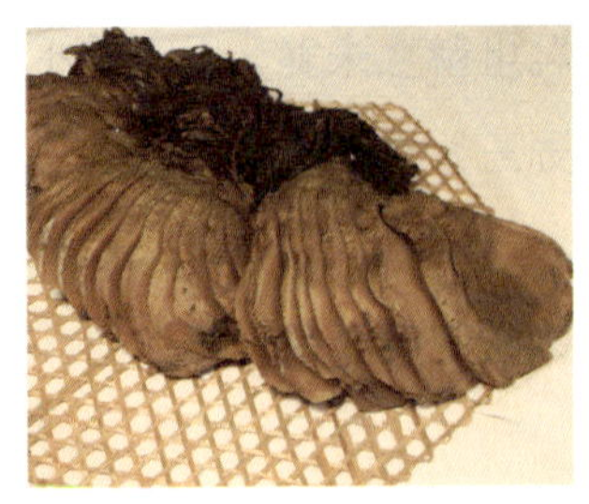
香大头菜（2013年11月摄）

胃，略带辛辣，生食、蒸煮皆宜。

震泽香大头菜有两大品种。嘉兴种：块根小，产量低，肉质鲜嫩，香味浓。云南种：块根大，产量高，俗称“洋大头菜”，口感、香味均不及前者。

油豆腐（2005 年 10 月摄）

**油豆腐** 油豆腐是震泽地区豆制食品中的特产之一。

油豆腐的制作工艺十分讲究，制作工序有浸豆、磨浆、烧浆、点浆、成坯、油氽等十道。其中点浆极为重要，盐卤点浆与制作豆腐干不同，点浆配方一般师父不肯外传，因为点浆配比直接关系到油豆腐的制作成败；成坯后油氽，用菜籽油放锅中烧沸，把坯料放入油中氽，油氽时间的长短十分重要，要恰到好处。优质的油豆腐，色泽淡黄，饱满发泡，松软体轻。

菜花头（2014 年 3 月摄）

油豆腐的食用方法在震泽地区常用的有几种：油豆腐烧肉、肉嵌油豆腐，荤素搭配，味道鲜美。黄豆芽炒油豆腐、香青菜炒油豆腐等，纯素搭配，黄豆芽与香青菜有多种维生素，油豆腐又有丰富的蛋白质，深受震泽人喜爱。

白鱼（2010 年 9 月摄）

**菜花头** 菜花头（花头菜）由鲜绣花锦菜（香青菜）制作而成。每年立春过后，农民把新鲜绣花锦菜洗净后，放在烧开的水中搅拌，几分钟即拿出，不用盖锅盖，颜色保持青色，不能让其变黄。取出后再一棵一棵倒挂在绳子上晒干，一般需三四天就能取下保管，保管时注意密封（现农村人家多用尼龙袋装），以保持菜花头的香味。菜花头吃法一般有两种：一种与猪肉一起烧，烧前先把菜花头放在水里浸泡，浸软后再切细，然后烧肉，震泽人称为“菜花头烧肉”，其味既鲜又香。另一种不用猪肉，浸泡后切细单独烧制（稍放一点酱），味道可口。

白虾（2010 年 9 月摄）

银鱼（2010 年 9 月摄）

**太湖三白（白鱼、白虾、银鱼）**

震泽镇濒临太湖，境内湖泊水港众多，水产品资源丰富，鱼、虾、蟹等湖鲜繁多，其中称为“三白”的白鱼、白虾和银鱼为水产品中的极品。

**太湖白鱼** 学名翘嘴红鲌，下颌肥厚有力，急剧上翘而得名翘嘴，又称翘白。鱼体细长，鳞片小而白，背部青灰，燕尾又得名白条。其肉质洁白细嫩，味道鲜美，鲜食或腌制均可，为大众所喜爱。据传唐代时苏州进献的贡品中就有白鱼。

**太湖白虾** 又称长臂虾，因甲壳薄通体透明，晶莹如玉，略见棕色斑纹。肉质细嫩鲜美，营养价值较高。吃在嘴里，奇嫩异常，鲜美无比。

**太湖银鱼** 长寸余，体长略圆，形如玉簪，似无骨无肠，细嫩透明，色泽如银，故称银鱼。银鱼滋味鲜美，素有“鱼类皇后”的誉称。清康熙年间（1662 年～ 1722 年），被列为贡品。银鱼营养丰富，可炒、可炸、可蒸、可做汤，还可制成罐头食品，作为多种菜肴的佐料。银鱼晒成干，亦为震泽特产银鱼干。

**太湖三禽（白鹅、草鸡、麻鸭）**

**太湖白鹅** 体态高昂，肉质细而嫩，可红烧，也可整只焖烧。白鹅全身羽毛洁白，喙、跖、蹼均呈橘红色。体质强健，觅食力强，食青绿植物，精饲料消耗少。成年鹅体重一般在 3 千克左右。仔鹅成长较快，成熟早，饲养 150 天即可产蛋。鹅毛是轻工业原料，经加工可制成羽绒被服，弹性好，保暖性强，受人们欢迎，畅销国内外。

**太湖生态草鸡** 是产于太湖流域的优良品种，有着千年的养殖史。在饲养过程中不添加任何促生长激素、矿物添加剂和化学添加剂，是无药残、无污染的绿色食品。生态草鸡体态较小，大多在 1.5 千克以内。太湖生态草鸡作为地方优质鸡种之一，品种特色鲜明，肉质好、味道美、营养价值高，很受消费者青睐。

太湖白鹅（2013 年 9 月摄）

太湖生态草鸡（2013 年 5 月摄）

太湖麻鸭（2010 年 7 月摄）

**太湖麻鸭** 为优良家禽品种，震泽地处水网地带，适宜太湖麻鸭饲养，便于农户分散饲养及大户规模饲养，为不可多得的农家菜食材。太湖麻鸭体态较小，成年鸭体重一般在 1.3 千克左右，肉质细而嫩，味道鲜美，营养价值高。太湖麻鸭又称蛋鸭，产蛋率较高，一般成年雌鸭一年能产蛋 200 个左右，麻鸭及鸭蛋市场销路较好，是震泽地区餐桌上的美食。

**太湖大闸蟹** 自古以来，震泽的太湖大闸蟹久负盛名。太湖大闸蟹个大体重，蟹黄肥厚，肉质细嫩，传统吃法有清蒸、水煮、面拖、酒醉、腌制等。取出蟹肉后，还可制成蟹肉狮子头、孔雀虾蟹、蟹油水晶球、炒蟹粉、蟹粉小笼包等名菜、名点。俗话说：“蟹叶上桌百味淡。”太湖大闸蟹除了味美，还有很高的营养价值。

太湖大闸蟹（2016 年 6 月摄）

**甲鱼**　甲鱼，即鳖，亦称圆鱼、鼋鱼、水鱼等。甲鱼具有鸡、牛、羊、猪、鹿肉五种鲜味，故有“五味肉”的美誉。其肉质佳，味鲜美，营养丰富，有清热、散结之功效。震泽甲鱼是餐桌上的美味佳肴，而且是一种用途很广的滋补药品和中药材。震泽镇发展甲鱼规模养殖，甲鱼日益成为江南人席间珍馐。

**湖羊**　震泽及周边地区气候温和，水草丰茂，自古以来饲养湖羊成为农家传统副业。据清乾隆《震泽镇志》记载，羊种是自蒙古引进的小寒羊驯化而成，性温和，成为太湖沿岸特有的畜种，称之为湖羊。因胴体大，出肉率高、肉质细嫩著称于世。

震泽湖羊饲养以青绿饲料为主，冬天喂青草晒成的草干，添加米糠汤，食后长膘可抗寒过冬。湖羊体重 40 千克 ~ 50 千克，湖羊的经济价值高，肉含有较高的蛋白质，可作高营养的美味佳肴。羔羊皮轻薄柔软，毛色洁白，富有光泽和天然波浪花纹，经加工后，可缝制上等裘皮服装，受人们欢迎。

**苏太猪**　苏太猪是以世界著名的“太湖猪”为基础，采取现代育种技术，育成的中国瘦肉型新猪种。震泽在开发太湖农家菜食材过程中，建有规模较大的“苏太猪”养殖场，为太湖农家美食提供“绿色、健康”的理想猪肉，还使企业实现增效，农民得到增收。

**长漾大米**　“长漾”牌大米是震泽镇优质大米的一个品牌，该大米是震泽镇齐心村种粮合作社在长漾边种植的“南粳 46 号”优质品种，采用长漾水灌溉，肥料按绿色食

甲鱼（2015 年 3 月摄）

湖羊（2009 年 3 月摄）

苏太猪（2015 年 8 月摄）

长漾大米（一）（2013 年 12 月摄）

长漾大米（二）（2015 年 10 月摄）

清蒸鲈鱼（2013 年 10 月摄）

品的要求配方精细化施用，确保绿色品质。长漾大米米粒晶莹剔透，口感柔软滑润，富有弹性，口味上佳，是震泽地区优质大米中的佼佼者，一经投放市场，便获得市民的广泛赞誉。震泽镇将逐年增加种植面积，提升质量，做好深加工，让更多的人享用到"长漾大米"。

豆肉丁炒酱（2016 年 12 月摄）

## 太湖农家菜

秋油红肉（2014 年 11 月摄）

**清蒸鲈鱼**　震泽的鲈鱼为四鳃鲈鱼，闻名天下。把鲈鱼去内脏、鱼鳃，清洗干净，在鲈鱼的两面划上花刀，放入油、盐、姜、葱、料酒、红辣椒等，然后将鲈鱼放在蒸锅清蒸。大火蒸八分钟，小火（虚火）蒸三分钟，出锅的鲈鱼鲜香肉嫩，爽滑可口。

**豆肉丁炒酱**　所用的酱是秋油伏酱缸中的中间一层，用这种正宗的黄豆酱，加上震泽的特产豆腐干和猪肉丁，炒出来的酱味鲜香浓郁，色泽棕黄，是震泽农家菜之一，透发出江南乡镇的韵味。

**秋油红肉**　震泽著名特产秋油伏酱，取最上层，制造特级酱的晒油，色泽深黄，稠厚。这种特级酱油可使菜肴鲜香可口，色泽红亮，增进食欲。配上优质猪肉红烧，加以佐料，整道菜红亮甜润，肥而不腻。

红烧羊肉（2016 年 12 月摄）

**红烧羊肉**　震泽红烧羊肉以汁浓味醇，肉质肥嫩，色泽酱润，香酥软烂而著称。每到秋天，店家把湖羊切成大块，剔骨入锅，加水，再加料酒、赤酱油、白糖、食盐、

酱肉（2014 年 10 月摄）

银鱼炒蛋（2013 年 10 月摄）

马兰头拌豆腐干（2013年7月摄）

油爆虾（2013 年 7 月摄）

草鸡汤

葱姜和香料等，烧熟后香闻百步，撩人食欲。

**酱肉** 酱肉色、香、味俱全，最大特色是香，流传至今广为人们喜爱。

每年冬至前后，震泽人着手准备腌制酱肉，取鲜猪蹄或夹心肉、肋条肉，放在开口容器内，用盐均匀擦拭，猪蹄需用筷子戳洞，放入盐，防止过厚而里边无法入味。三五天后取出洗净，挂起晒干，干透后浸没在酱油中（赤酱油）。五六天后取出，待酱油滤干后放在太阳下晒，此酱肉越晒越显赤红色，待彻底干透后不需再晒，放在通风处即可，或放入冰箱，一般可保存到翌年清明。

食用方法：酱猪蹄一般是整只煮烧，煮烧时可放入鸡蛋或鸭蛋一同烧煮，此蛋就成“酱烩蛋”。酱肋条一般切成薄片与笋片夹炖，两物相配，肉有笋味，笋有肉味，此菜称笋炖酱肉，震泽地区餐饮点及农家广为流行。

**银鱼炒蛋** 银鱼为太湖特产。烹调时先将银鱼洗净，入沸水锅内氽一下，沥去水；鸡蛋磕入碗内，加入盐、酒打匀，再用旺火热锅，滑锅后下猪油烧热，把银鱼、葱末加入蛋液中调匀，倒入锅中推炒，中途加油，待蛋液凝固嫩熟，烹入酒，再浇点油，颠翻一下，即可出锅。其味鲜美、香嫩。

**马兰头拌豆腐干** 马兰头是春天的时鲜蔬菜。春天来临，人们就会到路边、河边、田野去挑马兰头。拿到家里洗净后，用热水烫熟切丝，再把豆腐干切丝，放在一起。加盐、糖、酱油、麻油、味精拌和，清凉鲜美。

**油爆虾** 油爆虾是震泽传统家常菜。油爆虾分老爆虾、嫩爆虾两种，老爆虾的虾肉略收缩，有韧性，味极鲜。嫩爆虾的虾肉较嫩，有一番清鲜味，特别在端午节前后，虾脑丰富，格外鲜香肥嫩。

**草鸡汤** 震泽草鸡在果园、草坡和荒滩等场所散养，以各类昆虫及青草等作饲料。草鸡冠红、羽毛紧凑光亮，四肢矫健。由于脂肪沉积适中，皮薄肉嫩，用来煮汤细滑味美，香味浓郁。

红烧蹄髈（2007 年 11 月摄）

**红烧蹄髈** 蹄髈放在锅内煮，把血水逼出。焖锅加水，放入蹄膀，大火煮开，再放入八角、桂皮、老姜、料酒转为小火。加入精盐、糖、酱油，小火慢炖 90 分钟后，放入味精或鸡精再焖。起锅时把原汁勾芡，浇在蹄膀上，撒上葱花即可，红烧蹄髈酥而不烂，肥而不腻，色泽红润，表面油亮。震泽居民的年夜饭或节日、喜庆日子的宴席上，“红烧蹄髈”是一道独占鳌头的佳肴。

宽汤野甲鱼（2013 年 10 月摄）

**宽汤野甲鱼** 野甲鱼切块，锅内水煮沸，将甲鱼汆水起锅。锅内放葱、姜、干红椒，甲鱼入锅煸炒，加入料酒、鲜酱油、冰糖、高汤调味，大火烧开，改用小火焖 20 分钟左右，用湿淀粉勾芡，出锅装盆。宽汤野甲鱼是滋补佳品，鲜美可口。

**爆炒鳝丝** 将黄鳝入沸水氽半熟，用硬竹片去掉黄鳝脊骨，一番精湛的刀工后，将均匀切成合适长度的鳝丝，倒入已加入葱段、蒜片、爆香的中火热油锅快炒；在鳝丝均匀受热略微起卷时，将甜椒配以韭黄、韭菜等，入锅略炒，倒入黄酒和姜汁水焖上片刻，撒上少许白糖，淋上几勺酱油，取其有咸甜之味；最后用湿淀粉勾芡，淋上香油，颠锅盛入盘中，撒上胡椒粉即成。爆炒鳝丝细腻嫩香，口舌生津，口感丰富，鲜味扑鼻。

爆炒鳝丝（2016年12月摄）

# 太湖小吃

**熏青豆** 熏青豆在震泽有悠久的历史。熏青豆的制作过程比较复杂：将籽粒饱满尚未完全成熟的大豆（毛豆）豆荚摘下，剥壳挑拣后，置于清水中淘洗，去除豆衣入锅，在淡盐水中煮至半熟捞出，沥去水分，晾至半干，置于密纹金属丝网上，用木炭火或煤球炉火低温烘烤，不断翻动，使受热均匀，直至表皮起皱，微微发硬为止。熏干而持青，状如翡翠，因此得名熏青豆。2003 年，吴江市太湖土特产有限公司生产的谷田牌熏豆茶，被苏州市名牌产品认定委员会认证为苏州市名牌产品。熏豆茶主要供震泽人饮用。

**黑豆腐干** 震泽黑豆腐干，清乾隆时当作贡品，成为宫廷茶点。制作黑豆腐干从选料到工艺操作极为讲究，环环紧扣。挑选当季粒大饱满的黄豆，经过浸、碾、滤、煮、点（浆）、划（块）、包（裹）、压（榨）、除（腥）等工序，由“把作师傅”严格把关，一丝不苟。经上述工序制成的白坯豆腐干还须用调料再加工。调料以晒制的豆瓣酱为底料，加入虾汤（现改用味精）“吊鲜”，再加冰糖、菜籽油、茴香、桂皮等。白坯豆腐干在这些混合汤汁中文火煨煮，使液汁渗入其内，表里均匀，此谓“头汤”，再用饴糖熬成的天然酱色液加以润色，称为“二汤”。豆腐干在二汤出锅后，外观乌黑铿亮，香气馥郁，即为成品。

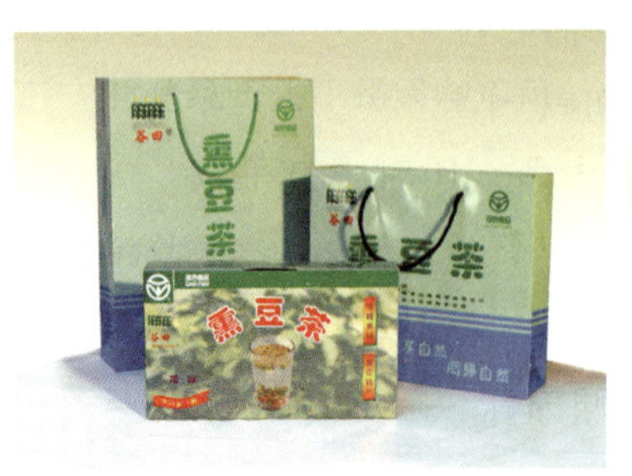

熏豆茶（一）（2013 年 6 月摄）

熏豆茶（二）（2000 年 1 月摄）

制作黑豆腐干（2013 年 2 月摄）

50 年代初，震泽黑豆腐干在华东城乡物资交流会及苏南区土特产展览会上展出，受到各方好评。90 年代起，游客在震泽古镇旅游结束时，买回的土特产品中都有黑豆腐干和油豆腐。

**风枵**　风枵（糯米饭糍干），泡茶用，称风枵茶。风枵中加入少许白糖，用开水冲泡，然后搅匀，即可饮用。大多在春节时招待客人用，女人坐月子也喝风枵茶，有补气、补血之功效。

风枵在震泽地区也称“待帝”（永乐寺住持以农家自制的风枵茶招待巡视江南的明洪武帝，于是就有“待帝”的称谓）。

制作风枵（2016 年 11 月摄）

风枵的制作，在进入农历十二月后，先烧好糯米饭，不烂不硬，然后焖在锅中。制作时，上灶的师傅与下灶烧火的人要配合默契，烧火的人戏称“烧火师傅”，俗语说“烧得来待帝火，做得来养媳妇（童养媳）”。上灶的师傅把少许糯米饭放在镬子里用铲子不停地旋转，使糯米饭均匀地黏贴在镬子下半部位，下面烧火的人一般是一次一个草鞋团（用稻草卷成），再加一把砻糠。略等片刻，使其干燥，铲下，盛起，风枵即成。制作好后冷透，放进袋子或罐子中密封，放在干燥处，不使受潮。风枵除招待客人外，还用来馈赠亲戚朋友。

**麦芽塌饼**　麦芽塌饼也称立夏塌饼，立夏前的时令食品，既美味又能充饥，喜食者甚多。制饼的第一步是将大麦浸湿、催芽、晒干、碾成粉状待用。第二步是到田头溪旁采集野生鼠曲草（俗称紫眼头），采回后取其嫩头（有黄花），浸泡、煮熟。第三步准备豆沙馅，用赤豆浸泡、烧熟、捣烂，拌白糖。以上作料准备就绪后，用粳米碾成的粉，放入麦芽粉、熟紫眼头拌匀，用手使劲揉和，使之成粉团，要求韧而不裂，软而不沾手。从和好的粉团上取一小团粉搓圆再捏成钵状，把准备好的豆沙馅放入钵内，再嵌几粒胡桃肉、猪油，然后封口，揿成塌饼状，待全部做好后放入锅内蒸熟，蒸熟后再两面用油煎（最好放在平底锅内），两面撒上炒熟的白芝麻。制成的塌饼是青色的底子，白色的芝麻，煎后的焦黄，既美观又喷香扑鼻。

**青团子**　青团子是农历冬至节的时令食品，震泽农村几乎家家都做青团子。所谓

青团子（2014 年 12 月摄）

麦芽塌饼（2013 年 3 月摄）

“青”，主要是米粉中掺入腌制的青色南瓜叶。腌制的南瓜叶俗称“储叶”。八九月份南瓜长势旺盛时，剪取嫩、壮、青的南瓜叶，洗净后放到锅里煮烧（不能烧烂，要适度），然后浸在冷水里，使之冷却，冷却后再脱水，用小筛子均匀地把生石灰（散石灰）撒在南瓜叶上，用手拌匀，装进容器（一般用甏），揌结实，面上要保持有水分，无水则干烂，然后封甏口，储存起来，故称储叶。一个月后即可取用，一般都放在冬至时用。

做青团子的原料：米粉（50%糯米粉、50%粳米粉），馅料：赤豆馅、黄豆馅、肉馅、萝卜丝馅、菜馅（咸菜、菜花头）。一切准备就绪后，就开始和粉，把拼好的米粉加水用力和成粉团，越韧越好，不烂不硬不沾手。然后开始做团子，用少许和好的米粉捏成钵状（农村称捏壳子，越薄越好），放上所需要的馅子后封口，用手轻揉成馒头状，放到蒸笼上用大火蒸透。每一笼出镬后即用扇子扇风，使它急速冷却。这样的团子表面有亮光，有些人家还在团子上点上红色，使其更美观。

**定胜糕** 震泽人家吃定胜糕的历史悠久，可追溯到宋朝。“定胜”原意是“定榫”，是木匠用来固定木料的榫头，两头大（边成弧形），中间凹进。因“榫”与“胜”谐音，为讨口彩，故取“定胜”。定胜糕的制作过程：先将粳米粉、糯米粉放入盛器，加红曲粉、绵白糖和浅水拌匀（俗称“修粉”），让其涨发一小时。然后将米粉放入定胜糕模具内，填入好吃的馅与桂花糖，揌实，面上用刀刮平，然后连模子一起用旺火蒸 20 分钟左右，至糕面结拢成熟，翻扣在案板上取出，然后一对一上下对叠。

定胜糕的用途很广，民间常在娶亲、寿诞、乔迁、建房等喜庆之时用于送给亲朋好友作吉庆之物，因其糕名字吉利又呈红色，故列震泽糕点销售量之首。

定胜糕（2013 年 3 月摄）

**撑腰糕** 农历二月初二，用糯米粉、粳米粉、红糖、核桃仁、松子仁、枣泥拌和做成的糕，油煎而食（或以隔年的年糕油煎）。相传吃了可以健身强骨，农民一年四季干活就不会腰酸背痛，小孩吃之增智慧，大人吃之强腰板，故称“撑腰糕”。清代蔡云诗云：“二月二日春正饶，撑腰相劝啖花糕。支持柴米凭身健，莫惜终年筋骨劳。”

撑腰糕（2013 年 3 月摄）

**水晶糕** 用精白糯米和粳米粗粉制成，中间馅心为细赤豆沙糖馅，外加胡桃、松仁和一块猪油，出笼时撒上玫瑰花瓣，脍炙人口，历销不衰。震泽在养蚕“望山头”之际，都争相购买水晶糕互赠，寓意“丝（水）高（糕）”，即有“生丝高产”之意。震泽人在乔迁新居、购买新车时，亲戚朋友以水晶糕相赠，以表祝贺。

水晶糕（2013 年 10 月摄）

**云片糕** 云片糕又名雪片糕，其名称是由片薄、色白的特点而来。其特点质地滋润细软，清香扑鼻，能久藏不硬。在制作上很讲究，如炒糯米粉，一般要贮藏半年左右，以去其燥性，对绵白糖的选择严格，糕的切片要求高，用锋利的大方刀切成薄如书页的片，包装后的云片糕历来是震泽镇居家、旅游、待客或馈赠朋友的上乘佳品。

云片糕（2013 年 10 月摄）

**鲜肉生煎包** 以鲜肉馅做成的小包，放在平底锅内煎煮而成。出锅时生煎包形态饱满，上半部撒上芝麻和碧绿的葱花，下半部包底金黄脆香，品尝松软适口，肉汁裹着肉香、油香、葱香、芝麻香。

鲜肉生煎包（2016 年 7 月摄）

# 王锡阐

震泽镇历代人文荟萃，才俊辈出。在众多的杰出人物中，当以明末清初的天文学家王锡阐为巨擘。王锡阐在极其艰难困苦的环境中，以超乎常人的意志和毅力苦心孤诣研究天文，取得令人瞩目的成果，成为中国乃至世界天文学界一颗耀眼的明星。

王锡阐

## 生平业绩

王锡阐（1628—1682）字寅旭，又字昭冥；号晓庵，又号余不、天同一生，震泽镇人。

明崇祯元年六月二十三（1628 年 7 月 23 日），王锡阐生于读书人家，生父王培真。幼年过继与叔父王培恒为嗣，家境贫困。王锡阐自小聪颖，长大后，博览群书，通中西之学，尤精历法算学。17 岁时，正值清军南下，南明弘光政权覆灭，江南各地纷起抗清。王锡阐发愤欲死，先是投河，遇救未死。继又绝食七天，在双亲强制下被迫进食。从此，他放弃科举，隐居乡间，以教书为业。他穿着古时的服装，拖着一双破鞋，戴着高高的帽子，留着长长的头发，不用时世钱（清朝钱币）。他的著作都用篆体作楷书，人多不能识，著作中从不使用清代年号。

清初，王锡阐以遗民自命，结交天下有气节之士。顺治七年（1650 年），吴越一带眷怀故明、耻事新朝的文人成立惊隐诗社（又称逃社、逃之盟），当时加入诗社的有顾炎武、潘柽章、吴炎等名流，王锡阐亦参与其中。潘、吴都是王锡阐的挚友，潘柽章之弟潘耒还受业于王锡阐数年。潘柽章、吴炎两人精通史实，因考虑明代没有成史，就仿《史记》体例，合著一部《明史记》，王锡阐也参与撰写其中的年表、历法。康熙二年（1663年），清廷人兴文字狱，潘、吴两人因庄氏明史案被杀。惊隐诗社遭此变故就解散。为此，王锡阐作《挽潘、吴二节士》《齐仕门》《广宁门》等诗篇以表怀念。

王锡阐学问广博，贯通经学而外，深入研究天文历法，数十年勤奋不停。当时正是西学东渐，中西之争异常激烈。王锡阐对于中国传统方法和西洋新潮都作深入研究比较，谓“中西历法互有短长”，并不一概排斥西法，而是主张中西兼采。是年，王锡阐著成《晓庵新法》，其自序中针对当时历法上“尽坠成宪而专用西法”表示不满。《晓庵新法》在月体光魄定向、金星凌日、五星凌犯等计算方法中表现出巨大的创造才能，特别是凌日和凌犯的计算，为王锡阐首创。《晓庵新法》是中国历史上最后一部古典型式的历法。乾隆三十五年（1770年），《晓庵新法》被辑入《四库全书》。王锡阐在天文历法方面的著述很多，有《历法》二十四卷、六卷、三卷等版本，还有《历法表》三卷、《圜解》二卷、《推步交朔》一卷、《五星行度解》一卷、《大统历法启蒙》一卷、补遗一卷及《丁未历稿》、《汉书日食辨》、《日月左右旋回答》、《侧日小记》、《南北两极图浑天歌》等。其中《五星行度解》完全采用西方的小轮体系，附示意图六幅，全书明白易懂。该书对第谷的太阳系模型作修改，并对行星运动的物理机制进行讨论。如果说《晓庵新法》是中国传统天文学中最后一部具有创新内容的历法，那么《五星行度解》则是中国人接触到西方天文学以后对其作研究的第一部著作。王锡阐在中国天文学史上具有承前启后的作用。

王锡阐治学严谨，以观测勤勉著称。王锡阐贫困多病，不可能拥有天文台、大尺寸测角仪器、多级漏壶等设备，也不可能配备助手，观测条件差，他的执着精神难能可贵。每到晴夜，无论寒暑，王锡阐必定仰卧屋面，通宵达旦观测星象。他在《测日小记序》中说：“人明于理而不习于测，犹未之明也；器精于制而不善于用，犹未之精也。”他经过多年研究创造一个晷仪，可兼测日、月、星，这晷称为三辰晷，王锡阐作《三辰晷志》，专门讲解这个仪器，可惜该文失传，实物也不存。

王锡阐在测量计算上快捷精专，勾股测量方法，别人感到目眩心迷，只要经王锡阐用手一比一划讲解，便一清二楚。

王锡阐在历算上的成就声名卓著，受到清代著名天文学家梅文鼎的器重，梅氏对他的评价是："近世历学以吴江为最，识解在青州之上，惜乎不能早知其人，与之极论此事……生平之一憾事也。"吴江即王锡阐，青州（山东省属）指薛凤祚，当时有"南王北薛"之称，但梅文鼎认为薛不如王。这一看法，后世视为公正。至于学界对王、梅两氏的评价则是"王氏精而核，梅氏博而大"，各有所长。昆山顾炎武长王锡阐15岁，对他十分钦佩。顾炎武撰写《广师》一文，列出十位自叹不如的当世师表，他把天文学家王锡阐列在首位，他说："学究天人，确乎不拔，吾不如王寅旭。"

王锡阐除醉心于天文、历算外，在哲学、诗文方面也很有造诣。他反对王阳明的心学，提倡"经世致用"，独尊程朱理学。从中年起，便与张履祥、吕留良、钱澄之等一起讲授"濂洛之学"（即北宋周敦颐、程颢、程颐的哲学）；又应松江周篆之约，组织讲学会，讲习理学精义，深受后辈推崇。王锡阐的诗文严峻、尖厉，有奇异的风格，大多直率而出，尽意而止，处处流露出平生的志向和气节。

王锡阐一生以志节自励，晚年更是贫病交加。友人吕留良等来访，连粗茶淡饭也招待不起。即使如此，他仍不忘保持晚节，不用时世一钱。

清康熙二十一年（1682年）九月十八（10月18日），王锡阐逝世，享年55岁。留下两个女儿，无子继承他的事业。妹锡蕙，字树百，从弟锡纶，字言如，自幼得到兄长的指导传授，也均通历算勾股法。

王锡阐逝世后，由友人潘耒、徐善、沈眉寿、俞钟岳、钱熙祚及门人姚汝鼎等人对其遗著进行搜集、整理，陆续出版若干种，有《晓庵先生文集》三卷及《诗集》两卷行世。

《晓庵先生文集》是研究王锡阐的重要文献，从中可看出王锡阐"枕经藉史""学究天人"的才能。通过文集的序、跋及自传性的《天同一生传》，可以了解王锡阐早年"学无师授"，凭着他"殚精研究，必得其肯綮而后"的精神，终于攀上天文科学的高峰。文集中还有朋友切磋学问、发表其学术观点的著作和对后辈学子的谆谆教导。

《诗集》收录其诗作275首，潘耒称"其诗沉郁刻深"。其中不少是王锡阐与吕留良、张履祥的唱和之作。在潘柽章、吴炎因"明史案"牵连被杀后，他毅然写下《挽潘、吴二节士》诗，诗句激昂愤懑，全然不忌当时文字狱株连的忧虑。诗作中还有一部分写实记事，如《震泽八咏》，所咏的是家乡的名贤古迹和风光胜景，为人吟诵，历久不衰。

王锡阐的事迹被录入《清史稿》(卷五〇六)、《清史列卷》(卷六八)、《国学先正事略》、《国朝学案小识》、《清代朴学大量列传》等史志人物书籍中。

20 世纪，王锡阐的天文研究成就，再次引起国内外科技史界的注意。英国李约瑟认为《晓庵新法》是“熔中西学说于一炉的一种尝试”。美国、日本、荷兰等国学者对王锡阐的学术成就也给予高度评价。美国科学史学家吉利斯皮（G. G. Gillispe）在他主编16 卷本《科学家传记辞典》时，对科学家的入选极为严格。王锡阐与中国其他八位著名古代科学家同时入选。该辞典还请美国宾夕法尼亚大学教授席文（N · Sivin）撰写《王锡阐》一文辑入。

## 遗址遗迹

清乾隆《震泽县志》记载“处士王锡阐墓在十都镇西圩”，即今震泽中学校园东侧。康熙二十二年（1683 年），修王锡阐墓，墓碑题刻为“高士王晓庵先生之墓”，源出于顾炎武赠诗:“白云满江天，高士今何处? ”道光七年（1827 年），乡民重修王锡阐墓时改立为“王晓庵先生之墓”碑，为阳文楷书，碑高 108 厘米，宽 36 厘米，厚 13 厘米，花岗石材质。

道光十四年（1834 年）春，江苏巡抚林则徐倡捐重修王锡阐墓。重修时增建墓门，其上门额题写“南服英贤”，四周墙壁围绕，北墙嵌砌砖刻匾额，题“江天白云”四字。坟墓坐北面南，封土高 1.3 米，墓径 4.8 米，绕墓四周植梅数十株。

道光十七年（1837 年），乡民在墓东建王贤祠（今称王锡阐祠），是硬山式构筑，面阔三间，坐北朝南。咸丰十年（1860 年），王贤祠毁于战火。光绪十四年（1888 年），王徐庠等呈准重建，并植树。抗日战争期间被日军焚毁，抗日战争胜利后，祠重修，其卷棚木雕花卉及戏文极为细致精美。祠门的东面跨庄桥河有一座小木桥。桥西堍挺立两株 300 年老榉树，树冠宽广，枝繁叶茂，苍劲古朴。

王锡阐墓（2009 年 10 月摄）

## 后人纪念

1913 年，吴江县立第五高等小学建立，为纪念王锡阐，特将校舍设于王贤祠。1923 年秋，在第五高等小学基础上创办私立震属初级中学（今江苏省震泽中学前身），祠堂仍作教室。1929 年 9 月，震属初级中学建校六周年新校舍建成，祠堂遂改作学校大礼堂。祠堂内悬挂孙中山像、总理遗嘱校匾、校训匾等。在新校舍落成纪念各界人士赠品中也有与晓庵先生有关的对联，如“学究中西，承先贤遗教；门栽桃李，培后起英才”，“傍晓庵之居人皆薰德，得广厦以庇士尽欢颜”。10 月，祠堂东侧的小木桥易石重建，梁式单孔，铁栏杆，金刚墙上嵌砌“晓庵桥”桥额。人们还将祠堂之东的一条弄堂，称为“王家弄”。

50 年代后，吴江县（市）政府和震泽中学多次出资修理王锡阐墓与祠堂。震泽中学还在墓地西北侧教学楼第二层上辟一间天文观察室，购置必要的天文观测仪器，培养学生爱好天文的兴趣。1982 年 1 月，全国青少年天文夏令营活动在震泽中学举办。3 月，王锡阐墓被列为江苏省文物保护单位。

1998 年年初，为纪念王锡阐 370 周年诞辰，中共吴江市委、市政府决定在震泽镇建王锡阐纪念馆。纪念馆建于王锡阐墓院内，陈列的内容集中在原王贤祠内。

纪念馆门楼上方挂有“王锡阐纪念馆”横匾一块，院内正中设汉白玉晷一座。纪念馆前立有苏州古代天文计时仪器研究所复制的铜质三辰晷。馆内正梁上方悬“学究天人”匾一方，下为王锡阐坐像，按照《震中立校七年纪念刊》(1930 年 4 月)的碑刻影印件塑成“危冠古服”装束，塑像前书写王锡阐生平简介。祠内北墙悬国画两幅，分别为《夜观天象图》和《潜心著述图》，反映王氏的治学精神和一生研究天文历算的成就。馆内东西两侧各设一个陈列橱，西橱内陈设王锡阐的主要著作目录及遗著、遗诗、字轴、墓志铭等复制品；东橱内陈列王锡阐墓的历史沿革和照片、后人对王锡阐的研究评论文章、天文图及天文仪器模型。

纪念馆内外各悬楹联一副，内为抱柱联，上书：“枕经藉史，纵观古今，锡华章与当世；推步验天，博采中西，阐新法于后人。”楹联从诗文、天文方面入手，大致概括出王氏一生的成就，上下联第九字分别嵌入王氏之名“锡”“阐”两字，融名字于楹联内，颇为贴切。另一副楹联悬于馆前卷棚下正中落地长窗柱上，上书：“以天文成名南国，作新五学贯东西。”联中“新五”指王氏所著的《晓庵新法》和《五星行度解》，字体为甲骨文，风致古朴。

祠外东墙壁侧立石碑五块，分别为王锡阐自撰的《国有君》《遗兴》《幽居》，还有顾炎武所撰的《太原寄王高士锡阐》及张其淦所撰的《王寅旭锡阐》。

11 月 23 日，王锡阐纪念馆落成，举行开馆仪式，全国科技、天文、博物馆各界著名人士云集震泽出席开馆仪式，并举办学术交流会，缅怀先贤王锡阐。这次学术交流会分为两部分：王锡阐研究和计时仪器研究。研究王锡阐的论文汇集成册并出版，名为《王锡阐研究文集》。文集除对王锡阐在天文、历法、数学研究上的卓越成就和国际地位的述评外，还兼及他的诗文著作版本、身世交游和思想气节。对王锡阐祠墓修建、纪念馆筹建和陈列情况，书中亦有简介。中国科学院院长路甬祥为文集题词：“锡阐天文学贯东西；晓庵新法书传古今。”美国宾夕法尼亚大学教授席文说，“为纪念世界天文学史贡献极大的大师王锡阐开研究大会而发表论文集，实在是快事。这部书一定是后来学者的宝贝”。

中国科学院自然科学史研究所席泽宗在《试论王锡阐的天文工作》一文中说：“王锡阐的活动年代，正是康熙大帝在位的时候，这位自认为精通天文的英明君主，对于在他的国土之内有这样一位天文学家，从来没有提过、问过，更不用说予以支持和任用。但是，历史是由人民写的，在王锡阐活着的时候，民间已有‘南王北薛（北薛是山东的薛凤祚）’之称，而梅文鼎认为‘近世历学以吴江为最，识解在青州之上’，这是最准确的评价。”北京师范大学杜升云在《王锡阐和中西文化碰撞》一文中说：“在纪念王锡阐诞辰 370 周年的时候，我们更要弘扬他的创新精神。当代经济和社会发展越来越依赖于知识的创新和知识的创造性运用，21 世纪将是人类更多地依靠知识创新、知识创造性运用的可持续性发展的世纪。在世纪之交，王锡阐的知识创新和知识创造性运用的精神，仍是我们奔向新世纪宝贵的精神财富。”苏州市地方志办公室副主任陈其弟在《王锡阐及其诗文集》中说：“翁澍《具区志》（初称《震泽新编》）书成后，王（锡阐）曾索观，并赠诗，诗中‘志本齐谐疑可阙，事关民隐细休遗’道出了他对史志的认识，他认为志书如果所依据的资料不可信，宁可缺如不记，而事关民生疾苦，哪怕是很细微的事情也不能遗漏。又从另一侧面反映了他求真存实的治学态度。”

2007 年，王锡阐纪念馆被定为吴江市爱国主义教育基地，到此瞻仰者络绎不绝，其中不少是国外科技界人士。

2008 年 10 月 25 日 ~ 26 日，为纪念著名天文学家王锡阐 380 周年诞辰，江苏省吴江市政府、震泽镇人民政府、中日科学技术史学会、中国天文学会等 10 余家单位联合

王锡阐纪念馆（2007 年 5 月摄）

2008 年 10 月 26 日，王锡阐诞辰 380 周年学术研讨会在震泽镇举行

在震泽镇举办王锡阐诞辰 380 周年学术研讨会，与会代表 30 余人。12 月 10 日，王锡阐纪念馆被评为国家 AA 级旅游景区，成为震泽新的人文景点。

## 附：王锡阐年谱

### 明崇祯元年六月二十三日（1628 年 7 月 23 日），王锡阐出生

王锡阐出生于吴江县震泽镇。

锡阐的祖先王份官至宋大冶令，曾祖王云"为诸生，屡举不第，晚年再预乡饮，学者称葵南先生。""锡阐年少时，家贫，不能多得书"，估计此时家境与一般农户相若。

### 明崇祯十二年（1639 年），王锡阐 12 岁

锡阐自这年开始悉心于学，与外界交往甚少。

"先生闭户研求，潜心测算，遇晴霁夜，辄登屋卧鸱吻间，仰观天象，往往达曙，遂兼通中西之术。"

### 清顺治元年（1644 年），王锡阐 17 岁

明亡后，从忠君爱国的思想出发，年少的锡阐竟屡次求死，投河遇救，后又绝食七日，为父母所迫，终不得死，遂放弃科举，专志于学，尤嗜天

文历数。

明亡之初，锡阐家庭生活贫困，但他不顾亲人的怨恨和讥嘲，坚持为明守节。这种情况在他的诗里有所表现。年轻的锡阐穷不失志，在逆境中仍抱有“穷达将来敢预期”的希望。

## 清顺治二年（1645 年），王锡阐 18 岁

锡阐忠于亡明，不愿与清廷合作，自然地与明朝遗民中的一些志同道合者走在一起。是年后，他在吴江县江村一边教私塾，一边与潘柽章等人为亡明修史，试图通过私撰明史的方式来表达他们对亡明的怀恋。

吴江人潘柽章不满满清统治，隐居韭溪。韭溪就是吴江之江村。锡阐与柽章同邑友善，撰史期间锡阐“尝馆（教私塾）其家，讲论算法，常穷日夜。”

## 清顺治七年（1650 年），王锡阐 23 岁

随着满清统治的建立，明王朝的覆灭已成定局。1 月 31 日，己丑除夕，锡阐赋诗道：

名花初在户，夜久望长天；
潭水生疏影，苍风流晓烟。
冬冬征路鼓，落落远岚泉；
促节余衰壮，灰寒古鼎前。

## 清顺治十六年（1659 年），王锡阐 32 岁

经过十多年的潜心研究，锡阐在历学方面大有长进。此时，他对中西历已能条其原委，考其得失。

他的《历说》五篇可能完成于这年。在《历说》中，锡阐对中西历法都提出中肯的批评意见，并提出一些新看法。

## 清顺治十八年（1661 年），王锡阐 34 岁

锡阐出身寒微，且“性狷介，不与俗谐”，但却乐于同做过南明官员、

具有反清思想的顾炎武（号亭林，江苏昆山人）交往，二人相互推崇，互有赠诗。《晓庵先生集》中收录多封给顾炎武的书信。

这年春，炎武两访江村时，可能与锡阐见过面，后一别十年。炎武在给锡阐所寄诗中还有“游子一去家（原注：顺治十八年辛丑顾回吴江），十年愁不见”一句，可为印证。

## 清康熙三年（1663年），王锡阐36岁

清朝统治渐趋稳定，开始大兴文字狱，

锡阐与潘柽章等人修《明史记》，历数年，其书已成十分之六七。这年南浔（今浙江吴兴境内）庄廷鑨因在私撰《明史》中尊奉南明弘光、隆武、永历的正朔，兼有对清廷的指斥之辞，被人告发，酿成大狱，名士伏法者221人，柽章与吴炎（字赤民，吴江人）就在其中。锡阐与潘、吴二人相交很深，二子受株连罹难，王引为生平大戚，先后赋诗多篇，以寄哀思。这件事发生后，面对严酷的政治形势，锡阐与其他文人一样，变得谨小慎微。

《历策》一文当写于这年8月之后。文中提到最近时间是“癸卯七月望（1663年8月17日）食，新法当既而不既。”《国朝耆献类征初稿》也说：“其书（《晓庵新法》）定为六卷，未成之初先作《历说》五篇，《历策》一篇以发挥己意。”而《晓庵新法》并序成书于这年秋，与此亦不悖。

《晓庵新法》集中反映了锡阐所取得的科研成就。

## 清康熙五年（1666年），王锡阐39岁

随着传教士东来，西方历学传入中国。明末清初，一些人士对西历的态度往往走上两个极端，要么全盘接受西历，舍弃中历；要么盲目加以排斥，美化传统历法。锡阐却不同，他注重用事实说话，在实际观测中检验孰是孰非。

这年6月17日，西法预测将发生月食，锡阐终宵候验，没有出现预测的结果。后来他在给薛凤祚的信中提到，点出西法的这一次失误。

## 清康熙六年（1667年），王锡阐40岁

锡阐为引导潘耒学习历法，按照大统法，作《丁未（1667年）历稿》。

潘耒是锡阐友人柽章之弟，锡阐很爱护他。

## 清康熙七年（1668 年），王锡阐 41 岁

这年 9 月中旬，当顾炎武向他推荐从师西人穆尼阁且颇有造诣的天文历算家薛凤祚时，他立即给薛写了一封信，即“以疑数端，请正高明”，同时还预测了“今冬十月望（1668 年 11 月 18 日）月食，来年四月朔（1669 年 4 月 30 日）日食”，与薛凤祚商榷。

锡阐很推崇薛凤祚所有占候、推步、制器之书，信中恳请能“从鸿便附宁翁（顾炎武）处。”

## 清康熙八年（1669 年），王锡阐 42 岁

锡阐结识了清初著名学者张履祥，此人以治程朱理学名重一时。这年，经吕留良（字用晦，号晚村，浙江崇德人）盛情邀请，张履祥离开浙江海盐何汝霖（字商隐）家，馆于语溪（浙江崇德内）吕家。

稍后，在同县人张嘉玲帮助下，锡阐也馆于语溪吕家。在此锡阐继明修史之后，再一次与明朝遗民中的一些志同道合者结合起来。

## 清康熙九年（1670 年），王锡阐 43 岁

这年夏，锡阐收到潘耒去年底的信，得知他的妻子、妇翁均去逝，不得不远去从顾炎武受学。于此前，锡阐也有丧偶之戚。是年，顾炎武《日知录》八卷始创，康熙十一年，印出样本。这前后，锡阐见到过《日知录》，他在此间给潘耒的信中述及“《日知录》高深广博”等。

## 清康熙十年（1671 年），王锡阐 44 岁

时馆语溪。

这年冬，查雍（字汉园）来会吕留良，时张履祥、何汝霖和王锡阐等都在语溪吕家，双方就一些学术问题展开过争论。

是年，锡阐曾论述大统、西法得失。康熙十一年 10 月《答尤充宗书》道：“去岁所云大统、西法得失，仆已忘其始末。”

是年，张履祥命子维恭从锡阐受学。

是年，锡阐患痼疾，肢体麻木，应是中医所说的痹症。此时，吕留良四兄瞿良（早死）之子吕仁右“偶惑一妓，遂至流荡”，张履祥和锡阐先后写信加以劝导。馆语溪期间，锡阐有时病得很厉害，幸好吕留良深谙医术，在吕和何汝霖的医护和关照下，他才得以不死。在锡阐的诗《怀商隐二首》中有所反映。

## 清康熙十一年（1672 年），王锡阐 45 岁

仍馆语溪。

是年语溪人吴孟举去北京，锡阐附信一封给潘耒。信中提到 1668 年给薛凤祚的信，问作何答语，是否肯以秘书奇器赐教，并让潘耒从燕市（北京）帮助寻觅天文实用五纬表二种，并买南怀仁（Firdinand Verbiest，比利时人，1658 年来华，1688 年卒）的《辛亥七政》寄来，认为“恐与汤氏（汤若望，Johan AdamSchallVon Bell，德国人，1619 年来华，1666 年卒）所推微有异同，亦考验是非之一端也。”可见，锡阐对西历的推敲是很细致的。

## 清康熙十二年（1673 年），王锡阐 46 岁

仍馆语溪。

明代兴起的王阳明（名守仁，浙江余姚人）心学强调心理感悟，忽视传注经解，形成流弊。清初，一些儒者转而推崇程朱理学，重视从传注入手研究经学。在张履祥等人的影响下，锡阐亦开始宣扬程朱理学的治学之道。

这年，朱长儒致信锡阐，以诸经疑义相质。9 月 11 日，锡阐复信作答，信中“愿同志求经于传注之内，毋疑经于传注之外也”。

信中还介绍了他研究历学的经验。锡阐研究历学 20 余年，成就令人瞩目，仍自谦说：“甫得望其藩篱，尚未识其门墙。”

另随信附寄《日月左右旋问答》一文，“乃门人所记，未及删润”。

这年冬锡阐招待张履祥。履祥在《与王寅旭书》中说“兄（王）药物

之进，恐宜勉力，方兹少壮，胡可使之瘅损如老者乎?”此时，锡阐痼疾可能未痊愈。

履祥在信中称赞“先生（王）与佩兄（张嘉玲）远近想望，可谓南服之英贤矣。”

## 清康熙十三年(1674年)，王锡阐47岁

张履祥和张嘉玲于这年先后去逝，锡阐曾称赞张履祥:“君子以教思无穷，容保民无疆，杨园有焉。”

## 清康熙十四年(1675年)，王锡阐48岁

应在吴江。

这年撰《黄贞妇姚氏传》一文，欲使其隐德有所昭彰。

## 清康熙十六年(1677年)，王锡阐50岁

甲申之变已过去33年，绝大多数人都顺应时势变迁，抛弃对故国的怀恋，锡阐却仍一如既往地为明守节。他穿古衣，用古字，表示对现实的不满。面对世人的嘲讽，锡阐曾赋诗作答，写下《禽言》与《答禽言》。这年初，锡阐痹症复发，不能握笔。他在康熙十七年给顾炎武的信中提及“仆自执徐腊月（1677年初）得不仁之疾（痹症），不能握管”，执徐是岁名，即辰年。锡阐不用康熙纪年，是他不与清廷合作的表现之一。

## 清康熙十七年(1678年)，王锡阐51岁

锡阐病情稍有起色，给顾炎武写了一封信（之前，他曾两接顾手书），信中论及治学之道。

这年冬，锡阐父亲去世，悲痛不已。

## 清康熙十九年(1680年)，王锡阐53岁

清朝大兴文字狱，在锡阐的心中留下阴影。当他得知潘耒锐志史事，感慨不已。他不愿看到当年潘柽章、吴炎二人的惨案再度发生在友人之弟

身上。是年，锡阐春送侄丧，秋丁母忧，冬弟又亡，骨肉略尽。锡阐心中悲痛，潘耒曾写信加以安慰。

此时潘耒可能已着手整理、收集锡阐的著作。他在给潘耒的信中交待了他的一些著作下落，从前修明史时所撰十表，“病中同诸抄本尽为妄人窃去，觉而赎之，仅得《皇极祝氏钤》六册，余皆不可复问矣。”“考异附九华缴上历书，弟（王自称）与观物（潘耒异母兄弟）各著一卷，已没于观物草堂，兄（潘耒）故知之。”“《历法》六篇（《晓庵新法》六卷）为门人宋德交携之闽中，不知知交中或尚录得否。”“《历说》每写一通，辄为人持去，云高处有之，兄自索之可也。”

## 清康熙二十年（1681年），王锡阐54岁

锡阐贫困交加，生活凄苦，但他仍然坚持科学研究。9月12日（农历八月朔）将有日食，锡阐以自制历与《大统》《成宪》《崇祯历书》等分别进行预测，打算在实际观测中加以比较。届时，锡阐与徐发等人以五家法同测，而己法最密。这表明，锡阐自创的新历法已达到当时国内最先进水平。

为记述这件事，锡阐作《推下交溯测日小记》并序。在序中，锡阐强调实际观测的重要性，阐述了“步历固难，验历亦不易”的观点。

## 清康熙二十一年（1682年），王锡阐55岁

3月27日（仲春既望三日），锡阐从吴干省墓归来，走访黄叙九，应乞为其寡嫂作《黄贞妇四十序》。此时明亡将近40年，临终之际，他不禁把亡国之臣与丧偶之妇联系起来，感慨道：“最堪悲者惟亡国之臣与丧偶之妇，非始之难，终之难也。”自怜之情溢于言表。

10月18日（农历九月十八日），终生为明守节、长期生活于贫困孤独之中的平民科学家王锡阐逝世。锡阐以“中寿没，且无子，潘耒从其家求遗书，得诗文二帙，著述数种”。

——薛斌

（有删节）

# 震泽名人

震泽，被著名诗人柳亚子誉为“太湖灵区”。江湖相通，水水生辉；灵动之地，圣贤必集。

禹迹桥上，可以找寻到人杰的光芒；慈云塔下，可以呼吸到精英的气息。施则敬、杨嘉墀、沈求我……他们一个个从古镇的老宅深巷里走出，从乡野的阡陌柳堤上走出，带着与生俱来的智慧，走到各个行业、各个学科的制高点，头顶日月，手摘星辰，他们为震泽赢得荣耀。

# 人物传略

**王蘋**（1081—1153） 字信伯，号震泽，祖籍福建福清。父仲举，字圣愈，性情刚直，北宋末迁居震泽镇。

王蘋年少时受父派遣，赴河南洛阳，拜北宋理学家二程（程颢、程颐）为师，成为程门学生。

南宋绍兴四年（1134年），高宗幸平江，知府孙佑推介王蘋“素行高洁，有忧事爱君之心，开物成务之道”。丞相赵鼎听到后，召见王蘋，大为赞许，赐进士出身，补右迪功侍郎，授秘书省正字兼史馆校勘。王蘋陈述时弊，奏治本三事：“一曰正心诚意，二曰辨君子小人，三曰消朋党。”后又迁著作佐郎、常州通判等职，因开罪秦桧被贬夺官。后来重入官途，官至左朝奉郎。绍兴二十三年，王蘋卒，年72岁，葬长兴茅栗山。著有《宋著作王先生文集》四卷及《周易传》《宋宫教所录》《论语集解》及《古今语说》等。嘉熙元年（1237年），平江知府王遂祠之学宫，门人章宪（叔度）为王蘋作《墓志铭》，褒扬他“资禀清粹，充养纯固……不征名当世”。入祀吴郡名贤总祠。

**陈长方**（1108—1148） 字齐之，号唯室，世称唯室先生，原籍福建长乐。父侁，字复之，官至左宣教郎洪州（今江西南昌）司录事。母为吴人，殿中侍御史林旦女。父死后，长方随母投奔外祖父家，杜门安贫，钻研学问。得知王蘋闻道程门，于是全家迁至震泽镇，投师于王蘋的门下。

南宋绍兴八年（1138年），陈长方戊午科考中进士，任太平州（今安徽当涂）芜湖县尉，不久被推荐任江阴军学教授。长方认为教官一职于民无益，无异于尸位素餐，于是徒步寻归，闭门著述，学界称唯室先生。绍兴十八年，陈长方病故，年40岁。著有《春秋记》《礼记传》《尚书讲义》《两汉论》《步里客谈》《辩道论》及《唯室集》，后者被辑入《永乐大典》及《四库全书》。

**杨邦弼**（生卒年不详）　字良佐，原籍建宁浦城（今属福建）。工部侍郎杨亿曾孙，求学王蘋门下，于是寓居震泽镇。南宋绍兴十二年（1142年），壬戌科，殿试第三名（即探花），任太学博士。绍兴十三年，任信州（今江西上饶）通判，迁大理寺卿，改湖南转运使，迁秘书丞著作佐郎，再迁礼部侍郎，出使金国。回朝后，提升为起居郎中书舍人，因病去世。

**沈义甫**（生卒年不详）　字伯时，震泽镇人。少年时就文才出众。南宋嘉定十六年（1223年），获得乡荐（相当于明清时的举人）第五名。不久在南康军（今江西星子县）白鹿洞书院，教授朱子学，时人称为良师。后来返回震泽镇。宝祐元年（1253年），建义塾，立明教堂讲学。又在堂东建祠，以祀王蘋，配以门人陈长方、杨邦弼，称作三贤祠，以三贤后人自居，教学不倦。沈义甫卒年78岁。有著作《乐府指迷》《遗世颂》及《时斋集》，学界因此称他为时斋先生。

元初，沈义甫所办义塾升为儒学，教谕陈祐又在学堂绘义甫像，纪念其办学义行。元至正末年，乡民沈善长将三贤祠迁至思范桥左。明嘉靖年间（1522年～1566年），市民沈嘉献改建三贤祠在普济寺东，知县张明道作《重建三贤祠记》，文徵明作《跋震泽三贤祠记》。

**黄著**（生卒年不详）　字诚夫，震泽镇人。性情爽直，少怀气节。明成化五年（1469年），己丑科中三甲七十四名进士，任浙江新昌知县。新昌民风剽悍，前县令毛某难以为治。黄著一到任，严加整治，察断如神，流放或惩治凶恶奸诈之徒，政绩出色。当时部分刁民不服，结群向台司（抚台及藩司之简称）诬告黄著，台司一向知晓黄著的为人，为他辩解，并力荐黄著迁升监察御史，监芦沟税所。某官纵容家奴杀人，审讯官员畏惧权势，久未断案，黄著接办此案，以法律论处。巡按山西时，弹劾盗匪总兵违法事，威名远扬。巡按广东，奋力清除腐政，贪官皆闻风脱去官衣解开绶带逃跑。复平冤狱，救无辜民众百数十人。黄著办事秉公，不徇私。都御史王越屡次称他有才，凡大政要议必与黄著商量。后因母亡返家乡，黄著病卒，年47岁。

**吴秀**（1538—1602）　字越贤，号平山，别号匡庐道人。明隆庆五年（1571年），辛未科二甲四十八名进士，授任刑部主事，升郎中，出任江西九江知府。开凿龙开河，造良田3000顷。继又开凿老鹳河，便利商船停泊。调任扬州知府时，修复五塘，建义仓。在治理黄河、淮河水利工程上，其意见与当事者不合，不被采纳，后调职福建任按察副使，因事被弹劾免职。万历六年（1578年），返回震泽，于是筑康庄别墅自娱。吴秀震泽镇人，以乌程籍赴乡试，故谢世后入祀乌程乡贤祠。吴秀为重建震泽司撰写碑记，其中描绘震泽的地形和优美的古迹用“西连苕霅，东接吴淞，南邻槜李，北枕太湖”十六个字，极为精到。

**金之俊**（1593—1670） 字彦章，又字岂凡，号息斋，八都人。明万历四十七年（1619年），中进士，授任中书舍人。由礼部主事，官至兵部右侍郎。清顺治元年（1644年），金之俊降清，以原官起用。奏请下诏免租以告慰百姓，编制保甲；推荐明朝旧臣，弹劾违规官员；禁止满族官员额外征用驿站递铺人夫马匹；调江浙粮食，解京城粮荒；奏言漕运事，都被采纳。顺治二年七月，调吏部右侍郎。顺治三年，奏请改革进士选拔任职制度。顺治五年，历任工部尚书，加太子太保。顺治八年，任兵部尚书，加少保兼太子太保。顺治十年，任都察院左都御史、吏部尚书。顺治十一年，任国史院大学士。顺治十五年九月，授任中和殿大学士兼吏部尚书。顺治十六年二月，应诏为明崇祯皇帝撰碑文，加太保兼太子太师。顺治十七年，加太傅衔。顺治十八年，授任秘书院大学士。康熙元年（1662年），告归。康熙四年，康熙匿名帖揭露其隐私，他请两江总督郎廷佐查办。郎廷被降二级，他被削太傅衔。康熙九年，金之俊卒，年77岁，谥号文通。著有《息斋集》《金文通集》。

**吴䎘**（生卒年不详） 字羽三，震泽镇柳塘村人。清顺治十二年（1655年），乙未科中三甲二百十八名进士。顺治十三年，放任广东澄迈（今属海南）知县。时值清军初定琼州，社会秩序尚未稳定，总兵高进库骄横无道，放纵部下侵扰百姓。吴䎘亲自往见高进库，好言相劝，勉其名节为重，约束部众，自此兵患减少。吴䎘体恤民情，减少徭役，招纳逃难人员回乡复业。一面肃清匪患，捕杀盗首，释放胁从者；一面整肃保甲，收编义勇为乡兵自卫，一时社会秩序大见好转。

文昌知县孙贤降清后又叛乱，高进库征讨时滥杀无辜，吴䎘则招降孙贤，招致进库不满。后又相继平定万众海盗骚乱、镇压黎族两千余人的起义、击退郑成功部将杨二的进攻，五年间屡建战功，然因总兵高进库忌妒，终不得升迁。康熙元年（1662年），受江南奏销案影响降职，正好回家奔母丧。康熙五年，以海南所树军功抵降级，补江西丰城知县。康熙六年，调任湖北汉川知县。

吴䎘做事敢作敢为，不唯上，最终辞官回家乡。著有《松岩诗集》（一作《梅花草堂诗集》）13卷。

**吴䎃**（生卒年不详） 字扶九，震泽镇人，吴䎘长兄。体貌魁伟高大，善于言谈，自幼聪明悟性强，才华出众，喜欢结交朋友。与志同道合者商议创办复社，得到太仓张溥、杨廷枢等人的响应，以致“海内知名士皆闻风而来”。明崇祯年间（1628年～1644

年），奸相温体仁专权，屡招吴𤅢入仕，𤅢终不答应。后遭陷害，几多不测，靠倪元璐等疏通调解。𤅢在村里办馆，客舍在他家，毫无厌倦。清顺治五年至六年（1648年～1649年），震泽饥荒，𤅢捐出粮食赈济灾民，救活了很多人，深受乡民爱戴。在他逝世之时，四方吊唁的有千余人，神主在三高祠祭祀。吴𤅢著有《读史存信存疑》《升恒堂集》《复社姓氏录》及《南都防乱公揭》等。

**潘见龙**（生卒年不详） 字云从，震泽双杨村人。清顺治十五年（1658年），戊戌科中二甲二十七名进士。因父丧母病，他亲自耕种抚养亲人。康熙十年（1671年），授任河南叶县知县。该县遭战争灾害不久，土地贫瘠民不聊生，耕田荒芜，百姓生活困苦。见龙到任后广招流离失所的灾民进行垦荒，并教乡民播种水稻，同时还命工匠制作耒耜桔槔等农具。不出三年，叶县粳稻遍野，斗米值二三十钱，百姓终于摆脱贫困状态。康熙十三年，西南边境发生兵事，叶县地当要道。潘见龙备足粮秣等军需供应，并恳求过境将帅下令不要骚扰百姓。康熙十六年，奔母丧离任。康熙十九年，补授四川阆中知县，时阆中城内居民数十家，衙门断垣残壁，一派凄凉。潘见龙不畏艰难，招抚难民，发展生产。同时整顿治安，诛逆党魁首谭彭，并对谭彭以下的家属及党羽百余口进行转化，使之“皆泣谕其下，毋负贤君”。三年后，授任浙江宁海知州，升刑部员外郎，进刑部郎中，迁曲靖知府。满任时，广西巡抚提名让他留任，他谢请回家，在家乡去世。潘见龙为官因廉能清慎受到乡民好评。

**倪师孟**（生卒年不详） 又名沈师孟，字南琛，号峄堂，震泽镇人。清雍正元年（1723年），癸卯恩科，以归安籍中二甲五名进士。三年后，授任翰林院编修，以双亲年老辞官回家。乾隆元年（1736年），丧服满复职，参与修《世宗实录》。乾隆三年，主持四川乡试，担任国史馆纂修官。在京师闭门苦读，非诗文知己绝不交往。告老后在马赋（震泽镇西）建房植梅，堂额曰“南村梅圃”。参与乾隆《吴江县志》《震泽县志》的编纂，担任纂修，总揽志书全局和最终定稿。倪师孟去世时年62岁。著有《南村诗钞》《入蜀纪行》《梅府诗钞》等。

**杨文震**（1868—1935） 号晓帆，出身于丝商家庭，震泽镇人。未成年时即在其父杨月如开设的杨同昌丝行学业。清光绪十九年（1893年），他创设隆昌震丝经行，自任经理，专营丝经加工出口业务。1912年，杨文震被同业公推继任震泽镇丝业公会会长（连任此职长达23年）。是年，与杨澄中、庄严等合作创办震泽丝业小学（震泽私立丝业第一初高等小学），以解决丝业子弟的就学问题，委杨澄中为首任校长。1917年，杨氏筹划并亲自督工建造震泽丝业会馆。是年，南浔、震泽两镇商界合办浔震电灯公司，事成后杨文震先后兼任震泽电灯事务所副主任、主任。1918 年，杨文震集资开设震大钱庄，自任经理，办理汇划及存放业务，为震泽镇上最早的钱庄。先后创“纺织娘”“金字塔”“金孔雀”“银孔雀”等辑里干经品牌。1923 年，在美国纽约举办的第二次万国丝绸博览会上，送展的“金字塔”牌特优干经深得会员好评。是年，江苏省立女子蚕业学校（简称女蚕校）师生到震泽地区宣传科学养蚕及改良制丝时，震泽市议会通过方案与女蚕校合作在镇上开办土丝改良传习所，杨文震受市镇当局委托主持其事，筹措开办经费，并派其子及丝业公会职员两人驻所主管事务。土丝改良传习所开办两期，结业学员 90 人，成为震泽蚕丝技术骨干。1929 年，送展西湖博览会上的两件“金孔雀”牌的干经获优等奖。隆昌震丝经行以品种齐全、质量上乘著称，成为震泽镇上最有代表性的丝经行之一。全盛时期拥有资金二十万两银子，职工二十余人，丝经年销量四五百担，最高近千担。是年，增资合办震泰丝栈，出资 5000 元（旧币），参与创办震丰缫丝厂。杨文震为人宽厚，在同行中颇有威望。1935 年，杨文震在震泽病逝，享年 67 岁。

**沈建勋**（1882—1942）　字秩安，震泽镇人。清末秀才，江震师范传习所毕业。加入中国同盟会，参加辛亥革命和讨袁之役。民国初，在乡里致力于公益和教育事业，创办县立第五高等小学，继办梅诗场小学，出任校长。后又协助施肇曾创办私立震属初级中学，任校董。1923 年，当选震泽市议会副议长。是年，江苏省立女子蚕业学校在震泽区开展蚕桑改良宣传，沈建勋给予支持。1924 年春，震泽市与江苏省立女子蚕业学校两家在开弦弓村合办蚕丝改进社，开办费 1200 元，双方分摊。另外还在震泽慈云寺内开办制丝传习所，以期振兴震泽丝业。是年，江浙战争期间，沈建勋任红十字会震泽分会会长，在震泽五路堂等处设置难民收容所，安置自太仓等战区接运到震泽的难民。1925 年，震泽四乡虫灾严重，几至颗粒无收，地主私设“押佃所”抵押无力交租佃户 160 余人，沈建勋四方奔走，全力营救。1935 年，沈建勋出任第五（震泽）区区长，主持开挖转道运河新开河，利用河泥叠土为山，开辟震泽公园，在修复康庄别墅和修筑平南公路震泽段等工程中亦尽职尽力。抗战爆发后，任职于吴江县政府，坚持对敌斗争。1942年，沈建勋在震泽病逝，享年 60 岁。

**徐人骥**（1857—1946）　字梅峰，震泽镇人。早年入武乡学，跟随杭州张勤果入新疆平叛，以功保举副将。清光绪五年（1879 年），乡试中武举。光绪六年，连中武科进士，后入京供职。光绪七年九月，左宗棠出任两江总督，徐人骥随调以科班出身原职任用。光绪十三年，代理金山卫游击。光绪二十七年，应浙江巡抚、御史中丞相任道溶之请，携子朴诚等进剿太湖土匪，以功保举总兵，任嘉（兴）湖（州）水陆统领，其子由巡抚冯汝骙出面被委为嘉（兴）防先锋游击左营管带。宣统二年（1910 年），徐人骥任江西水师巡察右军统领，辛亥革命后任松（江）（上）海缉私分统。民国时期，在震泽开办太湖蔬菜运销公司，逐日收购地产新鲜蔬菜，装轮船至上海售卖。1946 年，徐人骥在震泽病逝，享年 89 岁。

**吴桐**（1894—1953） 原名桐生、琴木，号冷枫居士，生于震泽镇上塘慎德堂。吴桐从小酷爱书画艺术，早年赴上海习画，为书画收藏家庞莱臣赏识，遂入庞氏画楼（庞虚斋）习画，临摹历代名家书画真迹，取法于元四家及四王，画路渐宽。继又游历名山大川，饱览各处风光胜景，融入创作之中。成名后在沪上以画为生，自办画室，名冷枫草堂。在沪期间，参加吴湖帆创设的画家联谊组织——甲午同庚会。1926 年，吴桐的画作首次参加第四届中日绘画联合展，获得好评。

吴桐

吴氏擅工笔山水，构图严谨，笔墨苍润，气势雄伟，意境深远，尤以青绿山水画为佳。花鸟、人物、竹墨等品颇具特色。此外，对书画鉴赏亦甚有造诣，受庞莱臣之托，为其鉴定藏品之真伪。50 年代初，吴桐任上海市文物管理委员会顾问、鉴定委员、上海市文史馆馆员等职。1953 年，在上海病逝，享年 59 岁。吴桐的代表作《林文忠公游西岳华山诗意》参加全国国画展，被中央美术馆收藏。《蠡园风景成扇》（画）及《花卉昆虫成扇》（行书诗）被香港艺术馆收藏。1999 年，吴桐的《雪景》（画）被《二十世纪中国传世名画》选载为封面画。

吴桐被文化部定为新中国成立后已故著名画家，其代表作品被列入限制出境名单中。近代画家中吴桐与吴昌硕、吴观岱、吴湖帆并称为“吴中四吴”。

**徐子为**（1906—1958） 别号恒庐，震泽镇人。少年时受塾师王鹤清启蒙，后随名师金松岑、章太炎习学古文，又就读于上海文学院，擅诗文，得鲁迅致函约见。加盟南社（湘集），与柳亚子交谊亦深。

徐子为热心家乡公益事业。1933 年，协助施肇曾创办育英高中，任校董，并资助学校建造藏经阁。1936 年，在保赤局旧址创办頔塘医院，并联络湖州、南浔士绅创办苏嘉湖长途汽车公司，使平望至南浔区段在当年通车。

30年代初至抗日战争前，他历任交通部电政材料处秘书、全国商会联合会执行委员、江苏省商会联合会执行委员、震泽区商会主席、苏嘉湖长途汽车股份有限公司董事等职。沦陷期间，徐子为携家眷避难沪上，只身赴大后方重庆，参加救亡工作。奉派参加国民参政会川康视察团，任川南办事处秘书。又在黄炎培主持的战时公债劝募委员会内任秘书兼滇省、沪市特派员及财政部货运管理局专员等职。其间多次潜返上海，在沪上工商界募集抗日救国公债。后又在中央、中国、交通三银行合组的通济公司任经理，从敌占区抢运物资到后方。抗战胜利后，任苏浙皖产业处理局简任专员、上海市财政局专员、军事委员会东南行辕高参、上海市商会理事、中华工商专科学校校董、中华职业学校校董、苏嘉湖长途汽车股份有限公司董事长、吴江县临时参议会副议长及议长等职。1948年，当选为国民大会江苏省代表。新中国成立后，从业于苏浙地方纺织工业，参与杭州麻袋厂、南京毛纺厂等的筹建工作。1958年，徐子为在南京病逝，享年52岁。

**宋绳祖**（1897—1961） 名霖，一名柏生，字霖若，震泽镇人。1912年，师从浙江德清名医金子久，三年满师后，即在震泽悬壶行医，多有治验，于贫病者尤加体恤，名噪一时。抗日战争爆发后，一度赴沪执业，不久返里，时有门生四十余人。新中国成立后，参加吴江县血吸虫防治工作，用中西医结合方法治疗血吸虫病，疗效显著。1960年，参加全国文教卫生群英大会，见到自己门人和再传门人多人，一时传为佳话。著有《血吸虫病中西医结合治疗汇编》《小儿暑热消渴证治》《中医肺病疗法》《黄疸证治》和《中医治疗高血压》等。1961年，宋绳祖在震泽病逝，享年64岁。

**张慰慈**（1890—1976） 字祖训，震泽镇人。入上海澄衷学堂、复旦公学求学。1912年，留学美国。在埃阿瓦大学，以论文《美国市政之委员制与经理制的历史与分析》获哲学博士学位。1917年夏，回国，进入北京大学任教，是北京大学最早的政治学教授，《新青年》《每周评论》撰稿人。1920年，参加《争自由宣言》签名活动。1922年，参加《我们的政治主张》的签名活动。加入努力社。历任法政大学、上海东吴大学法律学院、中国公学政治学教授等职，第一个把比较方法介绍到国内。1930年起，历任安徽大学法学院院长、财政部秘书、沪宁沪杭甬铁路管理局运输课副课长、北宁铁路管理局总务处长、铁道部参事。1934年，参加中英广九铁路通车谈判。抗日战争开始，任资源委员会购置室主任，不久辞职。1940年年初，任职英国帝国化学

张慰慈

公司。1943年起，任国民政府经济部参事、战时生产局参事、南京中国政治学会干事。1955年5月9日，聘为上海文史馆馆员。主要著作《英国选举制度史》《政治概论》《市政制度》《政治学大纲》《宪法》等，译著《现代民治政体》《妇女论》等。1976年，张慰慈在上海病逝，享年83岁。

**李学清**（1892—1977） 字宇洁，震泽镇人，祖居义嘉桥北。早年就读于上海南洋公学。1913年，入农商部矿政司地质专修班。1916年毕业，任地质调查所技工。1920年，赴美，入密歇根大学，专攻矿物学和岩石学。1923年，获硕士学位。回国后，先后任地质调查所技师、两广地质调查所技正兼中山大学地质系教授。1929年，至中央大学地学系任教，转任地质系主任（连任此职长达11年），其间还兼任中央大学理学院院长1年。

李学清

李学清长期进行岩矿领域的教学和科研工作。20年代，先后发表《四川含硫化物的橄榄岩》《江苏北部的石陨石》《黄土之化学及矿物成分》《湖北东部铜矿物研究》《河南独山玉石研究》等专文，并与翁文灏合著《论中国北部前寒武系大理岩中的含镁量》。30年代，组织师生到四川和南京地区进行地质调查。抗战期间，学校内迁，他督率工作人员将仪器设备完整无损地运往重庆，使教学工作不致中断。李学清是中国地质学会首批会员之一，任该会监事，兼任《地质评论》初创阶段编委。新中国成立后，被选为南京市第一、第二、第三届人大代表，江苏省第三届政协委员。50年代，李学清率师生在苏州阳山调查时，发现中国罕见的高岭土矿，继又赴胶东、大连考察海滨沉积，发表《青岛海滨砂的研究》一文。1961年，李学清在南京大学主持翻译《火成岩成因及地球深度》《光性矿物学》两部国外经典著作。是年，主编教材《沉积岩岩石学》。1977年，李学清在南京病逝，享年85岁。

**黄文东**（1902—1981） 字蔚春，震泽镇人。1921年，毕业于上海中医专门学校，回故里悬壶济世。1931年，返校任教务长，教授《本草》《伤寒论》《金匮要略》《名著选辑》及妇科学儿科学等课程。50年代初，主办上海市中医进修班、中医师资训练班。1959年，黄文东参加全国群英会。1978年，出席全国科学大会，并被推选为主席团成员。是年，加入中国共产党。

黄文东

先后担任上海第十一人民医院内科主任、上海中医学院内科教研室主任、附属龙华医院中医内科主任。1978年，任上海中医学院院长、教授，任中华全国中医学会副会长、上海分会理事长，中华医学会上海分会副会长。擅长以调理脾胃和活血化瘀方药，治疗胃溃疡、慢性胃炎、慢性结肠炎，以及再生障碍性贫血等症。著有《黄文东教授运用调气法治疗胃痛的经验》《黄文东教授治疗慢性泄泻的经验》。黄文东是中国民主同盟盟员，上海市第三、四、五届政协委员。1981年，黄文东在上海病逝，享年79岁。2002年11月18日，上海中医药大学、上海市中医药研究院联合举办“著名中医学家黄文东诞辰100周年纪念会”，表彰他的卓越贡献。

《黄文东医案》

**曹诒孙**（1905—1993） 震泽镇人。1924年，毕业于江苏省第二农校（苏州）蚕科。1925年，考入日本国立鹿儿岛高等农林学校蚕科。1928年，考入东京高等蚕丝学校。1929年，回国，先后在江阴农校、浙江省蚕校、浙江大学农业实验所、江苏省蚕丝试验场、浙江大学农学院、南京中央农业实验所、无锡蚕业试验场工作，兼任江苏省蚕业改进管理委员会副主任委员。长期从事蚕病的研究和防治，拟订《蚕种制造条例和取缔法规》。1933年，曹氏首创应用水杨酸及硼酸等固体粉末，用陶土稀释后制成固体消毒剂——防僵粉。1937年，曹诒孙调任江苏省蚕丝试验场场长。1951年，进入镇江华东蚕业研究所（中国农业科学院蚕业研究所前身），任研究员、蚕病理组长、病理研究室主任等职，专事蚕病理学研究。1957年3月，加入中国民主同盟，任镇江民盟副主委。曹诒孙是江苏省政协第四、第五届委员，中国蚕学会第一、第二届常务理事，江苏省蚕桑学会第一、第二届副理事长。著有《防僵粉的研究》《蚕核型病毒及多角体的稳定性研究》《蚕软化病毒的研究》《多化性蚕蛆病的防治》等。1993年，曹诒孙在苏州病逝，享年88岁。

**沈求我**（1917—2001） 震泽镇人。1935年，上海光华大学理学院化学系肄业，赴日本神户高等预备学校学习。1936年回国，先后在上海交通大学暑期学校、民族革命大学学习。1938年后，历任抗日艺术队队员、军医学校三分校教师、南京海军总部医务处专员等职。1945年10月，加入中国民主同盟。1949年4月，在震泽镇策反工商自卫大队迎接中国人民解放军。5月，震泽解放，沈求我赴京。7月，任光明日报社资料室主任、编辑。新中国成立后，沈求我调甘肃省，担任省长邓宝珊的助手。1952年，加入中国国

沈求我

民党革命委员会，任甘肃省委员会副主委。1957 年 5 月，加入中国共产党。1950 年～1981 年，历任甘肃省人民政府副秘书长、省外事办公室副主任、省人民委员会委员、省政协副秘书长、省人大常委会副秘书长。1982 年起，历任民革中央委员会副主席、宣传部副部长、团结报社副社长、孙中山研究学会副会长、全国政协文史与学习委员会副主任、第七和第八届民革中央副主席、第九届民革中央名誉副主席。沈求我是第六至九届全国政协委员，第七和第八届全国政协常务委员。2001 年 3 月 13 日，沈求我在北京病逝，享年 84 岁。

徐昌裕

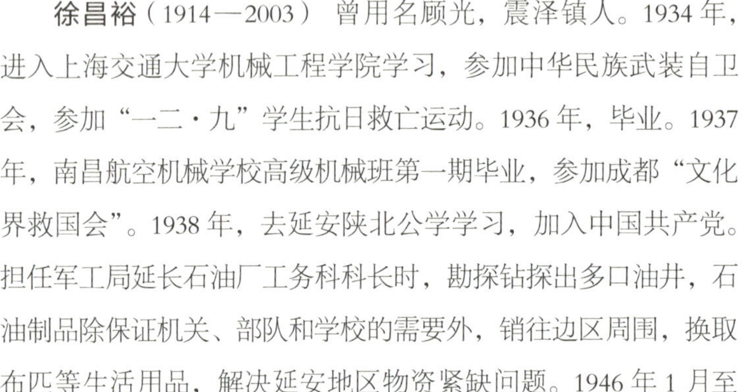

**徐昌裕**（1914—2003） 曾用名顾光，震泽镇人。1934 年，进入上海交通大学机械工程学院学习，参加中华民族武装自卫会，参加“一二·九”学生抗日救亡运动。1936 年，毕业。1937 年，南昌航空机械学校高级机械班第一期毕业，参加成都“文化界救国会”。1938 年，去延安陕北公学学习，加入中国共产党。担任军工局延长石油厂工务科科长时，勘探钻探出多口油井，石油制品除保证机关、部队和学校的需要外，销往边区周围，换取布匹等生活用品，解决延安地区物资紧缺问题。1946 年 1 月至 1950 年 6 月，历任东北军区航空学校修理厂厂长、空军工程部修理处处长、航空工业部司长、航空研究院副院长、航空工业部副部长兼航空研究院院长等。长期从事军用飞机的研制。徐昌裕是国务院学位委员会委员，中国航空学会第一、第二届副理事长，中国南极考察委员会委员，航空工业部科学技术委员会副主任，中国航空技术进出口公司副董事长。1985 年，离休后，任航空工业史丛书编委会副主任、《当代中国的航空工业》副主编等，参与《中华人民共和国航空工业史》等的定稿工作。2003 年 12 月 23 日，徐昌裕在北京病逝，享年 89 岁。

**杨嘉墀**（1919—2006） 震泽镇人。1941 年，毕业于上海交通大学电机系。1947 年 1 月，获公费留学，考入美国哈佛大学工程科学与应用物理系，主修原子弹和雷达。1949 年 6 月，获美国哈佛大学工程科学与应用物理系博士学位。1956 年，回国后，历任中国科学院自动化研究所研究员、副所长。1963 年，任研制核爆炸试验用仪器技术总负责人。1966 年，领导研制第一颗返回式卫星姿态控制系统。1980 年，当选为中国科

杨嘉墀

学院自动控制专业学部委员（院士）。1981 年 2 月，被任命为“实践”系列卫星总设计师。杨嘉墀参加“一箭三星”（一枚火箭发射 3 颗卫星）的研制和飞行试验全过程。是年，为中国首批博士生导师。1982 年，他提出用标准模块组成计算机测控系统，组织 CAMAC 系统硬件和软件的研制工作。1983 年，任航天部第五研究院副院长、航天部科总工程师等职。1985 年，当选国际宇航科学院院士。兼任中国自动化学会理事长、中国仪器仪表学会副理事长、国际宇航联合会副主席等。是年，获国家科技进步特等奖，国家“863 计划”创议者之一。论文主要有《中国近地轨道卫星三轴稳定姿态控制系统》《返回型对地定向观测卫生姿态控制系统及飞行试验结果》《中国空间技术第二次开发与应用》等。第三至第五届全国人大代表。1999 年 9 月 18 日，获中共中央、国务院、中央军委授予的“两弹一星”功勋奖章。2000 年，获 IEEE（国际电机电子工程师学会）“千年勋章”成就奖。2003 年，中国科学院国家天文台把新发现的一颗小行星命名为“杨嘉墀星”。2005 年 1 月，杨嘉墀与五位院士向国务院总理提出“关于促进北斗导航系统应用的建议”。2006 年 6 月 11 日，杨嘉墀在北京病逝，享年 87 岁。

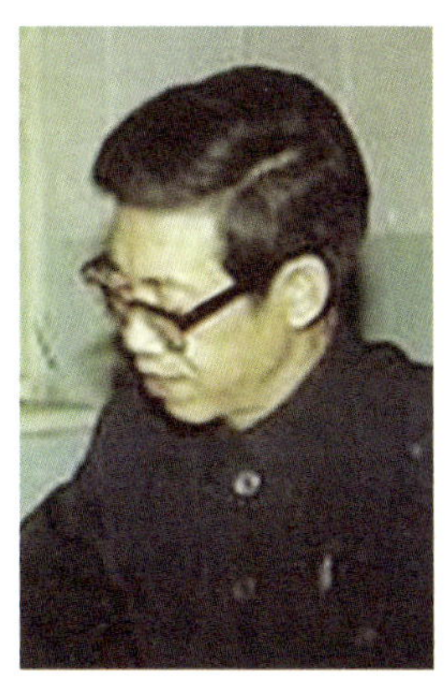
程人乾

**程人乾**（1933—2007） 震泽镇人。1953 年考入北京大学历史系。1954 年公派波兰华沙大学留学。1960 年毕业，获华沙大学历史系学硕士学位。归国后，在山西大学历任讲师、副教授、教授、研究生导师、副校长。1980 年，加入中国共产党。1984 年 3 月至 1987 年 12 月，任山西大学校长。长期从事世界近代史、国际关系史、东欧史及国际问题的教学和研究，出版著作主要有《罗莎·卢森堡——生平和思想》《涡流——20 世纪民族主义潮汐透视》《马克思主义在中国》《当代世界经济与政治》《1848 年欧洲革命史》等。译著有《路德维希·费尔巴哈的伦理学》《波兰简史》等。发表论文百余篇，如《论近代以来的世界民族主义》《一九三九年的德波战争》《关于 20 世纪历史巨变的几点思考》等。大学文理两科共完成科研项目 182 项，出版专著 23 本，在国内外刊物上发表论文 400 余篇。研究成果多次获教育部、山西省优秀人文社会科学成果奖。程人乾是中国史学会中国国际史研究会理事、中国国际共产主义运动史学会常务理事、英国剑桥国际传记中心成员、美国名人协会理事和副会长。1993年，主编的《当代世界经济与政治》教材，获国家教委优秀教育成果奖二等奖。程人乾享受国务院特殊津贴。他的名字被列入国内外出版的十多种名人录，如《中国当代名人录》《世界知识名人录》等。2007年9月22日，程人乾在太原病逝，享年74岁。

（备注：有些震泽名人在本志《名门望族》一章中作介绍，本章不再重复。）

# 人物名录

震泽镇从宋朝至清朝，先后出过15名进士。

**震泽镇历代进士名录一览表**

表2

| 姓名 | 科　别 | 榜别 | 年份（年） | 名　次 | 备注 |
| --- | --- | --- | --- | --- | --- |
| 王　蘋 | 宋绍兴四年甲寅 | — | 1134 | — | 特赐 |
| 陈长方 | 宋绍兴八年戊午 | 黄公度 | 1138 | — | — |
| 杨邦弼 | 宋绍兴十二年壬戌 | 陈诚之 | 1142 | — | — |
| 黄　著 | 明成化五年己丑 | 张　升 | 1469 | 三甲七十四名 | — |
| 吴　秀 | 明隆庆五年辛未 | 张元忭 | 1571 | 二甲四十八名 | — |
| 庄元臣 | 明万历三十二年甲辰 | 杨守勤 | 1604 | 三甲二名 | — |
| 吴　璁 | 清顺治十二年乙未 | 史大成 | 1655 | 三甲二百十八名 | — |
| 潘见龙 | 清顺治十八年辛丑 | 马世俊 | 1661 | 二甲二十七名 | — |
| 倪师孟 | 清雍正元年癸卯 | 于　振 | 1723 | 二甲五名 | — |
| 蔡廷献 | 清雍正二年甲辰 | 陈德华 | 1724 | — | — |
| 吴　讷 | 清乾隆二年丁巳 | 于敏中 | 1737 | — | — |
| 徐人骥 | 清光绪六年庚辰 | 黄培松 | 1880 | — | 武科进士 |
| 徐人熊 | 清光绪九年癸未 | 杨廷弼 | 1883 | — | 武科进士 |
| 周士炳 | 清道光二十五年乙巳 | 萧锦忠 | 1845 | 二甲三十二名 | — |
| 施肇基 | 清光绪三十二年丙午 | — | 1906 | — | — |

# 名人与震泽

震泽自古以来钟灵毓秀。美丽的自然风光，深厚的历史文化，独特的民俗物产，吸引文人墨客们走来，吸引学者名流们走来。他们或结庐而居，或考察调研，或出手相助……他们为震泽留下宝贵的财富，他们为震泽增添光彩。

# 张志和结庐浮玉墩

震泽镇之北四里许，有一个湖泊，名长漾，面积6.94平方千米（合8864亩），东西长近9千米，南北宽1千米～2千米，古名牛娘湖，亦作牛羊湖。清乾隆《震泽县志》记载“湖中有浮玉墩”。

墩虽不大，约两亩，奇特的是大旱时不见水减少很多，大涝时不见水增加很多，墩与湖水上下浮动，被时人称为“浮玉”，于是土墩因名浮玉墩。

唐朝诗人张志和，字子同，初名龟龄，婺州金华人，南宋时官至翰林待诏，后贬南浦尉，隐居江湖后，自号烟波钓徒，又号玄真子，或元真子。一日，张志和如闲云野鹤行至牛娘湖，停船登浮玉墩，望见墩四面环水，沐浴在阳光里，深蓝色的天空浮在水面上，见此奇景，他脱口咏出“数椽结庐，一水环镜。玉山浮游，震泽清净”四句，于是在墩上盖房屋居住下来，终日垂钓。后人为纪念张志和，便将浮玉墩改称张墩。

宋端平二年（1235年），僧坎堂在墩上始建浮玉庵，佛宇禅室简略完备，而僧人门

张志和

徒从各处聚集一起。

明嘉靖、隆庆（1522 年～ 1572 年）年间，浮玉庵相继重建，规模有所扩大，殿堂庄严，前有山门五间，左为寂照斋，右为香林室。第二进为大悲殿，左为香积厨，右为击悟轩。第三进为如来殿，左为水晶楼，右为树下居。

明陈继儒在《重修浮玉庵记》中描述："甃石岸以拥四旁，接土阜以拥后障。东成空水，西睇下山，南对震泽浮图，北列洞庭之岫。帆樯往来于林竹之巅，钟鼓出入于鱼龙之窟，宛然米家山赵文敏水村图画也！"陈继儒还把浮玉墩比作长江金、焦两峰，"吞天地，浴日月，皆古今东南巨丽之观"。

浮玉庵在高出水面的孤墩上，四周都是流水环绕。有人吟咏"尘世浮沉波地起，真禅常住砌封苔"。明嘉靖年间（1522 年~1566 年），吴江儒者杜道升科举落榜，回归震泽，在浮玉庵寄托情怀，"欲借一尘焚香静坐，以了千生万劫"。

范仲淹第十七世孙范允临在迷恋牛娘湖的烟波浩渺中，远思张志和"一竿怀往日，孤艇载清风"，竟亦叹息："余亦投簪久，相期理钓筒。"

## 陆龟蒙养鸭藕河滩

陆龟蒙（？—881）字鲁望，号天随子、江湖散人、甫里先生，长洲（今苏州）人，唐代文学家。年轻时勤奋读书，通晓六经，尤其精通《春秋》，考进士不取，在苏、湖两郡任刺史幕僚。后隐退松江甫里（今角直镇），以诗文自娱。陆龟蒙爱好外出游览，乘小船，名之为"蓬席斋"，常常在船上放置书籍、笔架、茶灶、钓具等，浪迹江湖，自比涪江老渔父、江上年长者。晚年居住震泽。

陆龟蒙

陆龟蒙与皮日休是好友，互相唱和，同时享有盛名，人称

“皮陆”，皮日休也短期流落居住震泽。陆龟蒙所作诗词，多写闲适隐居生活，吟景咏物尤其多，他描写震泽农渔蚕桑的田园诗作，细致入微，如“尽趁晴明修网架，每和烟雨棹缫车”等绝句久诵不衰。其“自遣诗”三十绝，吟咏农夫耕锄事，贴近生活，陆龟蒙在“自遣诗”序言中表明为“震泽别业之所作也”。陆龟蒙钟情饲鸭，相传震泽花山头的北藕河滩为陆氏的养鸭栏，也名养鸭滩。

## 吴昌硕篆书许塘记

震泽頔塘河在宝塔街南，上千年来頔塘河水顺着宝塔街通过禹迹桥缓缓向东流去。

吴昌硕一生为江浙留下不少石刻碑记、篆书牌匾，也为流淌经过震泽宝塔街的頔塘河留下了诗文。吴昌硕篆书《修震泽许塘记》就是一篇非常珍贵的石刻记文。

此碑全名为《吴昌硕修震泽许塘记》。日本书学院出版部印行时称《吴昌硕篆书修震泽许塘记》。清宣统二年十月（1910 年 11 月），吴昌硕写记文，记文共 768 字，这是吴昌硕 67 岁时所书。这篇篆书记文与他后来（71 岁）所书《西泠印社记》（475 字）可称双璧。

许塘，初名“荻塘”，唐刺史于頔修筑塘岸，故又称頔塘。吴昌硕先生篆书作许塘，是因为此前震泽县县令许玉农为治理頔塘水祸作出很大的贡献，后人为纪念许玉农的勤政，故称许塘。

为纪念晚清艺术大师吴昌硕对震泽頔塘的情有独钟，该篆书碑文《修震泽许塘记》，现完整展示在宝塔街东文昌阁底层的东墙上。

吴昌硕

# 费达生接手震丰厂

1920年，费达生毕业于省立女子专业学校。是年，考入日本东京高等蚕丝专门学校制丝科。1923年7月，学成回国，在江苏省立女子蚕业学校推广部任养蚕指导员，随校长郑辟疆到吴江震泽、严墓2个区6个乡巡回宣传育蚕新技术。1925年，任校推广部主任。受震泽镇丝业公会之托，在震泽东栅慈云寺积谷仓开办土丝改良传习所，招收女学员70余人（其中首期50人，二期20余人）。运用蚕校改良的木制缫丝车缫制土丝，使蚕丝的生产质量有所提高。

1930年，江苏省立女子蚕业学校增设制丝科，她兼任制丝科主任。1935年，蚕校接手租赁陷入困境的震泽震丰缫丝厂，她出任经理，将旧式坐缫车全部改为立缫车，变自产自销为接受蚕丝合作社代烘代缫，企业蒸蒸日上。是年，缫丝产量1200担，为建厂以来最高纪录，产品获杭州西湖博览会一等奖。日军侵华时该厂被毁。1970年，在原址创办国营吴江缫丝厂。1980年，改称为吴江震丰缫丝厂。1994年，震丰缫丝厂扩建为震丰集团公司。2002年，公司破产。

震丰缫丝厂旧址（1929年摄）

# 费孝通四访震泽镇

1936年，费孝通到吴江开弦弓村进行社会调查。一天，他去村里一家店铺买香烟，谁知这个小店不卖整包的烟，只能一支一支地零卖。店主说若要买整包的烟可让震泽航船上的人带。这件事引起他的注意。于是，他在村里搭乘航船，到离村6千米的震泽镇。他发现震泽镇的市河里停靠的航船有二三百条，都是来自镇周围的乡村。农民将生产的农副产品出售到震泽，又从震泽买回所需的工业消费品。震泽是附近这些农村的商品流通中心。这次震泽之行，给费孝通留下深刻的印象。

1982年11月，费孝通和中国社会科学院研究所的领导到震泽中学调查了解文化教育的情况，与教师们亲切交谈，鼓励教师要为培养祖国人才多作贡献，并与学校领导和部分教师合影。

1982年11月，费孝通（二排左五）考察震泽中学时的合影

1983年5月，费孝通带领社会调查组对震泽等十余个小城镇的历史与现状作社会调查。将这些调查得来的第一手资料，进行加工整理，写成四万字的题为《小城镇大问题》的册子。费孝通在《小城镇大问题》一文中阐述："到震泽的几百条航船有或长或短的航线。这几百条航线的一头都落在震泽镇这一个点上，另一头则牵着周围一片农村。当地人把这一片滋养着震泽镇同时又受到震泽镇反哺的农村称之为'乡脚'。没有乡脚，镇的经济就会因营养无源而枯竭；没有镇，乡脚经济也会因流通阻塞而僵死。两者之间的关系好比是细胞核与细胞质，相辅相成结合成同一个细胞体。"

1995年5月，费孝通第四次访问震泽镇。费老感叹地说："岁月不饶人。现在的我只能坐在车里观看市河，站在楼顶遥望慈云塔了。"

这次访问，费孝通特地撰写《再访震泽》一文，文中提出两个问题让震泽镇干部群众深入思考。第一个问题：震泽在异常激烈的市场竞争中有没有特长？换句话说，震泽将靠什么去取胜，使自己立于不败之地？第二个问题：50年代，吴江县的七大镇中震泽的排名大概不次于盛泽镇。可是近年来，震泽的经济发展相对迟缓，名次在向下滑，不说盛泽、芦墟这两个大镇，就连原先排不上名的梅堰也快超过震泽。各镇地位变化的原因究竟是什么？费孝通在文中提出希望，希望在选择振兴震泽的方案时再放开一点思路："一方面深入研究这个镇的传统优势，认清流通服务是作为一个镇，特别是震泽镇的最根本的性质，丢了这一传统，就有可能在经济运行中失去重心，处于不稳状态。另一方面，要深入理解关于流通服务是比第一、第二产业更重要、更迫切需要大力发展的第三产业。就震泽而言，要拓展使千家万户都富裕起来的特色副业，这种第三产业将起到不可或缺的资源组合和调配作用。"

# 名门望族

明代以来，震泽逐步形成以“龚、施、徐、周、庄”为首的五大名门望族，家族人才辈出，从中走出不同领域、不同层次的人才。他们有的是举人、进士；有的是朝廷和地方官员；有的是在民族危急中投向革命，与民族同命运、与国家共存亡的仁人志士；有的是在国家重点工程担任要职；有的是一生从事科技研究、文化教育、交通运输、建筑设计、金融经济、外交政法、外贸商业、医疗卫生等重要工作。他们为家乡发展、为民族、为国家作出巨大的贡献。

# 龚氏家族

明嘉靖年间（1522 年 ~ 1566 年），龚氏避倭寇之乱，由福建莆田迁居震泽镇，定居震泽的龚绍塘为一世祖，世代经商致富。据《龚氏家谱》载，十五至十八世分别为“善、积、之、家”字辈。

“龚”在震泽镇是个大姓，龚氏家族人丁兴旺，人口众多，下塘从西栅思范桥堍到报恩桥西酒厂，大都是龚家的房产。上塘雅园弄、潘家扇弄、北弄等处也都有房产。龚家“义庄”建在下塘西栅。龚氏家族内部，凡遇到一些纠纷都要到“义庄”去洽谈。“义庄”里也存放着龚氏牌位，家祠设在蠡泽村。

**龚希髯**（？—约 1946） 本名应鹏，字季搏，龚氏第十五世“善”字辈。京师法律学堂专科毕业生。清光绪三十三年（1907 年），选授广西藤县白石寨巡检。宣统二年（1910 年），副榜贡生，以正七品推检官用，曾任法官。1930 年，与沈秩安、杨剑秋等集资修整震泽康庄别墅。抗战期间整理《龚氏族谱》。1937 年，编写《震泽镇志续稿》[清道光二十五年至民国 26 年（1845 年 ~1937 年）]。

**龚积芝**（1901—1982） 字厥民，龚氏第十六世“积”字辈。1920 年赴日本留学，先后就读盛冈高等农林学校，日本陆军士官学校第二十一期炮科毕业。回国后，1924 年 ~ 1925 年，任震属初级中学校长，由柳亚子介绍加入国民党。

1927 年 3 月北伐时，任吴江县临时行政委员会实业委员。“四一二”事变遭通缉。1928 年流亡日本。1930 年，在蒋冯阎大战中任冯玉祥军司令部参谋。冯军败北后赴欧美考察，德国陆军炮兵学校毕业。任军校办公厅书记、上校教员。抗日战争期间，任国民总动员会议军事组副组长。1941 年 12 月，任军事参议院参议。1946 年 7 月，授海军少将衔。新中国成立后，历任农业部秘书处副主任，北京农业出版社编辑，参与编著《农业丛书》等农业书籍。著有《生物学大意》《农业实用手册》《种子浅说》。1954 年退休。1982年在苏州去世。

**龚积榴**（1918—2009） 龚氏第十六世“积”字辈（龚少卿的儿子）。1946年3月至1947年2月，任震泽区区公所区长。1947年1月至1947年3月，兼任震泽镇镇公所镇长。1947年3月至1948年7月，任震泽区代理区长。80年代，任台湾台北祥林宝石有限公司董事长，吴江旅台同乡联谊会会长。

**龚同**（生卒年不详） 龚氏第十六世“积”字辈。1945年3月～8月，任震泽镇镇公所镇长。1945年8月23日至1946年2月14日，任震泽镇镇公所镇长。1946年2月15日至10月20日，任震北镇公所镇长。

## 施氏家族

清顺治七年（1650年），笠泽施氏七十三世祖先施彩石，由浙江杭县泾溪迁居震泽镇纯孝里，成为笠泽施氏一族始祖。

施氏七十九世先祖景熊公，教子严格，对六个儿子都亲自教学，并倡导范文正公的为人，效范公“先天下之忧而忧，后天下之乐而乐”的品德，仿效范氏的义庄制，买田教养族人，救济贫穷。在书香门第中，其子女受到“积学好德，谦和仁义，急公好义”思想的熏陶。

清同治、光绪年间（1862年～1908年），从京城到各省发生严重的水灾、旱灾，施氏八十世善昌（字少钦），以长子继承父辈的名义，毅然挺身而出，率领兄弟、子女们，分赴苏、浙、直、鲁、晋、豫、皖诸省，募捐赈济灾民，金额达数百万元（旧币）。八十世至八十二世的三代先祖，为社会赈灾作出巨大贡献，当政者奖给他们各种勋章数十枚。赐予一品衔顶戴的有文藻、景熊、善昌、善增、肇英、则敬，二品衔顶戴的有肇曾、振元，三品衔顶戴的有肇承，四品衔顶戴的有肇信、肇震、肇嘉，五品衔顶戴的有肇乾、则行、联元，共十五人。

清光绪年间至民国初年，施族子弟十余人赴美国留学。施氏先辈去留学的目的，正如肇基回答康乃尔大学历史系教授史蒂文时所说：“中国积弱，受人欺侮，愿为所学，为国家收回权利，雪耻图强。”肇曾、肇基、肇祥三兄弟都载入《民国人物大辞典》《中国近代名人录》中。

宣统元年（1909 年），11 月 28 日，施氏八十一世肇英率弟等在震泽镇西建家祠，奉主入祠。1923 年，完成置田创办义庄的大业，并设“均济堂”以教养族人，救济贫穷。

抗日战争爆发后，施族有不少弟子先后定居美国。有耿元、铨元、家福、福佑等在医务、化学、矿冶、电机等方面成就卓越。

在国内的施族子女，大部分散居各地，长期失去联系。有家淦、家溥、家贤、嘉远（女）等，在航天、外交、金融、建筑等方面颇有建树。

不论在国内还是国外，施族人才辈出，后继有人，并将“积学好德、谦和仁义、急公好义”的族风美德继续发扬光大。

**施则敬**（1855—1924）字临之，号强斋，又号子英，笠泽施氏八十一世（施景熊的孙子，施善昌的四子）。清光绪元年（1875 年），乙亥恩科中举，任知县，因堵筑山东段黄河漫口有功，升知州。继又在围堵永定南七工漫口有功，提升知府。又因在山西边境义赈出力，晋升道员官衔，留直隶候补。

施则敬

光绪十六年，京城近郊发大水，李鸿章委托施则敬办理赈灾事务，他的足迹北到幽、蓟等地，东到辽、沈等地，中西到齐、鲁、晋、豫、皖、淮等地，南到吴越境界。

光绪三十年，施则敬奉命创办中国红十字会，获一等金质勋章。辛亥革命前后，施则敬任中国红十字会万国董事会董事。1912 年 7 月，鉴于“辛亥战争已息”万国董事会解散，另行正式成立中国红十字会，施则敬等原七名董事仍被挽留办理会务。9 月 29 日，中国红十字会会员大会在上海英租界大马路议事厅举行，施则敬在会上报告收支账目，并被选为该会常任议员。1914 年，中国红十字会成立十周年纪念之际，施则敬因在创办管理红十字会组织方面成绩卓著，被北京政府陆军部授予奖章。

施则敬还任汉口招商局局长、汉口中国银行监理等职。1919 年，施则敬在上海被公举为吴江同乡会会长。

施肇曾

**施肇曾**（1867—1945） 字鹿珊，号省之，笠泽施氏八十一世（施景熊的孙子，施善增的次子）。早年就读于上海圣约翰书院及上海电报学校，专研英语及时政。青年时期在伯父施少钦熏陶下，继承施氏家风，与同族子弟奔赴全国各地赈灾救济。清光绪十七年（1891 年），因救灾有功，任用知县衔。光绪二十年，被派任驻美使署随员。光绪二十二年，补为驻纽约正领事官，任知县衔。光绪二十三年回国，任湖北汉阳铁厂指挥调度，兼办京汉铁路工程。光绪二十七年至三十二年在顺天、直隶、陕西、山东等省赈灾出力，以道员官衔留江西任用，并加二品顶戴。光绪三十二年五月，调任沪宁铁路总办，兼任招商轮船总局董事，又经苏浙两省公举，任沪杭甬铁路总办兼充沪宁铁路议事。宣统三年（1911 年），调任京汉铁路会办。清末，施肇曾兼任震泽镇丝业公会会长。

1912 年 10 月，督察办理陇秦豫铁路事宜兼任同成铁路督办。1913 年 11 月，获二等嘉奖勋章。1914 年，任国内公债局董事、漕运局总办。1915 年，任交通银行董事长。1918 年，创办北平中央医院。1919 年 1 月，全国商会公举他为国际税法平等会赴欧总代表。施肇曾在忙于外资、教育、金融、实业、慈善等事业的同时不忘报效家乡。是年，施肇曾在震泽创办江丰农工银行，为吴江县首家私营银行，以低利息借贷扶持蚕丝事业。该行注册资本 20 万元（旧币），施肇曾出资一半，任董事长。

施肇曾学识渊博，精通英语，1920 年 ~ 1942 年，先后出任驻澳大利亚、印度尼西亚、英国、新加坡、吉隆坡、惠灵顿并葡属帝汶岛等地副领事、领事等职。1921 年，施肇曾在无锡学宫旧址，与陆勤之等捐资创办无锡国学专修馆，聘原南洋大学（即上海交通大学前身）校长唐文治任校长，广邀国内知名学者陈望道、金天羽、钱基博、周予同、吕思勉、郭绍虞、周谷城、蔡尚思、朱东润等到校授课。1923 年，施肇曾与胞弟施肇基合资 2 万元（旧币），创办震属初级中学（现震泽中学前身），由施肇曾任董事长，施肇基任名誉董事长。震泽沦陷期间，该校被迫停办。1924 年，施肇曾任上海闸北水电厂股份有限公司董事长、永亨银行董事长、久安实业股份有限公司董事等职。1926 年，出任上海光华大学校董。1929 年，施肇曾出资 5000 元（旧币），参与创办震丰缫丝厂，震丰缫丝厂为吴江县第一家近代工厂。1938 年，施肇曾在上海北京西路觉园开办育英中学和附属育英小学，吸收该校失业的教师赴沪任教，并使逃难到沪上的吴江籍子弟能继续学业。

1945年9月19日，施肇曾在上海觉园寓所无疾而终。

**施肇基**（1877—1958） 字植之，笠泽施氏八十一世，（施景熊的孙子，施善增的四子）施肇曾的胞弟，清光绪八年（1882年），在震泽建私塾。光绪十二年，入江宁府立同文馆。光绪十三年，考入上海圣约翰书院，三年后再专习汉文两年。光绪十九年，随钦差杨儒出使美国，任驻使馆翻译生。光绪二十三年，就读于康乃尔大学，为该校第一名中国留学生。在校期间师从史蒂文森教授，教授在讲解欧洲近代史时，向肇基提问："来美求学，有何志愿？"他慨然答道："中国积弱，受人欺凌，愿以所学，为国家收回权利，雪耻图强。"教授听了他的话很为赞许，并写信介绍施肇基拜见各名流学者，扩大社交面。光绪二十八年，施肇基获该校文学硕士学位。回国后，任湖广总督洋务文案兼鄂省留美学生监督。光绪三十一年，施肇基随端方等五位大臣出洋考察宪政，途中端方对他极为器重，事无巨细都与他商议，回国后经端方荐举，在军机处以道员官衔留存登记，尽先任用。光绪三十二年，代理邮传部右参议兼京汉铁路总办，并应试考中法政进士。光绪三十三年，至辛亥革命前，先后任京奉铁路会办、吉林西北路兵备兼滨江关监督、吉林交涉史、外务部右丞、左丞等职。施肇基在各任所内廉洁自律，官员名声很好。施肇基在东北的26个月任期内发生两起重大涉外历史事件：一是日本伊藤博文（时任高丽总督）被朝鲜义士安重根刺案，二是"万国治疫会议"日本代表争位事件。此两件事皆由施肇基运用外交手段，巧为周旋，各方调停，免使清廷陷入外交纠纷中。事成之后，施肇基进京述职，受到摄政王嘉奖勉励，授予金质奖牌一枚。

1912年4月，施肇基任北京政府交通部总长兼代理财政部总长。1913年，任总统府大礼官。1914年6月，任中国驻美国全权公使，前后长达六年余，其间参与几次重大外务活动。

第一次世界大战结束后，1918年，施肇基从伦敦先期抵达巴黎中国代表总部，与顾维钧进行会前准备，两人为代表团草拟一项计划，提出七项议案：二十一条和山东问题、归还租借地、取消在华领事裁判权、归还列强在华各地租界、撤走外国驻军、取消外国在华设立的邮电机构、恢复中国关税自主权。1919年1月8日至6月28日，在法国巴黎举行凡尔赛和平会议，与会者有中、英、美、意等27国代表。中国代表团由陆徵祥、施肇基、顾维钧、王正延、魏宸组5人组成。会上，中国代表义正词严，极力主张废除列强对中国签订的不平等条约，力争全部归还山东主权。然在英、法、美的操纵下，规定由日本继承德国在山东享有的所有经济特权，完全无视中国主权和战胜国的地位，当即受到施肇基和中国代表们的严词斥责和抗议，并决定拒签凡尔赛对德和约。

和会不公正的决定，传至国内，引起公愤，掀起“五四”爱国民主运动。国内部分省的督军省长、党派社团纷纷致电代表团，支持拒签。施肇基于会议签约前断然离开法国。6 月 28 日下午，在凡尔赛宫的签字仪式在中国代表团缺席下进行，在全世界外交界引起轩然大波。

1920 年 2 月～ 3 月，施肇基在第二次驻英公使任内，代表中国政府就“关于撤销领事裁判权问题”与英国政府外交大臣安徒生换文，并声明如英方再延宕，中国政府将自动宣告废除。在此之前，中英双方就领事裁判权一事进行数轮谈判，都没有结果。9 月，施肇基调任驻美国全权公使。1921 年 11 月 21 日起，在美国首都召开华盛顿会议，中、美、英、法、日、意、荷、比、葡 9 国与会，讨论军备限制和太平洋远东事务。会上以施肇基为首席代表，提出十条原则提案，要求重新审定列强与中国签订的不平等条约、协定。收回山东权益，是此次会议的主要目标，施肇基等代表据理力争，经过中日双方 36 次谈判，在 1922 年 2 月 4 日，签署《中日解决山东悬案条约及附约》。

1923 年 1 月，施肇基任北京政府外交总长。4 月辞职，回任驻美公使。1924 年，任中国出席关税特别会议全权代表。

1929 年，复任驻英全权公使。1930 年，受命兼任出席国际联盟中国全权代表并驻该盟理事会中国全权代表。

1931 年 9 月 30 日，施肇基任外交部部长；1933 年，复任驻美公使；1934 年，任出席日内瓦国际禁烟会议第一、第二次会议中国全权代表；1935 年 6 月，使馆升格，任驻美大使。

1937 年 8 月，施肇基年届花甲，辞职返国，寓居上海。未久，抗日战争爆发，他忧心如焚，舍弃晚年安逸生活，投身救亡运动，担任国际救济会宣传组主任，并创办上海防痨协会及附设医院，出任

施肇基

董事长。1938年、1940年先后任第一、第二届国民参政会参政员。1941年，再赴华盛顿，任中国物资供应委员会副主任委员。是年，被美国总统罗斯福聘为“美国及南非联邦国际和平委员会”非美籍委员。1946年6月，任旧金山会议中国代表团高等顾问。1948年～1950年，任国际复兴开发银行顾问委员会委员。1958年1月4日，施肇基病逝于华盛顿。著作有《施肇基早年回忆录》。

**施肇祥**（1879—1961） 字公水，号丙之，笠泽施氏八十一世，（施景熊的孙子，施善增的五子）施肇基的胞弟。早年赴美国留学，先后入华盛顿大学、康乃尔大学就读。在校时代理湖北省留学生监督。清光绪三十一年（1905年）回国，任直隶银元局及劝业铁工厂总工程师。光绪三十二年，应学部考试，任工科举人，兼任天津高等工业学堂教授及稽查。后再度赴美，先后在费城等地的火车机车厂、铁路公司及西屋电机制造公司任职。光绪三十四年回国，相继供职于工矿、交通、金融、政府部门，任铁工厂和造币厂总机器师、京奉铁路机器副总管、开滦矿务总局协理、汴洛铁路局局长、北京政府交通部技正、京汉铁路机务处处长、华比银行顾问等职。

施肇祥（后排）

1928年，施肇祥代表中美工程师协会赴日本东京出席世界工程师大会。1929年，葫芦岛开港，任港务监督。1936年，移居上海，被公选为永亨银行及闸北水电公司常务董事。1949年，去美国定居，任裕津制革公司总经理。1961年，施肇祥去世。

施肇曾、施肇基、施肇祥为同胞兄弟，都出类拔萃，被誉称为“施门三杰”。

**施赞元**（1888—1929） 字荫生，号君翼，笠泽施氏八十二世（施善增的孙子，施肇曾的长子）。清光绪三十年（1904年）赴美，毕业于美京华盛顿中央中学。光绪三十四年，进入乔治华盛顿大学医预科。1913年～1914年，连续两次获得该校医学院的“奥德诺奖”；所著论文，评为全院之冠。1914年，获医学博士学位，成绩名列前茅，为华人争光。1916年年初，实习于乔治华盛顿大学医院及哥伦比亚妇科医院，并任万国医学红十字会中国代表。5月回国，任清华大学校医，兼陇海铁路总公所医官。1918年，派任为北京中央医院院长。1919年，由外交部派任清华大学留美学生监督。1921

年，调任旧金山总领事馆副领事，后调驻美使馆三等秘书。施赞元由铁道部派任太平洋会议代表团秘书，由交通部派任太平洋会议代表团专门委员。1922 年，由外交部派任纽约副领事。1923 年，由外交农商两部派任第一次全球奶务会议中国代表及第十五次国际奶务检查会议中国代表。1925 年，奉外交部令回部办事，特给三等嘉奖勋章。

施赞元

**施耿元**（1908—1998） 字贯生，号思明，笠泽施氏八十二世（施善增的孙子，施肇基的长子）。1928 年，毕业于英国剑桥大学医学院，实习于著名的圣汤玛斯医院。1934 年回国，加入中国医学会上海支会。1936 年，被选为支会总行政秘书。抗日期间，施耿元在上海公共租界从事救亡工作。1941 年访美，因珍珠港事件爆发受阻而不能回国，于是供职于宋子文主持的中国国防供应驻美办事处，处理中美之间租借法案事务，对抗日战争作出贡献。1942 年，任宋子文的机要秘书。1945 年，联合国成立时，任中国代表团团长宋子文的顾问，帮助中国代表团制订联合国宪章。1946 年 7 月，召开首届国际卫生会议，决议成立联合国下属的专门常设机构——世界卫生组织，施耿元为创建者之一，就任该组织临时委员会委员，并参与制订世界卫生组织规章。1948 年 2 月，施耿元任职于联合国秘书处。1954 年～ 1968 年，任联合国秘书处医务总监。1968 年 12 月退休，定居美国，从事写作及出版工作，开办施李出版公司，著有《国际生涯回忆录》等。

施耿元

**施家淦**（1917—1984） 字丽泉，笠泽施氏八十三世（施则忠的孙子，施调元的长子）。1934 年，入同济大学机械系学习。抗日战争爆发后，随校迁至江西，四位同学共商去武汉。1938 年，由董必武介绍赴延安，改名肖淦。

在延安，进安吴青训班、陕北公学短期学习后，先在陕甘宁留守兵团工作，担任文化教员、宣传干事、宣传股长等职。1942 年，转入陕甘宁边区兵工厂、军工局兵器研究室、东北兵工局研究室工作。1949 年起，任国营 475 厂研究室主任、副厂长，三机部第三研究所第一任所长，固体所所长，国防部第五研究院四分院副院长，七机部第四

施家淦

研究院技术院长、研究员，七机部向阳公司副经理。

1966 年，“文化大革命”中，受林彪、江青反革命集团迫害，施家淦身心受到严重摧残。1976 年，恢复名誉，复职工作。他经常带病工作。1982 年 12 月离休。离休后兼任航天工业部第四研究院顾问、陕西省航天局顾问。

四十余年中，他是中国长期从事军工生产、军事研究的老专家。在巩固国防、发展尖端武器和航天事业中，作出重大贡献。1984 年 5 月 2 日，施家淦去世。

**施家溥**（1925—1968） 字博泉，笠泽施氏八十三世（施则忠的孙子，施调元的次子）。早年毕业于上海圣约翰大学。1942 年，在上海领导学生抗日救亡运动。1945 年、1948 年，两次被捕入狱。在狱中组织绝食斗争。经家庭及外界多方营救，后由其叔父施肇基设法营救出狱。

1949 年起，任上海市学生联合会副秘书长、上海大华仪表厂厂长、上海机械工业局电工处处长。1961 年，调中共中央调查部一局副处长，转任中国驻伊拉克大使馆一等秘书，曾用名张维平。1966 年，升任该馆临时代办。1968 年去逝。

# 徐氏家族

徐氏先祖为西周徐国国君徐偃王的后代，以国名为姓。明朝末年，徐偃王的后代徐旷，自淮河渡江入江南，第十世传至徐永昭，开始定居震泽镇。徐永昭是震泽徐氏家族的始祖。自十世至十九世，排字辈依次为：永、觐、学、森、汝、之、聿、基、谋、诒。

徐氏家族人丁兴旺，英才辈出。“自高祖以下，咸以子孙贵显，迭膺封赠”（引自清俞樾的《徐汝福墓志铭》），成为富户望族。徐氏世代经营米业、丝行及房地产，生意兴隆，财源滚滚，有民间谚语“辑雅堂的房子，周坊元的儿子，徐寅阶的银子”，足见徐氏的富裕。其房产遍布全镇，号称“徐半镇”。

徐永昭生子名觐光，觐光生子名学健。震泽徐氏第十二世徐学健，国学生，继承祖业，经营丝经、米粮行业，为震泽保赤局创始人，建义塾，修桥梁，出粮食助赈灾民，收养育婴，善名远扬。

徐学健的长子名韫森，字玉书，次子名荣森，字湘波，是徐氏第十三世。

清道光十八年（1838 年），徐荣森之子，名汝福，字备五，号寅阶，是徐氏第十四世。徐汝福，官至礼部郎中。先人的表率，良好的家风，促使他一生乐善好施。咸丰十年（1860 年），徐氏旧宅毁于战火，徐汝福在旧宅上重建师俭堂。同治元年（1863 年），任江苏抚恤总局局长。同治三年二月，抚恤总局移驻苏州，徐汝福一直在震泽。徐汝福出资重修震泽的城隍庙、思范桥及仁爱桥等。

徐汝福长子徐泽之，字伯铭，是徐氏第十五世。同治十二年，癸酉科举人，入选内阁中书。光绪二年（1876 年），徐泽之扩建或整修师俭堂。

徐氏第十六世徐聿廷（徐汝昌的孙子，徐望之的儿子），字奎伯，号沧粟。光绪十一年，乙酉科举人。继承祖业经商，主管恒懋昶丝行，所产“辑里丝经”注册商标“金洋钿”，远销欧美。1919 年，“辑里丝经”在上海举办的工商部中华国货展览会上获一等奖。

民国年间，徐氏第十七世，徐汝福的曾孙徐启丞，继续经营祖传的米业和丝经生意，是当地有名的巨商。他与政界有密切的关系，徐启丞的继室为戴季陶的养女戴小恒（本名杨郁文），她与蒋介石的次子蒋纬国以姐弟相称。1992 年，蒋纬国托人把《戴故院长传贤百龄三冥诞纪念画展》画册从台湾带到大陆，送给戴小恒，以寄托对故人的思念之情。徐启丞生三子二女，为徐氏第十八世，与原配妻子沈寿昌生长子谋深、长女谋伟，与继室生次子谋先、幼女谋龄、幼子谋忠。

徐氏家族，聿字辈前的先祖均已去世，基字辈以下传至第十九世诒字辈，均学有所成，分别从事教育、商业、纺织业等，分居在无锡、成都、广州、上海、苏州等地。

明代末年，徐氏先祖徐旷自淮河渡江至江南，第十世传至徐永昭，始定居震泽镇。

**徐学健**（生卒年不详）字邦闻。徐氏第十二世“学”字辈（徐永昭的孙子，徐觐光的次子）。

清道光三年（1823 年），震泽发大水，田地房屋都被大水淹没，有些棺材被大水冲起，尸体漂浮在水面上。徐学健见此灾情，立即设粥厂救济穷人，并召集同仁，雇专人从水中打捞尸体数千具，捐公共坟墓，将无主尸骨全部安葬在乌程的小眉山。花费千金，在所不惜。

震泽灾后，弃婴无数，徐学健和沈润、徐宏学、谭琨等在震泽镇参差浜西（今麟角坊）创办收养婴儿的保赤局。道光九年，徐学健在保赤局内兴办义学，对弃儿实施初级教育。

道光十年，徐学健联合乡民斥资重建政安桥。道光十一年，斥资改建通太桥。道光十六年，徐学健等斥资重修慈云禅寺。道光十九年，斥资重建鹤皋桥。道光二十年，斥资重建众安桥。

源自天目山脉的頔塘河越镇而过，在镇东河道南侧近岸处有一个土墩，将河水分为两支，俗称“分水墩”。墩中央原有的文昌阁年久失修，破败不堪。徐学健和同仁筹资重修文昌阁，成为震泽镇的一个新景观——飞阁风帆。文昌阁高三层，下层为殿，中层为楼，顶层为阁，阁上供奉着文昌帝君神像。每逢春秋府县考试，考生们都怀着虔诚之心乘船登阁，焚香祷祝，愿金榜题名。

徐氏著名的师俭堂为徐学健始建。清道光年间（1821 年 ~1850 年）的《震泽镇志》一书的卷首“捐资姓氏”栏榜首有“师俭堂徐”的字样。师俭堂堂名“师俭”的寓意，历来有两种不同的说法：一是效法张俭，二是崇尚节俭。多数人偏向后者。“师俭”二字出自《史记・萧相国世家》：“后世贤，师吾俭；不贤，毋为势家所夺。”由此看来，保持节俭的家风是徐氏一脉相承的。

徐学健因救济灾民得到各州官吏的好评，孙子徐汝福被皇帝封任通奉大夫。

**徐汝福**（1838—1875） 字备五，号寅阶，徐氏第十四世“汝”字辈（徐学健的孙子，徐荣森的长子）。

徐汝福生于清道光十八年（1838 年），父亲徐荣森，乐善好施。 道光二十九年，震泽发大水，徐荣森设厂施粥，十一岁的徐汝福在一旁帮忙。

徐汝福有两个弟弟，都因为学习过于劳累致死，父亲徐荣森就让他弃学治理家事，打理生意。咸丰十年（1860 年），太平军攻占苏州，震泽镇岌岌可危，徐汝福立即向湖州赵忠节求援，并拿出所有积蓄，以助兵饷。赵忠节率部队到震泽，打退太平军的进攻。徐汝福带领父亲突围至上海，谋划起义。徐汝福娶周恭人为妻，生有两个儿子，长子泽之，次子望之。

同治元年（1862 年），江苏巡抚李鸿章驻扎上海，听说徐汝福是个对穷人抚爱的好人，任命他为江苏抚恤总局局长。父亲徐荣森临终前嘱咐徐汝福要照应流离失所的乡亲和旧日的朋友，而他死后只要草草埋葬，不许浪费一分钱。徐汝福含泪答应父亲所求。

接任江苏抚恤总局局长，先驻上海。他为战时善后救济紧急筹款，与同乡施少钦等商议，在上海成立“兴仁会”。筹得白银一万几千两，汇往震泽，按大人二元、幼者一元的标准救济贫困乡民。乡下闹粮荒，他说服官府，让洋商的米船下乡，并要求沿途不收税。这样一来，大量米船涌入吴江境内，百姓得以渡过难关。

同治三年二月，江苏抚恤总局移驻苏州，徐汝福请求告假回家乡。他在震泽做了三件大事：办施粥厂，设立丝捐公所，创立公典。

同治五年，徐汝福主持重修震泽思范桥。同治十一年，修城隍庙。同治十二年，修仁安桥。太湖溇港长久被沉积的泥沙堵塞，朝廷下令疏通河道。震泽镇的运河是苏湖往来的要道，由于河道被破碎的砖头瓦片填积，船只不能畅通行驶。徐汝福见此情景，报告给官府，自西斜向东开正河，又在南北面开支河，总共开二百八十余丈。

徐汝福每天从早到晚忙个不停，地方上的善举，都取决于他。

徐汝福对徐氏家族最大的贡献，是重建师俭堂。

光绪元年（1875 年）元旦，徐汝福因母亲去世悲伤过度抱病不起，他召集同族人，商议编修族谱，建义庄，徐汝福病情加重，给子女们书写数百言家训，重读书、立品方面。9 月，徐汝福未到四十因病早逝。儿子们将他埋葬在乌程县的马腰村。长子徐泽之请当时著名学者俞樾为其父撰写墓志铭，俞樾高度评价了徐汝福的业绩与为人。

## 周氏家族

震泽周氏家族先祖世代居住苏州鹦哥巷濂溪坊，为濂溪嫡裔，其十五世先祖入赘长洲蒋尚书家袭其姓蒋。明万历二十年（1592 年），蒋一同中进士，恢复周姓为周氏一世祖，周一同，字慕濂。其二世祖周雍，字云门。其三世祖周拱辰，字孟侯，明朝为避倭寇迁居浙江桐乡乌镇。四世祖周宋，字展臣，号蝶菴。五世祖周云抒，字湘雯，号补菴。六世祖周瑗，字淇玉，号月潭；周琥，字西白，号松门。七世祖周钧，字鸿陶，号悠亭；周鋐，字声远。清乾隆十二年（1747 年），其七世祖周钧在震泽沈氏学馆为宛平县公景华之孙授课。乾隆三十二年，周钧 53 岁时全家由桐乡乌镇九曲弄迁至震泽，在花山头租屋居住，始居震泽镇。

**周钧**（1715—1795） 为震泽周氏家族始祖，族人称为“悠亭公”。周钧有三个儿子，长子周向潮（1740—1795），字沛生，号鹭汀；次子周踴潜（1743—1813），字遂飞，号春波；三子周以清（1756—1820），字敏时，号葵坡。迁至震泽定居时，周钧在震泽开设私塾教书，其长子、次子在震泽经营丝业，三子在私塾读书。

清乾隆四十七年（1782 年），周向潮、周踴潜兄弟俩在震泽经营丝业很有名气，积累财富。乾隆五十四年，在藕河买宅，修理旧屋添置新房，建造一年，墙门、大厅、大楼砚华堂竣工。由于经商致富，后辈读书做官，此后四十年中在砚华堂的东面建郁云草堂和鹤书堂。三幢楼房都是面阔五间，五进穿堂式高墙深宅。后又在鹤书堂北建周氏祠堂、更楼、花园及其他辅房，形成周氏家族集居的建筑群。

周向潮有三个儿子，长子周桂、次子周材、三子周荣。周荣有三个儿子，长子周士烱、次子周士炳、三子周士炯。嘉庆二十五年（1820 年），周钧长孙，周向潮的大儿子周桂，时年 51 岁，为防止周氏家族后世命名出现混乱，拟定五言命名诗“善积家斯永，功勤德乃崇，惟留清慎训，奕世表荩忠”。四句计二十字，一字为一世，从这首五言命名诗中可以找到周氏家族书香绵远的家风。

周氏家族上接历代祖宗的书香，而使以下数代书香绵远，功名显著。道光二十年（1840 年），周士烱、周士炳兄弟同科中举。道光二十五年，周士炳中进士，任翰林院编修。另外周氏有举人 8 人、贡生多人。

**周向潮**（1740—1795） 字沛先，号鹭汀。周氏第八世“三滴水”字辈（周瑗的孙子，周钧的长子）。候选从九品，貤赠修职郎，长兴县训导，晋赠儒林郎，翰林院庶吉士加一级。清乾隆六十年（1795 年），周向潮去世。诰赠奉政大夫，翰林院编修加三级。

**周踴潜**（1743—1813） 字遂飞，号春波。周氏第八世“三滴水”字辈（周瑗的孙子，周钧的次子）。候选从九品，貤赠修职郎，归安县训导。清乾隆二十四年（1759 年），从事丝业。乾隆三十八年，开芳元丝经庄，为震泽周氏芳元丝经庄创始人。平时乐于修路建桥，开河赈灾，心存善良，为业勤奋。嘉庆十八年（1813 年），周踴潜去世。

**周桂**（1770—1851） 字仰铣，号馨山，周氏第九世“木字旁”字辈（周钧的孙子，周向潮的长子）。清乾隆四十九年（1784年），甲辰科试中秀才。嘉庆九年（1804年），甲子补廪膳生员，历经代理金华东阳县教谕，长兴县、归安县训导。道光元年（1821年），辛巳恩科中式第十五名副榜，大家公举他为直隶州州判，推选他任湖南茶陵州州判。朝廷敕封任修职侍郎，并提升徵仕郎，因胞侄士炳被移封奉政大夫，翰林院编修加三级。咸丰元年（1851年），周桂去世。

**周材**（1772—1825） 字李能，号任菴，周氏第九世“木字旁”字辈（周钧的孙子，周向潮的次子）。清嘉庆二年（1797年），丁巳科试中秀才。嘉庆五年，庚申恩科中式第八十四名举人，被推选任知县。嘉庆二十二年，丁丑代理杭州於潜县学训导，被推选任衢州常山县学训导。敕封任修职侍郎，因胞侄士炳被移封承德郎，翰林院编修加二级。道光五年（1825年），周材去世。

**周楚**（1776—1830） 字庭南，号萍江。周氏第九世“木字旁”字辈（周钧的孙子，周踴潜的次子）。清嘉庆四年（1799年），岁试第一名中秀才。嘉庆八年，癸亥科科试第一名补廪贡生。历署宁波定海县学教谕，常山县学训导。道光十年（1830年），周楚去世。

**周杰**（1786—1853） 字友棠，号稺丹，周氏第九世“木字旁”字辈（周钧的孙子，周踴潜的四子）。太学生，安徽候补府经厅，历署杭村司，潜山、宿松县县丞。泗州直隶州州判，兼理双沟州同。敕授修职郎。咸丰三年（1853年），周杰去世。

**周士燗**（1802—1857） 字守坚，号铁霞，周氏第十世“士”字辈（周向潮的孙子，周荣的长子）。周士燗自幼承受家风专研读书，资质过人，所作诗文，词风华典尤其丰富，编著有《吟余小舍诗文集》若干卷。清道光十六年（1836年），丙申科试补增。道光二十年，庚子恩科中式第三十六名举人，被荐选知县大挑二等候选教谕。道光二十九年，江浙大水，灾民满野，周士燗在居住地帮助办理赈灾，救活的人无法计算。咸丰三年（1853年），考取内阁中书，任玉牒馆掌管兼校对，国史馆详校，方略馆分校等职。周士燗自年轻时办事稳当，格外留心经世的学问，以致入值内廷，熟悉清朝掌故，凡是省里的大小利弊，及名臣办事超过费用的考证，都了如指掌。咸丰七年九月，周士燗在北京病故，享年55岁。咸丰八年，他的灵柩扶回家乡，葬在乌镇西乡盗四圩。朝廷敕授徵仕郎，诰封周士燗奉政大夫。

周士燗有两个儿子，长子周善震，为周氏第十一世，咸丰十年，帮办团务积劳病故。次子周善咸，同治四年（1865年），补选辛酉壬戌恩科中式第五十一名举人，任镇团防局主任。

**周士燮**（1807—1862）字秉和，号克菴，周氏第十世“士”字辈（周以清的孙子，周森的长子）。清道光六年（1826年），丙戌岁试考取秀才。道光十九年，已亥科试补廪膳生员。道光二十六年，丙午科中式第三十七名举人。道光三十年，庚戌考取景山官学教员，国子监学正学录。同治元年（1862年），周士燮去世。

**周士炳**（1808—1858）字文五，号莲史，周氏第十世“士”字辈（周向潮的孙子，周荣的次子）。自幼赋有奇异的天资，一写出文章就惊动老成博学的读书人。清道光六年（1826年），府试第一名考取秀才。道光十五年，乙未岁试补任廪膳生员。道光二十年，庚子恩科中式第八名亚魁，与兄周士烱同榜，名噪一时。道光二十五年，乙巳恩科中式第六十一名进士，殿试二甲三十二名，朝考一等二十一名，皇帝钦赐翰林院担任庶务。曾国藩巡视检查考场，士炳出来拜见，曾国藩高兴地说士炳学有根底，将来他的文章经得起考验，不可估量，曾国藩对士炳提出很多勉励、告诫。道光三十年，士炳补散馆任编修，负责武英殿总纂兼提调官、国史馆总纂、庶常馆提调、文渊阁校理、功臣馆纂修等事。

周士炳生平喜好学习，根于天性，在词馆十年，待人接物不高傲，也不随意附和，浏览群书，博考古今，以文章自娱。咸丰八年（1858年），派遣做顺天乡试同考官。入考场后精心校阅考卷，头场刚刚完毕，忽然患病，他急忙请求离开考场，突然去世，享年50岁。咸丰九年，扶灵柩回家乡与兄周士烱同葬在乌镇西乡盗四圩。朝廷敕授儒林郎，诰封周士炳为奉政大夫。

周士炳有两个儿子，为周氏第十一世，长子周善有附贡生，江苏补用同知直隶州。次子周善坤附贡生，翰林院待诏。

**周士炯**（1816—1891）字明远，号朗仙，周氏第十世“士”字辈（周向潮的孙子，周荣的三子）。封为江苏候补通判。清道光三十年（1850年），周士炯捐赈灾民有功，大家公议推从九品官。咸丰六年（1856年），推选任广东惠州府博罗县石湾司巡检，代理县事。咸丰九年，因胞侄周善有移官封盐运使提举衔江苏候补通判。光绪十七年（1891年），周士炯去世。

**周士烇**（1816—1887）字登辉，号瀛士，周氏第十世“士”字辈（周以清的孙子，周森的三子）。清道光十六年（1836年），丙申科试中秀才。道光二十五年，乙巳科试补廪贡生。选授湖州府学训导，任职八年。咸丰十一年（1861 年），得保教谕五品衔。同治十年（1871 年），加捐提举衔盐运使运判。光绪十三年（1887 年），周士烽去世。诰授奉政大夫。

**周善咸**（1832—1883）　字品亨，号仲阮，周氏第十一世“善”字辈（周荣的孙子，周士烔的次子）。清咸丰元年（1851 年），辛亥科试以第三名考取秀才。咸丰五年，补增录用。同治四年（1865 年），乙丑补行辛酉壬戌恩科中式第五十一名举人。推选任知县，钦赐封任五品衔，诰授奉政大夫。光绪九年（1883 年），周善咸去世。

**周善有**（1835—1867）　字庆成，号裔墅，周氏第十一世“善”字辈（周荣的孙子，周士炳的长子）。清咸丰五年（1855 年）乙卯科试考取秀才。同治元年（1862 年），壬戌报请捐盐运使提举衔江苏候补通判保举直隶州知州，奉旨补缺，以直隶州知州升用。同治六年，周善有去世。敕授承德郎，诰封任奉政大夫。

**周善坤**（1837—1907）　字载安，号厚甫，周氏第十一世“善”字辈（周荣的孙子，周士炳的次子）。清同治四年（1865 年），补行癸亥科试第二名中秀才，庠贡生，翰林院待诏。光绪三十三年（1907 年），周善坤去世。

**周善崑**（1837—1894）　字玉年，号枫亭，周氏第十一世“善”字辈（周荣的孙子，周士炯的长子）。同治元年（1862 年），壬戌捐江苏候补从九品兰翎。光绪二十年（1894 年），周善崑去世。诰授奉政大夫。

**周善余**（1840—1926）　字在三，号味腴，周氏第十一世“善”字辈（周荣的孙子，周士炯的次子）。国学生候选礼部铸印局大使钦赐加五品衔赏戴兰翎。1923 年 5 月，黎元洪特给“孝义可风”匾额并金质五色云褒彰骈体褒词。1926 年，周善余去世。

**周善兑**（1842—1886）　字泽之，号悦圃，周氏第十一世“善”字辈（周荣的孙子，周士炯的三子）。国学生，议叙县主簿，钦加五品衔，赏戴兰翎。清光绪十二年（1886 年），周善兑去世。

**周善承**（1843—1890）　字兆庭，号子宜，周氏第十一世“善”字辈（周森的孙子，周士烺的长子）。清咸丰九年（1859 年），已未岁试第三名考取秀才。同治五年（1866 年），补行乙丑岁试补任廪膳生员。光绪元年（1875 年），乙亥恩科中式第五十九名举人，推选任知县。光绪十六年，周善承去世。

**周积兰**（1866—1899）　字佩之，号纫秋，周氏第十二世“积”字辈（周士烔的孙子，周善咸的次子）。清光绪七年（1881 年），辛巳科考取秀才。光绪十六年，庚寅科试一等第九名补廪膳生员。光绪二十年，甲午中式第四十七名举人，候选教谕光录寺代理正衔，敕授承德郎。光绪二十五年，周积兰去世。

**周积芹**（1868—1933） 字思英，号洛奇，周氏第十二世“积”字辈（周士炯的孙子，周善兑的长子）。清光绪十年（1884年），甲申科试考取秀才，留学日本高等警察学校暨日本大学专门部法律科毕业。在日本加入中国同盟会。宣统二年（1910年），代理太仓州甘草分公司巡检。1913年，任嘉定地方审判厅厅长。继又在上海任律师，并随陈其美参加讨袁活动。1921年，孙中山在广州任非常大总统，周积芹赴广州任众议院议员。1922年，陈炯明叛变，他跟随保护宋庆龄突围，脱险避居上海。后任黎元洪总统顾问，政治讨论委员会委员等职。1925年，任江苏省水上警察厅总参议，江苏省实业厅高等顾问。1926年，受任阜宁县知事。1927年后，回归法律界，与同乡龚季搏、周剑臣等在上海南京路大庆里开设律师事务所。其间，一度回震泽执行律师事务，任震泽江丰农工银行法律顾问。

周积芹擅长诗词，编有《绿庐诗稿》（未刊）。著名学者、文学家俞樾为之写序云：“其诗清新俊逸，神韵风味俱佳。”周积芹是“南社”早期社员，与柳亚子、陈去病等人的交谊颇深。1933年，周积芹在上海病逝，葬震泽花园桥。

**周积藩**（1870—1955） 字维屏，号翰人，周氏第十二世“积”字辈（周士炯的孙子，周善兑的次子）。清光绪十八年（1892年），壬辰岁试中秀才，附贡生中书科中书。先后任震泽中初等小学校校长兼义育小学校校长、震泽市议会副议长、沪宁沪杭甬铁路管理局总务处内务科办事员、两路监印股副主任、铁道部管理司第二科科员、震泽镇镇长、海门税务局局长。1955年，周积藩去世。

**周积理**（1884—1935） 字通黄，号苕墅。周氏第十二世“积”字辈（周士烺的孙子，周善承的儿子）。清光绪二十八年（1902年），壬寅科试中秀才。光绪三十三年，任震泽私立淑群女学校校长。宣统元年（1909年），报捐州同职衔。1913年，任震泽市议会副议长兼震泽市立第三初等小学校校长。1915年，任吴江县立第二女子高等小学校长兼震泽市吴溇乡学务委员。1918年，教育部给予四等奖章。1921年，任吴江县公署第三科科长。1924年，任吴江县立第二女子高等小学校校董。1929年，任震泽市第五区区公所助理员。1935年，周积理去世。

**周家里**（1898—1974） 字驹千，号又秋，周氏第十三世“家”字辈（周善咸的孙子，周积兰的次子）。1929年8月至1935年6月，任吴江县第五区区长，震泽池塘桥小学校长，震泽镇教育会会长。1939 年，震泽育英中学迁上海，任育英中学上海分校校董。1945 年，震属初级中学在震泽复校，周家里任校长。1947 年，育英高中在震泽复校。1948 年，私立震属初级中学和私立育英高中合并，成立吴江县私立育英中学，周家里任育英中学初中部校长。1974 年，周家里逝世。

## 庄氏家族

庄氏为震泽镇望族，人才辈出，名闻乡里。庄家原籍浙江省归安县。明万历年间（1573 年～1620 年），族中子弟庄元臣中举后，迁居七都薛埠村戴家浜。之后成为名门，俊彦群灿。庄氏子弟有庄元臣、庄宪臣、庄世芳、庄文卿、庄懋忠、庄晋、庄任、庄庆椿等。

**庄宪臣**（生卒年不详） 字昆明，十都人，博学多才，善于作文，与其弟庄元臣齐名，时称“庄氏二杰”。明万历至天启年间（1573 年～1627 年），天下多事故，宪臣以诸生不得任用而慷慨悲歌，在文章中发泄情感，语言尖锐、泼辣多指斥，文风豪放。著有《燕超集》，其中五律《宿康庄》：“不知身是客，去卧意何长？山月疏棂灿，松风小阁凉。鸟呼醒短梦，絮舞得诗狂。底事横塘路，喧豗镇晓忙？”为震泽诗中佳作。

**庄元臣**（1560—1609） 字忠甫，号方壶，十都人。明万历二十五年（1597 年），中举人。万历三十二年，中甲辰科三甲二名进士，授任中书舍人，奉命出使册封平原、安丘二王（按明史，鲁藩无平原，当为邹平或东原之误），后因母亲去世，回家料理丧事。万历三十六年，吴中发大水，元臣上奏章议论度过灾荒的计划和策略，文为《上巡抚救荒议》，都被当政者采纳，百姓得到恩惠。万历三十七年，庄元臣北上，到山东济宁，死于船中。墓在十都北葫芦泾。

庄元臣博览群书，先秦、两汉诸子百家及唐、宋、元、明名家著作乃至楞严、法华等佛经，无所不读。每读一书必剖析理解其中的深奥要旨，他说：“读旧书如遇旧识，读新书如逢新知。”写千言文章，能一挥而就。著有《叔苴子》《四书觉参符》《三才考略》《金石撰》《凤阁草》《时务策》及《招农骚》等数百卷。

**庄世芳**（生卒年不详） 字君声，庄元臣子，吴江县学生。著有《巢雪草》。

**庄任**（生卒年不详） 字天一，庄晋子，例监生，北直隶沧州吏目。

**庄庆椿**（生卒年不详） 字子寿，号更生居士，国子监生，尽力写诗，解说古文，优秀卓越。著有《冬荣室诗钞》《鹃碧集》《怀一集》《感逝集》《黄河集》等。

古镇掠影（2014 年 7 月摄）

徐氏古宅（2016 年 6 月摄）

# 民俗方言

岁月悠悠，时光荏苒。一方人在一方水土的长期滋养下，形成这一方独特的民俗与方言。

震泽地处江南水乡，其民俗也与水相关。三船争流，彰显水乡特色；茶馆三市，也是与水结下不解之缘。各种礼仪习俗折射出丰润、敦厚的民风。

震泽方言属吴方言体系。它是在古震泽乡（包括震泽、南浔及邻近各乡）行政区域内形成发展的。明清以来，震泽处于两省（江苏、浙江省）三府（苏州、湖州、嘉兴府）之交，震泽方言兼容吴江、吴兴、嘉兴特色。吴江语音在平望之东北较为软糯，向西则调性逐渐变硬。而吴兴语音则向东逐渐变软。两者在震泽、南浔间磨合，刚柔相济。震泽语系，自成一体，称为“西横头话”。

居民在市河上买菜（2016 年 7 月摄）

隔窗说话（2016 年 7 月摄）

## 民俗

**三船争流** 生活在江南水乡，震泽人开门见河，出行大都靠船，以船代步，便成习俗。

近代，震泽作为一个蚕丝、粮食集市和吴江县第二大镇（区），与周边的城市、乡镇和村落有着千丝万缕的经济联系和络绎不绝的人际往来，是太湖平原上最为繁忙的水运码头之一，市镇河道里桅杆林立，船只塞港。

轮船通航以前，震泽的水上运输全靠手摇木船和小型风帆船，航线向四面八方辐射出去。1936 年，震泽镇登记在册的各类船只有六百余艘，其中约两成为运输船。航船、栈船和载船是此中的主要类型。

**航船** 又称航快船或快班，通常是乌篷船，船体高大，吃水深，长可五六丈，除雨篷乌黑外，通体漆成朱红色。船艄上插一块扇状大水牌，黑底白字，上面写着某家班或某家船。写上船主姓名，如震泽的杨阿大、徐卯生、潘贵卿等班头，还有起终点、沿途停靠站及开航时刻。乌篷船开航前通常敲小镗锣三次，招徕乘客，所以又叫它为“镗镗船”或“镗镗班”。锣声三响后若无人上船，才解缆启航。

航船之所以称为快班缘于速度之快，船尾备有左右两支橹，四人合摇，还有风帆助推。如河港狭窄，船夫站立船头持篙吆喝，让小船及时避让。乌篷船劈波斩浪，一船当先，众船则晃晃悠悠地后退。若是遇到强劲的逆风，须得船夫在塘岸上拉纤。

旧时，震泽航船开辟苏州、嘉兴、湖州、桐乡、盛泽、平望、双林、菱湖、乌镇、新塍、严墓、织里、横扇和庙港等处专线，除苏州路途稍远，隔日来回外，一般都是朝发夕返。至于客地驶来的航船大都近中午抵达，中午后驶返，镇上的河埠整天挤挤挨挨。

航船客货兼容，可搭客四五十人，载货三四十担。内舱分为数隔，旅客挨个比肩而坐。若是满客，往往挤得动弹不得。船到河埠后，后到的旅客反而先上岸，所以震泽民谚中有“先落（下）航船晚上岸”的说法。

船舱里是个随缘凑合的小社会，各色人等俱全。萍水相逢，出门都是客，不分长幼，不辨尊卑，互道去向，未待开船，已宛如家人。途中，一边观赏两岸风景，一边天南地北地胡扯，别有一番情趣。

船夫多是绍兴汉子，粗犷豪爽，皮肤晒得黝黑，个个腕粗臂圆，体力过人。到了客地，一跃上岸，健步如飞。送货之后，代办提货、结算种种业务，须得在返航之前办妥帖。只有在一日事毕，方可捋袖敞胸，盘膝坐在船头船尾甲板上享用大碗酒大块肉，兴之所至，还划上几拳。

**栈船** 清道光二十三年（1843 年），上海开埠之后，震泽蚕丝产品输沪日增，震泽航运业适时应势营运栈船，将辑里湖丝及丝经等源源不断运往申江，存入丝栈待价而卖，故名栈船。又由于是装丝专用船又称湖丝船，盛时镇上共有 10 艘。每艘包揽几家丝行、丝经行的运输业务，按包（40 千克）收费。

栈船吨位较大可以装几百担丝货，因而船体高大，后舱有账房和客房供“押船先生”办公住宿用。丝经商人及伙计也可免费搭乘。栈船日夜兼程约两天可以抵达，后来改用小火轮船带需十余小时。

蚕丝产品一向有“软白银”之称，相当值钱。湖丝船运去的是丝货，带回来的是售后兑付的现银、现洋，于是引起沿途盗匪的希图。宣统三年（1911年）和1913年，震泽栈船两次中途遭劫，被抢去丝款5.4万余银圆，损失惨重，当年苏州海关亦有记述。遭劫之后，震泽及南浔的湖丝抵达平望后一度折北，经苏州再转航上海。20年代初，震泽镇开办银行钱庄后，丝款改为汇划，栈船风险渐少。

**载船** 载船是一种普通木船，装有木板棚架，上盖芦席，船体小于快班船，吃水浅，在小河小港中航行极为灵活，其主要功能为装载零星日用杂货及农副产品，这类船既是运输船，又非专业运输船，不用注册登记，人人都可以经营。

震泽近处（包括南浔部分地区）乡村大多一圩（村）一艘，也有一圩两艘或两圩合一艘者，每艘通常连接数十户或百余户人家，船主就是本圩（村）人，要办事公道，为人热心，以取得邻里信任。

每天清晨，载船在开航之前，吹响海螺，缓缓在圩周巡行，村民闻声开门而出，迎上去交托委办的事情，如代购盐糖油酱、代剪棉布、代捎日用杂货、代寄书信、代请郎中（医生）、代叫僧道、代赎药方、代染绵绸、代买肥料农具、代运桑叶等，于是船头船尾摆满瓶瓶罐罐和篮篮筐筐，旁边则是一堆银币和铜元。船主虽文化不高，然则悟性极好，事无巨细，一桩桩记得清清楚楚。返回时条分缕析，一一交割，很少出差错。船家多是中老年人，处世老练，态度和蔼，人缘极好。

载船主操持的是一叶舟，吃的却是百家饭。除了当购货代理人外，兼为销货代理人，乡民缫成的新丝、摇成的丝经、剥成的丝绵、育成的湖羊生猪及收获的大米菜籽也往往委托船主带到震泽镇上脱手求现。

到震泽镇上的航程长则三四个小时，短则一两个小时，一般都在中午前到达。船一靠岸店铺里的伙计学徒纷纷跳上船头抢生意。船主后到丝行、经行、米行、猪行、羊行、（桑）叶行走一遭，一应杂事办完后到茶馆消乏。每位船主都有常去的茶馆和固定的专座，成为联络点。堂馆笑脸相迎，好生招待，茶资免收，因为船主常带来一批乘船的茶客，午饭则由丝行、米行招待，因而到镇上饮食开销可免自掏腰包。

每年春夏青黄不接之际，船主还作保代农民向米行借粮，扮演起借贷代理人的角色。

载船体小，仅有一舱，舱内设矮几，可围坐六七人，搭客非但白乘，还可免费享用烟茶。船主通常只有一人，乘客或助摇，或撑篙，或拉纤，好在水乡农民都是熟手。

三船争流（50 年代摄）

载船在午后返航，行近村前，大人小孩已在岸边翘首以盼。在连声道谢中一一接过代购之物、代销之款、代借之粮，人人笑呵呵。费孝通在开弦弓村作社会调查时所见，从震泽带回来的日用杂货比村巷小店要便宜，而且村店里的货物又不齐全。据费孝通推算 30 年代每艘载船每年要从震泽镇捎去约 3 万元法币的货物。

随着时代的发展，陆上交通日趋发达，航船、栈船及载船逐渐消失在人们的视线中，而留存在记忆里。

**茶馆三市** 震泽人喜欢喝茶，喝茶总喜欢到茶馆。

19 世纪下半叶至 20 世纪 30 年代，震泽为商业重镇，蚕丝贸易处于鼎盛时期，一业兴旺带动百业，茶馆业深受其惠，其时茶馆多至四五十家，遍布于全镇街道闹市，乃至较为冷僻的市梢头。周边较大的乡村集市，如蠡泽、双杨、开弦弓、庙头等处也有茶馆分布。

茶馆多以楼、园、阁等命名，如大贵楼、福安楼、升平楼、得胜楼、万云楼、惠芳园、恒和园、群乐园、东园、西园、福园、承露阁和露春阁等。此外还有商余社、幀塘、山泉、新山泉等。

全镇茶馆中以位于上塘丝行埭的百年老茶馆大贵楼为最，该茶楼尽占闹市的地利，坐南朝北，前临街，后枕河，面阔三间，大九路进深，上下两层各设一个堂口，很是宽敞，共排设八仙桌四十张，可供三百余茶客就座。底层的西面垒起老虎灶，灶旁的稻壳堆积成山，用作燃料。地面排设数只七石陶缸，半埋入地。临河房梁上装有滑轮，用吊桶自河中提水，注入缸内，再加明矾澄清备用。中间为车木圆柱栏杆的宽阔扶梯，三四人比肩拾级登楼而不显拥挤。楼上堂口摆设茶桌二十五张，配以藤靠椅。楼面南北两侧安装落地玻璃长窗，南向枕河一侧设统排“吴王靠”，茶客们可夏纳凉风冬蓄暖阳，临河俯瞰舟来楫往的水景。店堂沿墙挂有“高朋满座”“宾至如归”“近悦远来”“恕不迎送”等茶馆业通用匾额，柱上写以“一天无空座，四时有茶香”“买丝客去休浇酒，糊饼人来且吃茶”等楹联。其余茶馆或稍逊，或简陋不等，规模小者仅一间陋室，三四张茶桌而已。季节性茶摊也有，夏日里搭个大的芦席棚，摆出数条长凳，纳凉歇脚。

镇区茶馆一日三市，即早市、上午市、下午市。早市的常客是近郊农村中的中老年人，为茶中的瘾君子。他们在东方发白之前赶到茶馆。走进茶馆的第一件事是在水灶旁侧的木架上取只黄铜面盆，拿条公用毛巾，在木接口（预热锅）里舀一勺热水，洗一把脸，暖暖身子，然后坐下喝一口头泡浓茶，在油灯下等待黎明的到来。茶馆中仅大贵楼财大气粗，点得起美孚汽油灯。1919 年，震泽镇通照明电，通电之后，则全镇茶馆早市大有改观。待至街面上人声渐闻，乡间老茶客将随身捎来的满篮子“地头货”，如毛豆、蚕豆、莴苣、茄子、山芋、青菜、白菜、茭白和芋艿等就近在茶馆门前的街面上出售，换回的零钱偿付茶资和点心绰绰有余。

茶馆早市（70 年代摄）

茶馆上午市（70年代摄）

茶馆下午市（70年代摄）

上午市紧接早市，俗呼“半上昼茶”，茶客多是过往商贾、候船中转旅客、航船主和载船主，作为一个歇脚点，寄物存货，寻找联络熟人。

下午市又称“下昼茶”，多是本帮商人进行消闲小叙，或进行同业联谊活动，交流商情，称之为“茶会”。下午茶不如前两市的嘈杂，较为闲适，文化教育界人士也时来呷茶谈古论今。

茶馆是个小社会，物以类聚，人以群分，每家茶馆均有其相对固定的茶客群落，称之为老主客。老主客都有固定的座位，常年不变，若是多日不来，空了位子，必然引起“茶友”们的惦念。品茗闲聊是茶客的精神享受，从农事、收成、丝价、米价、商情，一直到乡里奇闻轶事，无所不包。

茶馆还代办乡邮，信件便函存放在账房背后的信插内，由航船、载船稍带，称得上方便。茶馆还是一个不挂牌的联络点，延请和尚、道士、土工（专办丧葬事务之人）、媒婆、喜娘、茶担、堂名、戏班、乐人、掌礼、风水先生，都可以在这里进行，甚至请郎中出诊、唤泥水匠捉漏等也可代办。茶馆还是个临时办事场所，代写书信、状纸、房契、田契、卖身契及签署合同等也常在这里进行。民国初年，文明结婚之风渐兴，茶馆又成为相亲之处，茶馆是震泽妇女摆脱封建束缚之初最先涉足的公共场所。卖艺演唱者混迹其间，取娱茶客。小贩交杂其内，手挽大竹篮叫卖各式茶食、细点、炒货和时令果品。而算命先生则静坐一隅。

茶馆店老板及堂倌都是八面玲珑的人，以趋奉茶客为能事，拉住常年客。尤其是堂倌，靠的是抽头拆账多卖多得，态度极好。茶叶由老板在开门时分装在小铁皮盒，一盒一客，点交给堂倌。打烊时收回盒子轧账收款计酬。堂倌眼观四方，手勤脚快，频频为顾客斟茶续水，通常左手持茶壶，右手提起锃亮的长颈铜壶斟水，射程远而准，滴水不泼，细长水流在空中形成三个弧形，行话称为“凤凰三点头”，以示对茶客的尊重。

上茶馆属大众消费，通常只供应中低档茶，红绿自选，暑天增供菊花茶，茶资低廉。民国初年，一壶茶七八枚铜圆。新中国成立之初，一壶茶抵一张邮票钿（8分，可以寄一封平信），大致相当于两三个大饼的钱。老主客可赊账，也可包月。若欲饮龙井等好茶须另加价，或茶客自备。一壶茶可以从开板一直喝到打烊，绝无撵走茶客之例。茶客若临时走开还要回来续饮，只需将茶壶盖反盖，堂倌就心领神会不收茶具，茶客回来可以一直“孵”下去，称之为“摆茶”。

茶馆例行在大年初一到初三泡元宝茶，即在茶壶盖上放两枚青果（新鲜橄榄），橄榄象征元宝，寓意“招财进宝”“喜事成双”。元宝茶是店主对茶客的新年飨客礼，不另加茶资。橄榄可以嚼食，也可以让堂倌捣碎沏入茶内，其味清爽。饮元宝茶时老茶客须得略付小费，也算对堂倌一年伺候的犒赏。

茶馆综合经营，以充分利用其生财设施。旧时镇上有四家茶馆兼营书场，开日夜两场。进场听书，须在门口买好书筹，书筹用长条竹片制成，其上烙上场名。大多数茶馆附设老虎灶，外卖热水，用的是水筹，水筹与书筹相仿，只是略小一些，其上烙上茶馆店名，一根筹棒泡一个热水瓶。有些茶馆在堂口深处撤去茶桌，以布为帷，隔成小间，内置木盆、毛巾供茶客沐浴，称为“盆汤”。有些人一天走两回茶馆而被调侃为“早晨皮包水，‘夜快’（傍晚）水包皮”，是晨起喝茶、傍晚洗澡的形象描述。

随着时代变迁，旧的茶馆随之消失，新的茶馆又应运而生。如今，宝塔街上的四碗茶楼、仁安轩茶馆、摄友茶室等茶馆，不仅吸引震泽本地茶客，也吸引了四面八方的外地游客。

### 四碗茶

在震泽，新女婿或贵客上门，主人往往要端上风味独特的四碗茶。

四碗茶［水泊鸡蛋茶、饭糍茶（俗称待帝茶）、熏青豆茶、绿茶］（2013年7月摄）

**第一碗水泊鸡蛋茶**　就是选散养的土鸡生的蛋，蛋身小，蛋黄颜色较深于一般鸡蛋，这样的鸡蛋味美又营养丰富，数量要成双，四只或六只均可。煮开后加以白糖盛入瓷碗中，示意甜甜蜜蜜。然而新女婿不能全部吃掉，要留两个或四个在碗中，不然会被笑话为呆头女婿，给丈母娘留下不好的印象。

**第二碗饭糍茶**　（俗称待帝茶，传说招待永乐皇帝的茶），又名风枵茶。饭糍干是锅巴。事先把饭糍干放置碗中，加白糖，再用沸水冲入碗中，用筷子捣匀。泡软的饭糍干入口滑爽，糯而不烂，经得起细嚼慢咽。

震泽四碗茶楼（2013年7月摄）

**第三碗熏青豆茶**　就是以熏青豆为主要原料，配以胡萝卜干、白芝麻、橘子皮、黑豆腐干。此茶色彩缤纷，赏心悦目，端在手中一股清香扑鼻而来，啜上一口，清醇无比，微咸含甘，兼有茶味，生津止渴，口齿生香。主人如果看到客人把茶水与里面的茶干吃得干干净净，会很开心，意思是看得起主人，给主人面子。

**第四碗绿茶**　前面三道茶的出场，让客人饱意大增，这时一杯清绿爽口的茶水，正合客人心意。这最后一杯茶客人可以不喝，也可以一边与主人拉家常，一边慢慢品茗，直到饭菜上桌，开始用餐。

如今，外地游客到震泽，都喜欢尝一尝四碗茶。“震泽四碗茶”已向国家商标局申请注册商标。

### 礼仪习俗

震泽南宋设镇，乃崇尚礼仪之镇。从古以来，镇上有各种各样的礼仪习俗。岁月推移，有的习俗消失了，有的习俗还在延续，或有变化。新时代的到来，又形成了新的习俗。

#### 生育习俗

担汤　媳妇怀孕后，在临产前月余，娘家携猪蹄、鸡蛋、红糖、红枣、胡桃、桂圆、风枵、婴儿衣裤、抱裙、尿布等馈赠给怀孕的女儿，称担汤。夫家其余亲戚也须担汤，也有等婴儿出生后去担汤，称“担熟汤”。为图方便，有的担汤者不再购买物品，而用“红包”代替。震泽镇有些主家的亲戚集中担汤，主家办酒席答谢。

三朝面　婴儿出生后第三天，主家备筵席请亲友，并煮面条加盖鸡肉、猪肉、鸡蛋等分赠邻居，或分送红鸡蛋。主家有图方便的，直接赠送面券给亲戚朋友，让他们自己去店家享用。

满月　婴儿满月，家长设满月酒宴请亲友，俗称“拜满月阿太”，另以糕点分赠亲戚、邻居。当日，舅父抱着满月外甥剃头。外甥满月时，外婆家须赠衣裤、帽子等物，姑母送鞋袜等物。至2015年，有的人家送金银锁片、手镯 、脚镯等礼物，也有“双满月”设酒宴的习俗。

#### 婚姻习俗

娶新娘　青年到了谈婚论嫁的年龄，一般是自由恋爱，也有不少人通过介绍人“相亲”确定恋爱关系的。

准备结婚前要“担盘”，也叫定亲（男方送彩礼给女方），定亲之日，上午由男方舅舅或叔叔与介绍人、男青年同去女方家送彩礼及金银首饰，再送一些大红帖子，有

“太礼”“堂上”“舅礼”“叔礼”“表礼”“月老”等，并把正式结婚的日子通知女方，叫“通日”。结婚时，男方喜事办得极为隆重，三天排场：第一天叫“落桌”，请来厨师、“茶担”（负责供应茶水的），晚上开始设宴请客，亲戚朋友基本到齐。第二天称为“正日”，也就是正式举行婚礼的日子。到女方家娶亲都用轿车（旧时用轿子、帐船），第一辆为“彩车”（车上扎五颜六色的彩纸或鲜花），专供新郎、新娘乘坐。出发前，先举行一个仪式，称为“上头”，也就是在新郎胸前插一朵花（旧时给新郎戴一顶新帽子，穿一双新鞋，都是舅父送的），这事有舅父、舅母做的，也有父亲、母亲做的。接下来设宴，称为“上头饭”。娶亲队伍中一般有人敲锣打鼓，也有请军乐队的，以增加热闹气氛。农村仍沿用旧时婚俗中的送帖子，负责送帖子的人是新郎的长辈，舅父或叔父，帖子比定亲时多了许多，增加“大门”“仪门”“报门”“请新”“请亲”“请望”“抱嫁”“内外六礼”等。到了女家，不许直接闯入，必须在离女家不远处停下来，然后放爆竹，敲锣鼓，直到女方家放爆竹（称“接铳”）后，娶亲队伍才可进入女方家。新娘被接到男方家，男方家屋前摆好“三灯火旺”（把三束用红纸条结扎的稻草秆架起成塔形，待新娘来时点燃）、一只长梯，梯上铺着新帐子，男方派一个与新娘等辈的姐妹到彩车里请出新娘后，新娘绕“三灯火旺”走三圈，走梯子（象征步步高）。进屋后，小朋友、小姐妹“坐茶”（吃茶食糕点），接着“发桌”（正酒开始）。“望朝”就在当天，即在新娘嫁来后 1 个～ 2 个小时，由新娘父亲、兄（弟）等人（多为男性）带了糕点到男方家，晚上进餐。结婚当天晚上，小弟兄们闹新房，要新郎新娘在新房内做一些有趣的游戏，使婚礼增添欢乐气氛。结婚翌日，新婚夫妻要一起回娘家，称“回门”，礼物是米糕（谐音“高”）。离镇较远的农村还流行“祭祖”，即女方祖父母有一人去世的，或男方舅家长辈去世的，须自带一桌菜肴祭拜亡灵。自此，热闹烦琐的婚礼正式结束。

嫁女儿　女儿出嫁比娶新娘的仪式简单一些，一般人家嫁女儿的前一天晚上就备酒席，也称“落桌”。结婚这一天酒席称“送嫁酒”，有只备早饭的，也有早、中饭两顿的。结婚当天，第一个仪式给新娘“上头”（仪式与新郎同），然后发桌，称“上头饭”，边吃边等男方娶亲队伍的到来。男方娶亲队伍到后，有专门负责送帖子的人（有的是介绍人掌管），拿了很多大红帖子放在桌上，称“坐状元台”，这些帖子一般人是没有资格拆看的，只有舅父、姑父、叔父等长辈才有权过目。看帖子主要看里边装多少钱，帖子少了没有。此项目结束后，开始装嫁，新娘穿上红衣、红裙、红鞋，头戴凤冠或新头面，披红方巾，手裹红手帕。男方来人搬嫁妆（被头、褥毯、衣箱、脚炉、马桶、碗盏等），乐队不停地吹奏乐器，直至嫁妆搬完，新娘才由长兄或舅父抱到彩车上，称“抱嫁”。农村中仍有新娘出门时必须哭的习俗，称“哭发”。男方娶新娘时带上两根新掘竹子，称“蚕花竹”，一根放在女方家，一根则随车带回。娶亲车队开出后，女方出嫁仪式结束。

两头挂花幡　独生子女家庭，男女青年恋爱至结婚时，女方不肯出嫁，男方不肯入赘，有一个折中办法叫“两头挂花幡”。这种形式结婚比较简单、节约，定亲时，办一两桌酒席，双方几个关键人物聚议一番。结婚这一天，一般是男方先到女方家娶新娘，然后再由女方到男方家把新郎、新娘接回家。喜酒的操办有两种：一种是双方办在同一天，一种是分两天办酒，形式与娶亲、嫁女雷同。男女双方都准备新房，有经济实力的家庭在镇上或外地购买商品房做新房。婚后子女的姓氏问题容易引发双方争议，一般是双方在事先就约定好：可生两胎的，一个属男方姓氏，另一个属女方姓氏；只能生一胎的，男女双方的姓氏都取在小孩的姓名中。双方父母年老后，子女都有赡养的责任。

丧葬习俗　震泽的丧葬习俗，既沿用传统的旧俗，又出现简化的新俗。旧习俗中戴风凉帽、敲子孙钉、留七发（死者的男性小辈七七四十九天不理发）、七七期间不吃面条、不立牌位等习俗不再沿用。有叫和尚念经的习俗，也有丧事不设宴、不停尸三天、不做法事直接火化的习俗。骨灰的存放也有所不同，有的是当天火化后，骨灰直接送到墓地埋下（意让死者入土为安），墓地上面做一点标记（植松柏为记）；有的是火化后，骨灰放在家里，待“五七”或清明、冬至节时再埋到墓地里或送去墓地。震泽镇在三扇村荡白漾边建有“安息堂”，供群众集中存放骨灰盒。

镇区住房宽敞的，尸体停放在家中三天，亲朋好友来吊唁，晚上有叫和尚念经的、有放录音的，整版念的是“阿弥陀佛”。“豆腐饭”办在酒家，俗称“素事”，第三天中午出葬火化。住房条件较差的，尸体由家属直接送火葬场冰冻，第三天火化，然后到酒家办理素宴。有的人家，家人过世后，不对外张扬，只是兄弟姐妹几个近亲料理一下。火化后的骨灰有寄存在火葬场的，有放到镇指定的安息堂的，经济条件较好的则到风景区买墓地。

农村死者，一般在家停尸三天，第一天把尸体放在“卫生盒”（俗称“纸棺”），用封箱带封紧。死者放在房屋正间门板上，头在南，头前挂一块幔布，和尚在白布上挂上一个佛像，然后念经。有的人家送死者火化时，还请和尚吹吹打打送到火葬场。农村的豆腐餐办在出葬的前一天晚上。

90 年代，农村有做七个七（头七到断七）的习俗，还要做“早课”“夜课”（对着死者遗像或灵台哭诉），“五七”“断七”（最后一个七）较为隆重。2000 年起，“早课”“夜课”逐渐省略，做七也只做一个“五七”。“五七”那天，有的叫三个和尚念“金刚经”，至亲备一桌菜肴，买些纸扎的住房、家电、衣服烧给死者，家人们把死者生前的衣服及遗物清理出来，与纸扎的东西一起焚毁。

基督教徒去世后，不烧纸钱、不跪拜、不叫和尚。尸体放三天两个晚上，教徒的兄弟姐妹们都去祷告，不吃饭、不收钱，有乐队伴奏唱诗，喊“阿门”，在晚上 10 时左右休场。

**其他习俗**

周岁　婴儿一周岁，家长办酒筵宴请亲友，俗称“拜周岁阿太”，以糕点分赠亲戚邻居，亲友以“百岁钱”表祝贺。有的搞“抓周”，桌上放钱、图章、书、笔、计算器、苹果等叫婴儿抓，观察抓到之物，想像他以后喜欢从事的职业。还有为婴儿拍摄照片留念。

上学　孩童上学念书，外婆家须购书包、笔墨等文具及雨具、糕点、糖果等物馈赠外孙。糕点分送邻居，糖果拿到学校分送同班学生，以示结缘。至 2015 年，外婆家赠送外孙上学的用品还有自行车、学习机等。

十六岁　孩童满十五虚岁，在其生日（也有不在这一天的），家长举行“拜十六岁阿太”仪式，仪式极为隆重。生日一过，意味着孩童少年时代结束，开始成人。这天，主家邀请亲友宴饮，外婆家送红包给外孙，须送糕、团子、粽子，俗称“送外孙团子”，供主家分送亲戚邻居。亲友均以钱物相赠，以表祝贺，意为“成人之敬”。

生日　生日有食面条的习俗，意表长寿，富裕人家则备佳肴宴饮。幼儿过生日之风日盛，青年亦效此习俗，特别重视 20 岁、30 岁的生日。90 年代起，有的还到饭店包席，同辈相聚共餐，在大蛋糕上插燃蜡烛，吹灭后分食，气氛欢快。贺者均赠生日礼物。

大学酒　90 年代至 2015 年，子女考取大学的家庭，摆酒设宴邀请亲朋好友，庆贺子女金榜题名。有的在家中自办酒席，有的到饭店包席。赴宴的亲友需馈赠礼物或红包，以表祝贺。

庆寿　庆寿即“做寿”，50 岁方可做寿，否则有损阳寿。一般殷实人家为 60 岁、70 岁、80 岁、90 岁的老人做寿，特别重视 60 岁，做九不做十，即提前一年做整寿。做寿时点燃蜡烛，合家食长寿面。小辈赠寿面、寿烛和寿香，向寿星行跪拜礼。寿星赐小辈拜寿钱，还设寿酒宴请亲友。66 岁必举行隆重的寿庆，长者满 66 岁，小辈献赠寿桃、寿面、寿烛、寿香等，并向寿星“拜寿”。女儿家更需备条箱（长方形无盖木箱）和肉食替父或母“斋星官”。肉食是供娘家邻居分享的，俗语“六十六，邻舍隔壁吃块肉”。至 2015 年，此俗时兴，小辈常以猪蹄、酒、长寿面、大蛋糕、衣服、皮鞋、红包等为贺寿礼。

探病　俗称“望讯”。亲友患病，必须前往探病，这既是习俗，也是礼节，探病者须携带水果、营养品等礼物，也有送红包的。探病必须在上午前往，不可在下午，这已约定成俗。

建房与迁居　建房时亲友赠猪蹄、糕点、馒头为贺，岳父家更应备厚礼为婿家“拜上梁利市”。上梁时，由木匠边喝彩边向梁上抛掷馒头、糕或粒糖，祈求兴隆发达。这天，主人设上梁酒筵，宴请亲友邻居。乔迁新居时，亲友亦以猪蹄、糕点为贺礼，也有以红包相赠，主人设酒筵答谢，要鸣放爆竹，并向新居四邻分送糕点。至 2015 年，行礼之风日盛，馈赠礼物越来越高档，所赠钱币越来越丰厚。

购买新车（船）　90 年代初，买船用于水上运输，以水泥船居多。90 年代中期，代之以铁驳船，几十吨至几百吨以运载建筑材料为主。新船买来后，亲戚、朋友须送礼（钱、物均有）。船上规矩更多，震泽地域有些“老苏北”买新船后还需祭河神，祈求保佑。在船上吃鱼不许翻鱼的身，船上晒鞋不许底朝天。开航前，在船头前系上红布，鸣放爆竹，然后起锚开航。

2000 年～2015 年，买汽车的人增多，新车买来后，亲戚、朋友须送礼。车主选定吉日设宴请客，有的设在饭店（大多是镇区居民），有的设在自己家里（农村居多）。开宴前，鸣放爆竹，新车上系着红色绸带，以示大吉大利，一帆风顺。驾驶室内挂着吉祥物，如中国结、“出入平安”字牌等。

# 方言

## 词汇

震泽特色方言摘录一览表

表 3

| 震泽方言 | 实际意思 |
|---|---|
| 爷爷（读作 yā yā ） | 爸爸 |
| 爹爹（读作 diā diā ） | 爷爷 |
| 娘娘（读作 niāng niāng ） | 奶奶 |
| 咖咖（读作 gā gā ） | 哥哥 |
| 恩娘 | 姑母 |
| 亲伯（伯读作 bà ） | 姑夫 |
| 阿姨 | 姨母 |
| 伲子 | 儿子 |
| 家主婆（读作 gā zi bú ） | 妻子 |
| 戆大（大读作 dǒu） | 傻乎乎的人 |
| 瞌 目充 | 瞌睡 |
| 板障 | 板壁 |
| 河浜 | 小河 |
| 场化（化读作 huo） | 地方 |
| 铳头 | 傻瓜 |
| 上昼 | 上午 |
| 下昼 | 下午 |
| 末事 | 指器具、用具等东西 |
| 蜡烛 | 不识相，不知好歹的人 |
| （吃）点心 | 中饭 |
| 搞轧（轧读作 gá） | 麻烦 |

续表 3

| 震泽方言 | 实际意思 |
| --- | --- |
| 揿牢 | 按住 |
| 皂浴 | 洗澡 |
| 重忒（忒读作 tè） | 重复，重叠 |
| 触气 | 反感或不顺当 |
| 不搭界 | 与自己无关 |
| 过日脚 | 过日子 |
| 穷吃 | 没有节制地吃 |
| 吃瘪 | 失败 |
| 荡街郎（街读作 gā） | 逛街 |
| 盘出来 | 漫 |
| 懊老 | 后悔 |
| 白相 | 玩耍 |
| 困觉 | 睡觉 |
| 煞糙 | 过瘾 |
| 作疙嘟 | 打嗝 |
| 勿湿头 | 倒霉 |
| 呒介事 | 没有那回事 |
| 打棚 | 开玩笑 |
| 吃排头 | 挨上级或长辈批评 |
| 轧扁头 | 两面受挤 |
| 逃 | 奔 |
| 嚼死话 | 讲噱头话 |
| 呒不 | 没有 |
| 着地坍 | 不负责任，听凭处置 |
| 打顺板 | 随声附和 |
| 吃家生（家生读作 gā sān） | 挨打 |
| 打相打 | 打架 |
| 嘎得 | 不要紧 |
| 额骨头亮 | 侥幸 |
| 写意（写读作 xiǎ） | 惬意 |
| 瞎搭几（瞎读作 hà） | 胡乱 |
| 拆烂污 | 不负责任，搞坏事情 |

续表 3

| 震泽方言 | 实际意思 |
| --- | --- |
| 促咯 | 狡猾，事情难办 |
| 脬脱 | 手脚麻利 |
| 狎（读作 xiǎ） | 不庄重 |
| 齐正 | 漂亮 |
| 野豁豁 | 不着边际 |
| 搭浆 | 事情办砸了 |
| 黄河沉 | 胡乱凑合、瞎起哄 |
| 呒心想 | 没有劲、没趣 |
| 推背 | 糟糕，等而下之 |
| 豪扫 | 赶快 |
| 插蜡烛 | 事情办砸了 |
| 结棍 | 人长得结实或事情很难办 |
| 劲搭搭 | 干劲很足的样子 |
| 齐巧 | 恰巧 |
| 慢慢交 | 慢慢地 |
| 半不两僵 | 事情未做完 |
| 火冒裂辣 | 非常着急，不冷静 |
| 窝贝疖癞 | 事情很棘手，闹纠纷 |
| 厚脂讷得 | 指言行夸张，令人难受 |
| 舒齐 | 一切都办妥了 |
| 嗯（读作 ǹg） | 我 |
| 嗯啊（读作 ǹ ga） | 我们 |
| 囡 | 你 |
| 哪 | 你们 |
| 伊 | 他、她 |
| 伊啦 | 他们 |
| 嘎拉（读作 gǎ là） | 这样 |
| 个跶 | 这里 |
| 沃跶 | 哪里 |
| 哪哈 | 怎么样 |
| 几化（化读作 huo） | 多少 |

### 谚语

靠山吃山，靠水吃水。

三人一条心，黄土变成金。

家有一老，胜如一宝。

蛮理十八条，真理只一条。

教出来臭气，想出来智气。

人生地勿熟，只要叫阿叔。

有志不在年高，无志空活百岁。

虾有虾路，蟹有蟹路，泥鳅黄鳝独走一路。

邻居好，赛金宝。

伲子不养爷，孙子吃阿爹。

棒头上出孝子，筷头上出逆子。

勤是摇钱树，俭是聚宝盆。

留得青山在，不怕没柴烧。

船到桥，直瞄瞄。

临时上轿穿耳朵。

穷健抵富贵。

若要好，老（大）做小。

想得骨勒圆，剩个箍罗圈。

砻糠搓绳起头难。

秤砣虽小，力压千斤。

看人挑担不吃力，自己挑担嘴也歪。

眼睛一眨，老母鸡变鸭。

送佛送到西天，摆渡摆到岸边。

桥归桥，路归路，各走各个路。

金窠银窠，不及自家屋里个草窠。

有福不会享，无福等天亮。

不会种田看上埭。

若要桑树好，桑地不见草。

乌头风，白头雨。

夏雨隔爿田。

蜻蜓飞屋檐，风雨在眼前。

蛤蟆哇哇叫，大雨就来到。

蚂蚁搬家，蛇过道，燕子低飞，雨就到。

日晕三更雨，月晕午时风。

三朝雾露发西风。

雾露醒，跳落井。

早西夜东风，日日好天公。

吃了端午粽，还要冻三冻。

小暑一声雷，倒转做黄梅。

白露身勿露，赤膊当猪猡。

晴过冬至阴过年，阴过冬至晴过年。

干净冬至邋遢年，邋遢冬至干净年

白露白迷迷，秋分稻透齐。

宁吃鲜桃一口，不吃烂桃一筐。

不吸烟，不喝酒，病魔见了绕道走。

一顿吃伤，十顿喝汤。

少吃多滋味，多吃坏肚皮。

坐如钟，立如松，卧如弓，走如风。

### 歇后语

快刀切豆腐——两面光。

三个指头拾田螺——稳拿。

老牛拉破车——慢吞吞。

鸭吃砻糠——空欢喜。

柴草人救火——自身难保。

太湖里汰马桶——野豁豁。

顶石臼做戏——吃力勿讨好。

脚炉盖当镜子——看穿。

黄连树下弹琴——苦中作乐。

水面上看人——把人看倒了。

蜻蜓吃尾巴——自吃自。

八仙桌上第九个——轮出。

猪圈里的黄牛——独大。

关公舞大刀——拿手好戏。

猢狲（猴子）屁股——坐不住（停）。

茅坑里的石头——又硬又臭。

灯笼壳子——外头好看里头空。

湿手捏着干面粉——甩也甩不掉。

桑树扁担——宁断不弯。

驼子跌跟（筋）斗——两头不着实。

茶壶里煮饺子——有货倒不出。

弄堂里搬木头——直来直去。

石板上掼乌龟——硬碰硬。

南瓜藤缠到茄蔓里——搅七搅八。

肉骨头敲鼓——荤（昏）咚咚

关公卖豆腐——人硬货不硬。

芝麻落在针眼里——巧得很。

螺蛳壳里做稻场——兜勿转。

初三夜里个月亮——有无都一样。

乡下人买芋艿种——看苗头。

水牛角黄牛角——角（各）归角（各）。

太湖人吃萝卜——吃一节剥一节。

# 诗文选录

诗文选录唐宋至清代著名文人诗词24首，具有深远纪念意义和存史价值的碑文5篇，资深作家抒发对震泽眷眷深情的优美散文3篇，选录记载震泽悠久历史、文物古迹、风土人情、名人贡献等著述书目。

# 诗词选录

## 采桑女二首

〔唐〕王周

渡水采桑归，蚕老催上机。
扎扎得盈尺，轻素何人衣？

采桑知蚕饥，投梭知夜迟。
谁夸罗绮丛，新画学月眉？

## 相和歌辞·陌上桑

〔唐〕陆龟蒙

皓齿还如贝色含[1]，长眉亦似烟华贴。
邻娃尽着绣裆襦，独自提筐采蚕叶。

## 缫丝行

〔宋〕范成大

小麦青青大麦黄，原头日出天色凉。
妇姑相呼有忙事，舍后煮茧门前香。
缫车嘈嘈似风雨，茧厚丝长无断缕。
今年那暇织绢着，明日西门卖丝去。

---

① “含”亦作“光”。

## 照田蚕

〔宋〕范成大

乡村腊月二十五，长竿然炬照南亩。
近似云开森列星，远如风起飘流萤。
今岁雨雹茧丝少，状日雷鸣稻堆小。
侬家今夜火最明，的知新岁田蚕好。
夜阑风焰西复东，此占最吉余难同。
不惟桑贱谷芃芃，萱麻无节菜无虫。

## 舟过荻塘

〔宋〕沈与求

野航春入荻芽塘，远意相传接渺茫。
落日一篙桃叶浪，薰风十里藕花香。
河回遽失青山曲，菱花难容碧草芳。
村北村南歌自答，悬知岁事到金穰。

## 桑畦

〔元〕张渊

吴蚕已成蛹，叶尽桑条长。
日斜戴胜飞，有人伐远扬。

## 晓过震泽

〔明〕徐贲

遥天散晓华，疏星敛微采。
鸟声出林繁，木叶过霜改。
荒村几家成？平湖众星汇。
鸱夷渺无迹，空烦舣舟待。

## 宿奉先寺[①]

〔明〕史鉴

孤舟薄暮宿，古寺奉先名。
地迥诸天近，楼高片月明。
炉香清作供，漏水冻消声。
爱此无生话，留连过二更。

## 北麻漾

〔明〕沈峹

雄拟太湖匹，渊宏莫可虞。
喙吞乌镇水，腹隐掘城湖。
曝日鼋鼍吼，迷云鹳鹤呼。
寄言长路客，风浪莫轻逾！

## 宿康庄[②]

〔明〕庄宪臣

不知身是客，云卧意何长？
山月疏棂灿，松风小阁凉。
鸟呼醒梦短，絮舞得诗狂。
底事横塘路，喧阗镇晓忙？

## 春蚕

〔明〕庄元臣

春蚕叶饱腹荧荧，吐丝千尺自纬经。昼夜回环不暂停，团成文茧隐躯形。老蚕空腹意可怜，欲飞寸丝作翳屏。口枯如焚不得萦，拳头蹙腹僵窗棂。同此禀含造物灵，巧拙

---

① 奉先寺又名奉先教寺，在双杨泾。

② 康庄在镇南，按察使吴秀的别墅，内有石室三间。清康熙二十八年（1689 年），吴秀六世孙翰维（嵩年）重修。

相悬类渭泾。智人运思如建瓴，昂藏变化何亭亭！愚者六凿牢缄扃，一筹不展空冥冥。面目于指均一型，九牛毛去何但宁！聊感春蚕韵说铃。

**宿双杨**

〔清〕崔澄

暮入双杨路，村深烟雾迷。
迎人一犬吠，争树乱鸦栖。
影漏邻船火，梦惊遥店鸡。
明朝醒玻枳，犹自改前题。

**震泽古柏**

〔明〕周应仪

幽境看奇柏，人言是伏龙。
风雷天半黑，碑列百年封。
劲干参霄汗，苍虬堕碧空。
徘徊不忍去，忘却我飘蓬。

**柳塘八景**

〔清〕徐崧

**柳塘夜月**

溪南溪北任清游，野水村家处处秋。
良夜试从桥上立，无边月色望中收。

**奉先钟声**

蘋花菱叶水云乡，寂寞谁兴古道场？
惟有几声钟送远，每惊春露与秋霜。

**圣堂转佛**

上巳侵晨古殿开，联翩乡媪数千来。
焚香为结来生愿，却向双桥转几回？

### 神祠献寿

喧喧笑语听巫歌，里社祈神父老多。

椒酒绣袍三献寿，围看尽道醉颜酡。

### 横啄渔灯

点点渔灯映水汀，谁嗟敝笱[①]浸三星？

吴歌唱罢炊烟起，沽得村醪醉未醒。

### 船场晚泊

一水帆飞客艇过，东西来往旅人多。

此中恐有玄真子，日逐樵风扬绿蓑。

### 双溪碧流

北来碧水夹春流，绿树微风两岸幽。

最是雨晴新涨后，桥门月出玉轮浮。

### 三潭水榭

几泓潭沼似林园，雨后春看蝌蚪翻。

到此日生濠濮想，幽人携杖猜蘋蘩。

## 慈云寺

〔清〕金圣叹

震泽多精舍，慈云师子林。

家私唯古佛，眷属总玄心。

后汉人何在？微言乃至今。

相逢随欲别，舍此更何寻？

## 春日康庄[②]观梅

〔清〕王锡阐

片帆逐意探幽微，斜转溪流傍古矶。

---

① 笱，捕鱼的竹笼。

② 康庄，在震泽镇西南匡字圩，故又名匡庐。明万历年间（1573年～1619年），吴秀所筑。

香起静中知有圃，影横疏处更藏扉。
铛携云径烹寒涧，酒问村家质敝衣。
展屐无凭高处望，罗浮新见野烟飞。

## 蠡泽钓台[①]

〔清〕沈金渠

斜阳淡孤村，野艇入烟渚。
有矶截中流，云是钓台址。
钓者今安在？扁舟去如驶。
我欲从之游，五湖何处是？
苍苔无履痕，绿尽一溪水。

## 登分水墩文昌阁[②]

〔清〕张 芹

自有凌云气，还登百尺台。
水流天目至，山色洞庭来。
烟火千家合，轩窗四面开。
茫茫神禹迹，望古重徘徊。

## 养蚕词

〔清〕赵文然

初如蚁黑密复稀，渐闻矮屋风雨微。
枝头戴胜催春归，少妇提筐女守帏。
不暇新妆与晨炊，桑叶来迟蚕苦饥。
三眠三熟缫车动，白茧簇头大如瓮。
素丝轧轧机杼共，黄丝作绢上方贡。

---

① 钓台在蠡泽应天寺前，相传是范蠡钓鱼处。
② 文昌阁在震泽镇东分水墩。

织成天吴与紫凤，白袷青裙忍寒冻。
为谁辛苦一月春，不及红楼坐玉人？
罗绮犹嫌花样拙，挥金买取机头新。

## 养蚕词

〔清〕周孝学

入夏江乡盛蚕事，家家阖户防客至。
女伴求桑陌上逢，日色满筐慰侬意。
天晴十日绿影稀，昨朝叶贵还质衣。
未到如云茧成簇，倚床欲睡何由熟！
催租里正迟下乡，缫车声歇旋赴仓。
以闻南去士风好，一月官闲待蚕老。

## 荻塘棹歌

〔清〕钟鼎

做丝花放野蔷薇，七里湖丝天下知。
吴女生来纤白手，不关浔俗善缫丝。
谷雨后头蚕市集，端午节前丝市开。
不信浔溪有互市，红毛夷航火轮来。
经络蚕丝一万家，新正满日要开车。
若非夜上姑苏市，定寄明朝水老鸦[①]。

## 张墩怀古

〔清〕王徐庠

泽国茫茫旧卜居，满湖芦荻碧扶疏。
春来千尺桃花水，最解相思是鳜鱼。
泛棹牛娘夕照天，白云红树两茫然。

① 水老鸦，指装运湖丝的栈船。

一湾浮玉庵头月，曾照渔翁蓑底眠。

## 牛娘湖打渔词

〔清〕吴祖修

南船逆风来复缓，北船乘风急如箭。
一时齐集澄潭中，两两鸣榔①撒网牵。

## 复设获塘书院七律四首之一、之四

〔清〕徐丙华

风化从头溯获塘，民情伊古号循良。
洞庭北峙钟灵厚，苕霅西来毓脉长。
明教渊源王著作②，崇贤俎豆沈南康③。
千秋遗韵流桑梓，穷巷居然邹鲁乡。

书楼遥望遍桑麻，比户相连耕读家。
马帐寒梅开古艳，鸡窗明月占清华。
丁年晨夕披丛简，甲第春秋放榜花。
棫朴作人逢圣化，汇继叶吉愿非夸。

## 慈云塔影

〔清〕沈彤

四面湖光绕，中流塔影悬。
获塘西去路，蚕事胜耕田。

---

① 榔，击船之木。鸣榔，渔人捕鱼时用长木敲船舷作声，使鱼受惊入网。

② 王著作，原注“名蘋，字信伯，吾吴洛学之祖”。

③ 沈南康，原注“宋宝祐初，南康山长沈义甫，建震泽书屋，立明教堂，祀王信伯配以陈、杨两弟子，为三贤祠”。

# 碑文选录

## 重建分水墩文昌阁记

吾镇受天目西来之水，其东急流处有沚焉，为分水墩，形家谓东去水。乾隆三十六年，里人庄公基永倡建文昌阁于上。道光二十年，族伯祖徐公学健集资重修。庚申之乱，吴兴赵忠节出境堵御，伏炮于中，毙贼无筭，而阁亦遂毁。同治甲戌岁，族弟徐汝楷于修慈云塔工竣之日，并议建复此阁。遂于是冬经始，凡九阅月而落成，计縻钱三百二十万。始构之日，榱桷牖具有鹊巢于梁间及四隅，而五论者以为瑞应。噫，余年逾四十矣，梦冷春明，无能为役，异日科名鹊起，当必有副斯兆者，并书此以俟。

光绪元年乙亥秋八月

里人王徐庠记

秀水王鼎华书

梁溪周秉錩刻

碑文——重建分水墩文昌阁记（2012年6月摄）

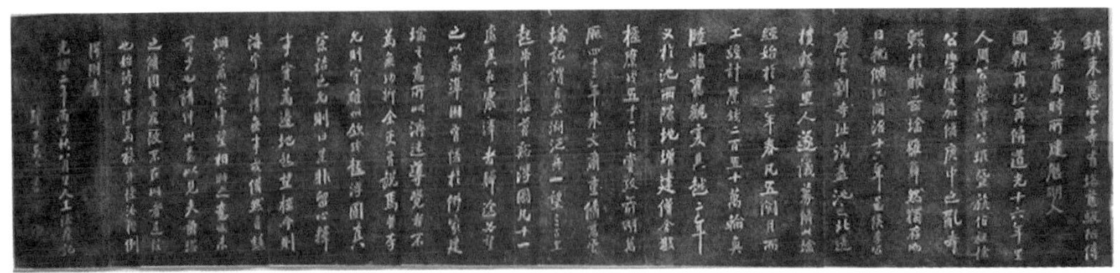

碑文——重建慈云塔记（2012年6月摄）

## 重建慈云塔记

镇东慈云寺有塔五级，相传为赤乌时所建。历明入国朝，再圮再修。道光十六年，里人周公荣、谭公琨暨族伯祖徐公学健又加修。庚申之乱，寺毁于贼，兹塔虽岿然独存，而日就倾圮。同治十二年，邑侯李公庆云割寺址洗钵池之北造积谷仓，里人遂议募修此塔。经始于十三年春，凡五阅月而工竣，计縻钱二百五十万。轮奂陆离，旧观复具。越二年，又于池西隙地增建僧舍数楹，縻钱五十二万。尝考前，明万历四十三年，朱文肃《重修慈云塔记》谓："自太湖泛舟，一望三百里，起虎阜，接苕溪，浮图凡十一处，其在震泽者，归途必望之以为准"。因有悟于佛家建塔之意，所以济迷导觉者不为无功。抑余更有说焉：昔李允则守雄州敛钱起浮图，真宗诘之。允则曰："某非留心释事，实为边地起望楼。"今则海宇廓清无事戒备，然吾镇烟火万家，守望相助之意亦未可少也。请伸此意以见夫兹塔之修，固有在彼不在此者。是役也，始终董理。为族弟徐汝楷例得附书。

光绪二年丙子秋八月里人王徐庠记

归安吴云书

## 修震泽许塘记

震泽当苕霅之冲，水涨湍激，为田畴害，以故南北西皆有塘。由吴江至平望为北塘，由平望至王江泾为南塘。而由平望至南浔，由南浔至湖州，初名荻塘，自唐刺史于公頔重修之，因是又名頔塘。而就平浔界线内言之，则县之西塘也。塘为苏湖水陆要道，腴田十数万亩，资保障焉。塘亘四十八里，除浴字圩、朱家浦，三百余丈石砌外，余均土塘。十数年来轮船冲刷，震荡奔腾，日侵月削，坍塌随之。加以连年水菑，田久浸灌，坏塘三千八九百丈，塌损桥梁十六七处。当是时乡民百计堵御，田亩仍多被淹。而六里亭、钓字圩等处，塘没水中，坳垤崎岖，失足斃命者常常有之。光绪三十三年，

碑文——修震泽许塘记（2010年5月摄）

邑人唐君乃亮、谈君麟书、黄君元忩、周君积厚、郑君樟华，以修塘请丁省宪，就水利局拨龙银四百元，余饬就地筹措。工钜款绌，相顾束手。佥议筹款难鸠，工尤不易，此非吾许公莫肯任也。于是复请于省宪，以许玉农大令文濬董其役。大令固曾宰震泽者也。既莅会则咨於众曰："水患难平，而轮船上下，塘之坏且日甚一日，土塘不足恃也，然限于财、绌于力，可奈何？"令酌议办法，先从摽治，狭者广之，低者崇之，缺且陷者平治之；其紧对漾荡，回湾转角，易受冲刷之处，则砖石瓦屑和泥而固筑之。桥之属于塘者，均宜修治，使车马舟楫水陆成坦途，不独禾稼无漂没之患。其最当冲要如杨湾、糉子圩、浴字圩、三官塘等处，宜增易石塘以捍之，土塘有饭钱无工资，汝圩甲任之。石工非六七千金不办，集款督役，则吾与首事者任之。于是会县谕圩甲，而自捐银千元以倡之。起丁未九月，迄戊申二月，自平望三官堂达浔东极乐寺，修筑土方二千八百九十八丈；修桥十有四，曰东济、百步、铺浜、富郚、谢路、星禄、兴民、众安、清泽、政安、杨定、安庆、蠡思、观音。大修之桥二，曰大朱家桥、小朱家桥。修石塘二，曰浴字圩、朱家浦，计二百八十八丈四尺。新石塘三：杨湾、糉子圩、三官塘，计二百七十三丈六尺。而谈君复，于己酉之冬筹募银千余元，于浴字圩续修石塘六丈四尺，添建石塘四十八丈六尺，以竟厥功。盖戊申二月以后，大令赴句容任，工暂中止也。是役也，先后用银七千七百二元六角。邑人德大令之勤，请定西塘之名为许塘，并镌泐捐银姓氏于石，以垂后。

宣统二年庚戌十月，安吉吴俊卿并篆

## 贞惠先生碑 ①

同里金天翮撰文，太仓毕寿颐书丹并篆额。

天目之山，苕水出焉。日月夹镜，以为东西二源。溪淙谷湍，嘘涨腾怒，驷骧虬迈，交丁吴兴。游波纡萦，踔入頔塘。至浔震之间，吐纳巨浸，姿度汪汙。遐稽职方扬州之薮曰具区。薮以富得民。民怀其德，万流仰望。泽润千里，溥以乡邦。是用笃生明德，以为纪纲。如吾邑施先生者，非其人与。先生讳则敬，字子英，祖籍钱塘，家于震泽，故为吴江人也。先生贞栗其姿，瑰玮其容，秉质闲素，宅心惠慈。自王考以降，代有阴德，绳武不替，世济其业。干略誉望，流闻京外。四府交章，群公开阁。朝造膝以定议，夕捧檄而于役。河决钜野，躬榴楗之劳；烽起濡源，手桴鼓之任。于是厄难之后，窜廪逋悬，流亡蔽野。先生鞅掌王事，仍以太公之命，辇输金粟，振瞻疲甿。民得苏息，帝用嗟许，当光绪庚寅，畿辅大水。合肥李公檄先生颛理振务，甄综民户。业钜事丛，简策挐繁。穷朝抵夕，董督胥吏。履蹈村谷，核给饩牵糗粮。使各济其生，靡有欺隐。合肥益以先生为才。凡先生丰本康务，辑政宜民之心，一寓于振，先后唱导各省义振，北至幽蓟，东达辽沈，中则齐、鲁、晋、豫、皖、淮，南维吴越。星霜州换，终始一迹。泯泯氓庶，含膏饮滋。仁育群生，庶几无愧。頔塘者，浙西之孔道也。水狎艅艎，陆便蹄踵，旁午交会；迤北农畴，倚为陂障。年久倾废，霖潦叠降。水塗浸溢，岁用不登。先生与庞君莱臣，捐资合建石塘，十有二里，通浔震之邮，并接筑平望梅堰塘工。倡捐巨金，经始落成，首尾五载。线石平贴，砧斗带束，水漱不淫，桑土以安。先生勇于任事，严于律躬，绌华屏欲，行靡玷漏，临宠审已，不蹈荣禄，振民育德，赴同饥渴。一门之内，环才逸秀。庠声序音，皤皤黄耇。式是邦国，景命不融。甲子六月三十日，疾终沪寓，春秋七十，遐迩悼叹，里巷輟相。于是，邑之士夫既相与为位而哭，参案典礼，私谥曰贞惠先生。贞足干事，惠以养民。敢砻玄石，以表潜德。词曰：

昊穹生民，各赋以命。阳愆阴汩，乃拂厥性。泽殪煦瘠，有施必竟。劘精销志，曰釐荒政。于休先生，令德孔昭，缵承先绪，光耀昆苗。膺仁践义，确乎其操。清心庇物，华首弥劭，帷水有澜，惟木有枝。君子有惠，惟民之思。德交而茂，理和而慈。景是轨躅，永为世师。

中元乙丑　月　日建　吴县周梅谷刻

---

① 《贞惠先生碑》为施则敬（1855—1924）纪念碑。碑正面为先生画像，背面为文。文系金松岑所撰。碑亭现存震泽中学校园内。六角亭和石碑在“文化大革命”中被损坏，幸有一长老将碑文拓下，保存完好。2009年11月26日，震泽镇人民政府举行贞惠先生碑亭重建落成揭碑典礼。

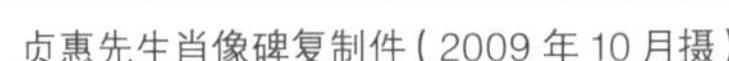
贞惠先生肖像碑复制件（2009 年 10 月摄）

碑文——贞惠先生之碑复制件（2012 年 5 月摄）

## 重建震泽文昌阁记

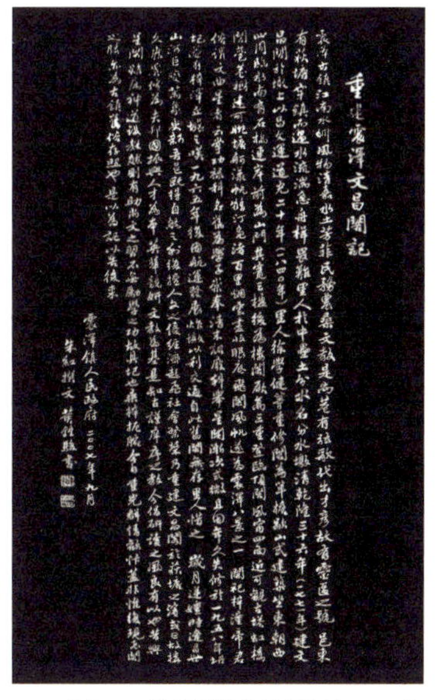
碑文——重建震泽文昌阁记（2010 年 5 月摄）

震泽古镇，江南水乡，风物清嘉，水土芳菲。民务农桑，文教是尚，巷有弦歌，代出才彦，故有灵区之号。邑东有荻塘穿镇而过，水流湍急，舟楫畏难，里人于中垒土分水，名分水墩。清乾隆三十六年（1771），建文昌阁于墩上，以昌文运。道光二十年（1840），里人徐学健等重修阁，为单檐歇山式建筑，坐东朝西，四周临水，南有石桥连岸。前为山门，其宽为三楹；后为楼阁，厥高三重。登临顶阁，风窗四面，近可观古塔虹桥，闾甍巷树；远可眺塘舸漾帆，鹤汀凫渚，百里烟云尽收眼底，飞阁风帆遂为震泽八景之一。阁祀梓潼帝君，俗谓文曲星者，云掌功禄科名，旧为学子崇奉。清末诏废科举，星阁渐次式微，且因年久失修，于一九五八年坍圮，遂有梓泽丘墟之叹。一九六五年，复因航运发展，炸墩以利交通，自此旧阁无存，里人惜之！岁月递嬗，时逢昌世，山河巨变，万象更新。吾邑既得自然之利，复擅人文之优，经济起飞，社会繁荣，乃重建文昌阁于荻塘之滨。或曰故构久废，奚修为？夫邦国振兴，人才为本，英华竞妍，文教为基。是知，古谨庠序之教，今倡研读之风，良有以也。昔兴星阁，虽属神道设教，然则有助尚文之习，不无励学之功，故其圮也，桑梓扼腕。今日重光群情欢忭，盖非惟复现飞阁之胜，亦为古镇旧俗存照也。是以为记，以告后来。

震泽镇人民政府

二〇〇七年九月

朱红撰文　黄钟骏书

# 散文选录

## 美丽震泽

### ——蚕丝古镇形象宣传片解说词

刘郎[①]

本片题记——一湖天堂水，千载震泽丝。

震泽的美丽，在每一个桑芽萌放的季节，在每一个桑葚成熟的时辰。这时候，这些柔软的春蚕，通体都是浅浅的莹黄，黄得通透，黄得纯澄，黄得就像那些记载着震泽历史的书页。

的确，我们的——毗邻着太湖烟波，同时又以太湖的古称命名的古镇，千年岁月，雨雪阴晴，都写在了这些史册之中：

① 刘郎，电视片资深编导，拍摄苏州题材电视艺术片《苏园六纪》《苏州水》《同里印象》《七弦的风骚》等，以上作品均获中国电视文艺星光奖，近作则有电视纪录片《西湖》十集，并获第 18 届中国纪录片盛典年度最佳撰稿。

“震泽，以太湖旧称名之，由来富庶，里人多以桑蚕为业……”

在这些莹黄的书页里，该有多少我们家乡的掌故啊。

天地造物，让每一个生命都具备了各自的禀赋，而这种生灵，不辜负每一片桑叶，更珍惜适时的机会，将自己的禀赋作了堪称极致的发挥，平静而忙碌，低调而辛勤。它的体态是这样巧小，但是，它所吐出的精细之丝，却有着惊魂动魄之长，长得就像古镇的春秋，长得就像历史的章回。

从慈云塔的肇建，到师俭堂的奠基；从文昌阁的竣就，到宝塔街的形成，震泽古镇的历史，正是一条发亮的蚕丝，在一年年晨雾夕阳之中，作着不绝如缕的绵延。

作为远近闻名的蚕乡，千百年来，震泽古镇出产了多少蚕丝，已经无法历数，只记得在我们的乡邦文献里，曾有着这样的记载：“震泽成为著名丝市，形成于明代成化年间。至清朝光绪时期，震泽一镇出口生丝，多达5400担，相当于全国出口总量的十五分之一。”

其实，曾经长期在震泽居住的唐代诗人陆龟蒙，早就在一千多年以前，写下过对于桑蚕的咏唱：“尽趁晴明修网架，每和烟雨棹缫车”。

这充满田园情趣的诗篇，正是震泽一带的桑蚕人家繁忙劳作的写照。

桑蚕之乡丝业繁忙的景象，真是一幅活着的《耕织图》啊。

然而，桑蚕的形象，绝不仅仅是写意的成分，因为它从来就具有——辛苦与诗意并行、文化与资材一体的特质。而作为财富的故事，师俭堂，这座名动江南的深宅大院，也正是靠着蚕丝的流通，才垒起了鱼鳞黛瓦，才筑起了粉壁高墙。

其实，不光是一个师俭堂，那延展的水巷，这演化的街衢，同样是因了桑蚕的功德，才组合起了一个著名丝市的规模。正是这古老的桑蚕之业，关乎着一个古镇的形成、发展与兴隆。

到得吐丝的节令，一架架稻秸扎制的蚕山上，便牵挂起无数颗莹白的蚕茧，每一颗蚕茧里面，都蕴含着一个轻盈的梦。

但是，这轻盈之梦变作了美化人间、温暖世界的物什，才能称得上真正的美丽。为此，它渗入了缫丝的汗水，它沐浴着热雾的蒸腾。凡是见过缫丝的人，永远都不会忘记这一双双辛勤的手，一滴滴晶莹的汗。缫丝的过程，乃是春蚕与春蚕的传递。

正是有了这种春蚕的传递，一枚枚蚕茧，才变作了美的化身——那是一朵朵舒爽人间的美丽之花，那是一蓬蓬温暖生活的蓬松之云……

茶称国饮，丝为华装，一片旖旎的水乡，一个江南的古镇，就是这样以桑蚕的名义，赢得了千载光荣。

世界上任何物种的生命过程，都是全然相等的。蚕的不同之处，则是在临终的时候，也要做一番最后的飞翔。

为了桑蚕的事业，早就在震泽古镇留下过青春岁月的费达生先生，曾经这样表达过她对蚕丝的理解，她说：

“蚕丝比我的生命还要重要，它就是我的一生。孩子，蚕丝可以让你快乐一辈子。”

千百年来，对于——对人们的快乐有着辛勤贡献的人，春蚕，是最好的象征。世界上万事万物的荣衰，都是此消彼长，桑蚕概莫能外。

只不过人们没有料到，又一轮沧桑巨变的到来，势头是这样的迅猛，几乎让人猝不及防。这，也很是让人牵记起桑蚕的命运，并以桑蚕的命运作思考，想一想祖先的传统——何去何从。

令人欣喜的是，当所有的时尚都似曾相识，当诸多的城市都大同小异，而这葱茏的桑林，还依然讲述着它的根深蒂固；这蚕蛾的儿女，还依然讲述着它的顺时而生。

“几次折花惊蝶梦，数家留叶待蚕眠。”桑林多彩，田园静好，石桥仍在，小径犹通，这，正是一个江南古镇独有的美丽啊。

可以说，任何一种风物的生长，都离不开环境的照拂。桑芽所以鲜嫩，因为它拥有肥美的水土；桑乡所以美丽，因为它拥有天上的高兰。桑蚕的故事，其实也就是震泽的故事。

蚕桑之美，才是震泽真正的地标。

震泽的故事，蚕乡的美丽，正传向天南海北，传向四面八方。

## 常有一丝牵挂在震泽

周浩锋[①]

四月的一天，我站在古镇震泽东栅的禹迹桥上，听慈云禅寺的铃声响彻天际，看脚下的河水静静流淌。这使我想起我已经走过的人生岁月，有一半时间是在这座小镇上度过的，她的人文、古迹、风景、美食，是我成长岁月中的养分，喂养了我的青春岁月。

---

① 周浩锋，笔名周耗，震泽镇人。中国作家协会会员、苏州市作家协会理事、吴江区作家协会主席。著有诗集、散文集、小说集多种。近年来创作发表大量以震泽为背景的中短篇小说。

每个人，都有属于自己的记忆，每个人，都有属于自己的“乡愁”，对我而言，我的记忆和乡愁就是这两个字——震泽。两个普普通通的字，组合在一起，就是一座江南古镇，这座古镇，似乎是一位与世无争的高僧，修炼千年，已然成佛，在她桥水相连的路径里，有一根丝穿过时光的隧道，由古及今，愈久弥新。

对震泽的最初印象是慈云塔和大桥头，因为上街总要来到大桥头，站在大桥头就会看到慈云宝塔。大桥即砥定桥，是震泽的中心，民间唤作“大桥”由来已久、根深蒂固，“砥定桥”这个名称反而生疏了。大桥的东面是禹迹桥，西面是思范桥，东西两座古桥遥遥相望，镇守着古镇的生生不息。大桥以及它东西向的砥定老街，是全镇的中心地带，一条市河，把古镇分成上塘和下塘，沿河的店铺和民居，典型的江南水乡。我记忆中的上世纪七十年代末到八十年代初，等到一年一度粜谷沽油的日子，年幼的我们和大人一起乘着挂机船到镇上，这是我们的节日，就像过年。在冷饮店买一块奶油棒冰就可以打发一个下午了，如果能够走进人民楼，在靠窗的位置前坐下，点两个炒菜吃一顿中饭——天哪，那是想都不敢想的奢华享受了！狭窄的老街透着久远的气息，在供销社对门的那个水果摊前流连忘返的孩子中一定也有我的身影，还有在排队等吃馄饨的人群中我一定也插过好几次队。慈云塔，我们都把它叫做宝塔。宝塔与其说是震泽的一个景点，不如说是震泽的图腾。以前，震泽人都不愿离开震泽到外地去工作，因为他们一天看不到宝塔就会难受。我的中学时代，宝塔街是我们好奇探秘的地方，我总觉得那里就是一个宝藏，有取之不尽的好东西，吸引着我们一次次造访。宝塔是植根于我们内心的一个牵挂，它一千多年来默默地站在古镇的东首，一览頔塘河水波光潋滟，看尽蚕丝古镇的繁华春秋。

多年前，当我还是一位小小少年的时候，栽桑养蚕、缫丝剥绵的场景就是我关于家乡的深刻记忆，母亲和她的姐妹们，这些现代的罗敷，用她们的辛勤、内敛和无私，延续了震泽蚕丝产业的发扬光大。母亲们头上的银丝就是蚕宝宝吐出的丝线，随着年岁的增长，这些银丝愈加光亮。母亲们不正是一条条春蚕吗？

这些深深浅浅的记忆，组成了我成长的岁月，这段岁月的震泽，就像一张黑白照片，渐渐泛黄。最近这些年，我回震泽的次数越来越多，尤其是近几年，由于父亲身体不好，我几乎每周要回震泽，每次回来我有时间总要去走一走震泽的老街巷。令我欣喜的是，老街又在焕发出新的生机，虽然大桥和老店铺早已拆除，但留下的一段宝塔街却延续了震泽原有的气息。我一次一次走上这条石板路，一次一次有新的发现，譬如这里开了家茶馆，那里多了个食品店，中间新建了“五间房”，还有，那里，禹迹桥南面，农家菜博物馆里飘荡着美食的馨香……

作为江南重要的一座古镇，震泽在近些年里渐渐散发出她特有的魅力。4A级景区的创建成功，中国历史文化名镇荣誉的获得，国家文物保护单位的增加……还有，一任任镇领导对蚕丝古镇倾注的心血，一位位有识之士为古镇发展的出谋划策，古镇迎来了最好的发展时期，我相信这种好，会渐渐堆积，积淀出古镇的厚重，积淀出古镇的文脉，积淀出古镇与众不同的特质……

古镇的古由来已久，古镇的丝拉长了时光。

我在想，谁有资格说自己是一座蚕丝古镇？谁有底气说自己是一方蚕丝交织的水土？谁有理由说自己是一部蚕蛹化蝶的传奇？我想，只有震泽才配得上。

我一次次来到古镇，一次次漫步在市河边，一次次倾听寺院钟声，一次次感受这宁静恬淡的生活……如果要找一个地方终老，那么，我宁愿选择在震泽，因为这里有我永远的牵挂，就像一根丝，它串起了我们的光荣和梦想，串起了我们追梦的情感，串起了这方水土的历史和现实。

是的，在震泽，常常有一丝牵挂，让我欲罢不能，我愿做宝塔街上一块石，在悠悠的时光里和古镇一起老去！

## 梦里不知身是客

李红梅[①]

按现在的行政区划，我算是吃着熏豆茶和黑豆腐干长大的震泽人。

小的时候，“街上去”指的就是到震泽镇上去。一般都是早上四五点钟就开船了，通过蛛网似密布的水路，横穿过徐家漾，一条小木船吱吱呀呀地摇上小半天，就到了震泽镇上。远远看去，小镇就笼在一片淡淡的晨曦之中。近镇上时，小木船渐渐多了起来，河道显得狭窄。尤其是靠近市场的河道，要很仔细才能找到个空档，把自己的船恰当地泊进去，就像如今在停车场找车位一样。岸上的“街上人”都在生煤炉，有浓重的烟雾升起，袅袅走过半条巷子。小镇仿佛是个娇庸的美人，此时伸着懒腰打着呵欠醒来了。

① 李红梅，震泽镇长家湾人，中国作家协会会员。现居吴江，就职于苏州市吴江区图书馆。

小孩子总是没等缆绳系好，船停稳，就飞快地跳上了岸。长久闭塞单调的乡下生活让我们对镇上的一切都感到好奇。但通常我们只能地在岸边撒一小会的欢，父母要去市场上出售从家里带来的农副产品，小孩子就要留下来守船。运气好的话也许一两个小时，父母就回来了，脸上喜滋滋的，多半是卖了个好价钱。如若不然，小孩子要在船上等一个上午，为怕我们没有耐心，爸爸或者妈妈会先回到船上，跟我们说今天东西不好卖，怕我们等急了，也怕我们饿坏了，先回来带我们去吃碗小馄饨。

紧紧攥着大人的手，不敢有丝毫松懈，怕被坏人拐了去。穿过九曲八弯的弄堂，有“街上人”的小姑娘坐在小板凳上看书，那海绵拖鞋里洁净粉红的脚趾头，让我一时无法面对自己脚上的旧布鞋。

震泽，装载着我儿时关于“城里人”所有的想象与向往。

1984 年那个天高云淡的秋天，年少的我通过人生首次最严格的筛选，如愿以偿进入了震泽中学。同学中大部分来自乡间，是清贫勤奋的农家少年，我们的身上洋溢着稻花香，泥土味，而我们的心间，则盛满了热烈激越的梦想。这座花木葱茏，绿树环绕，在我们眼里仙境似的校园让我们乡间的那所破败的初中黯然失色。

对于十五岁的我们，三年是一段望不到头的长远日子。我们的教室也从高一时的红专楼移到高三时的一所老平房里，而今老平房已经消失，红专楼改名为尊经阁，俨然一处古迹。昔日的护校河边已设置了围墙，挡了看到远处的目光，而操场也乾坤大挪移到了学校的西边，看得出这些年里，校园拓宽了很多倍，也一次次清扫了可能引发我们思古情怀的蛛丝马迹。我记得一个震中的早晨，我和好友复习了一个通宵。走出教室时看见朝霞满天，红日冉冉升起，感觉自己踌躇满志，豪情万丈，可以拥抱整个世界。

三年后，我们就像破茧而出的蝶，在这里完成了成长中最疼痛最重要的蜕变，飞向更辽远的天空。那同样是令人难以忘怀的，1987 年的夏天。

光阴如流，一晃快三十年。时光之手如一位出色的调酒师，儿时的记忆，青春的梦想，一切的一切，经过时间的酿制，散发着甜丝丝的味道。

震泽，是太湖的古称，地处吴头越尾，人杰地灵，物华天宝，自古以来，本地以丝业闻名，镇上的大户人家，大多主营蚕丝业或以之起家。蚕丝被誉为纤维皇后，用蚕丝制作的绸更有人类第二皮肤的美誉。今天，蚕丝制品仍是本镇经济的特色产业。改革开放的春风，高科技新技术的运用，让震泽蚕丝业得到了更为蓬勃的发展，形成了以“太湖雪”“辑里”蚕丝制品为引领的“五朵金花”，年销售额达数亿之巨。小小一粒蚕茧，从没有像今天那样变化万千，迸发出五彩光芒。“辑里”之名，源于明万历元年（1573），辑里村培育了一种优良蚕种——“莲心种”，该蚕种因其所产茧小如莲实而得名，从此辑里蚕丝扬名天下。“五朵金花”，指的是辑里、慈云、太湖雪、山水、丝立方五个蚕丝品牌，坐拥震泽蚕丝业的大半壁江山，也带领了如绿中缘、丹怡雪等200多家蚕丝品牌进军国内外市场。

与时俱进，引领时尚，震泽人总有先人一步的经营理念，令我吃惊的是，年销售过亿的辑里蚕丝居然没有一家门店，全部依赖电视购物和网上销售，辑里蚕丝制品仅北京电视优购物去年的销售额就达7500万，其他品牌也早在四五年前就实现了网络和电视销售，这样既节约了成本，又简化了流程，实现差异化销售，强化效益。

震泽，这座宁静了千年的古镇，老街古桥，韵味悠长，民风淳朴，保持着较完整的传统习俗。记忆中破旧狭窄的宝塔街修缮一新，街面洁净整齐，人家枕河，窗台前，门槛边，小小的地方，都有绿竹丛丛，红花樱草，桂子飘香。

镇上有多个喝茶的好去处，如四碗茶。四碗茶指的是“待帝茶”、熏豆茶、水潽鸡蛋和清茶，有客远来，这是一种家常又隆重的招待，表达深情厚谊。四碗茶店，有临河的廊棚。秋天的下午，一叠瓜子，一杯清茶，看眼前缓缓流水，可以发一下呆，不觉夕阳西下，懒懒起身，打道回府，却见那夕阳无限好，给禹迹桥和慈云塔披了一件金光闪闪的外衣，呵，眼前正是震泽胜景之慈云夕照！

三十年间，与震泽匆忙往来，多少次擦肩而过，好像从没有机会喁喁细语，轻诉离情。今天，我又一次站在宝塔街上，当我的脚板重新叩响熟悉的条石路面，细碎的声响，如同它们隔着久远时空的深情拥抱，相互问候，你好，你好！

梦里不知身是客，一晌贪欢。我于震泽，主人乎，客人乎？然多少年过去，震泽还是那个震泽，它宁静质朴，古色古香，洗涤你的沧桑，安慰你的疲惫劳顿，是一个家一样的温暖所在！

震泽镇编辑的部分著作（2016 年 10 月摄）

# 著述书目

从唐朝至 2015 年，震泽镇著名人士编写完成的主要著述有陆龟蒙的《甫里集》、王蘋的《宋著作王先生文集》、陈长方的《春秋记》、金之俊的《息斋集》、倪师孟的乾隆《吴江县志》《震泽县志》、庄宪臣的《燕超集》、庄元臣的《叔苴子》、王锡阐的《晓庵新法》、龚希髯的《震泽镇志续稿》、龚积芝的《农业丛书》、施肇基的《施肇基早年回忆录》、杨嘉墀的《高技术研究发展纲要》、朱晨的《地球化学模拟在环境中的应用》、曹建红的《思范桥下》等 710 余本，作者 150 余人。

震泽镇历代人士主要著述书目一览表

表 4

| 年代（或年份） | 作者 | 著述书目 |
|---|---|---|
| 唐 | 陆龟蒙 | 《吴兴实录》（四十卷）、《名贤姓字相同录》（一卷）、《古今小名录》（二卷）、《耒耜经》、《三教编》（一卷）、《诗编》（十卷）、《诗编赋》（六卷）、《笠泽丛书》（四卷）、《笠泽丛书补遗》（一卷）、《甫里集》（二十卷） |
| 宋 | 王　蘋 | 《宋著作王先生文集》《论语集解》《古今语说》 |
| 宋 | 陈长方 | 《春秋记》、《礼记传》、《尚书讲义》、《两汉论》、《步里客谈》、《辨道论》（十四卷）、《唯室集》 |

续表 4

| 年代（或年份） | 作者 | 著　述　书　目 |
| --- | --- | --- |
| 宋 | 杨邦弼 | 《挽王信伯先生》 |
| 宋 | 沈义甫 | 《巢睫稿》（五十卷）《云峤类要》《遗世颂》《乐府指迷》《时斋集》 |
| 宋 | 王　楙 | 《拙乡居士集》（五十卷）《春秋类书》《野客丛书》（三十卷）《临终诗》 |
| 宋 | 章　宪 | 《复轩集》（十卷） |
| 宋 | 周　宪 | 《震泽纪善录》 |
| 元 | 明　本 | 《中峰广录》（三十卷） |
| 明 | 钱　棅 | 《少司马新草》《懦园文稿》 |
| 明 | 潘尔彪 | 《虞性草》 |
| 明 | 闵　声 | 《沁庵集》 |
| 明 | 大德辑 | 《浮玉集》 |
| 清 | 沈眉寿 | 《道光震泽镇志》 |
| 清 | 王锡阐 | 《新法历说》、《大统历法启蒙》（五卷）、《圜解》（二卷）、《三辰晷志》《日月左右旋问答》、《五星行度解》（一卷）、《汉书日食辨》、《晓庵新法》（六卷）、《推步交朔》、《测日小记》、《南北两极图浑天歌》 |
| 清 | 王锡蕙 | 《唱随集》（五卷） |
| 清 | 沈蕙玉 | 《聊一轩遗稿》 |
| 清 | 张履祥 | 《同赵二入山访王寅旭》 |
| 清 | 吴　秀 | 《林居文集》《冬日过吴氏康庄小饮》 |
| 清 | 庄　观 | 《研斋集》 |
| 清 | 庄颐由 | 《觉庵集》（五卷） |
| 清 | 姚汝鼒 | 《黾勉园稿》 |
| 清 | 庄宪臣 | 《燕超集》 |
| 清 | 庄元臣 | 《四书觉参符》（二十卷）、《三才考略》、《叔苴子》（七卷）、《招农骚》、《春蚕》、《金石撰》、《时务策》、《凤阁草》、《文论十篇》 |
| 清 | 吴允夏 | 《震泽志》 |
| 清 | 吴应辰 | 《春秋麟旨》 |
| 清 | 吴铭训 | 《经义集说》《三史异同考》《垂竿集》 |
| 清 | 庄世芳 | 《巢雪草》 |
| 清 | 庄汝培 | 《抱膝吟》 |
| 清 | 沈应瑞 | 《明乐志》（二卷）、《介轩遗稿》 |
| 清 | 沈皇玉 | 《鲈乡诗文集》《浔溪稿》 |

续表 4

| 年代（或年份） | 作者 | 著　述　书　目 |
| --- | --- | --- |
| 清 | 沈　栋 | 《浩然堂集》 |
| 清 | 沈士昇 | 《研农集》（十二卷） |
| 清 | 沈大声 | 《蒹葭诗集》（六卷） |
| 清 | 沈国正 | 《察好集》 |
| 清 | 俞钟岳 | 《晓庵先生集》 |
| 清 | 沈以介 | 《职方表》（四卷）、《读史贯索》（十六卷） |
| 清 | 程世泽 | 《爱吾庐賸稿》 |
| 清 | 倪师孟 | 《南村诗钞》《入蜀纪行》《梅府诗钞》《吴江县志》《震泽县志》 |
| 清 | 倪宗基 | 《望古轩诗稿》 |
| 清 | 周善承 | 《旨先诗文遗稿》 |
| 清 | 周善溥 | 《醉杏小榭遗稿》《沪城鞭难录》 |
| 清 | 周善咸 | 《葛民诗稿》 |
| 清 | 严　鍼 | 《宜桑楼遗稿》 |
| 清 | 周善庠 | 《潜庐诗存》《藕河医案》 |
| 清 | 周善登 | 《星辉楼诗钞》《芝隐诗钞》 |
| 清 | 龚树纬 | 《潜庐劫馀吟》 |
| 清 | 凌赓飏 | 《修初居诗钞》 |
| 清 | 庄文传 | 《砚楼诗钞》 |
| 清 | 周　白 | 《孤赏斋诗钞》 |
| 清 | 周积康 | 《晚香楼诗钞》 |
| 清 | 周积芹 | 《绿庐诗稿》 |
| 清 | 周积蘪 | 《蕲山楼算草》 |
| 清 | 周　楚 | 《自题倚竹图》《廿一史标言》《续历代帝王年表》 |
| 清 | 俞　樾 | 《徐汝福墓志铭》 |
| 清 | 杨象济 | 《周士炳墓志铭》 |
| 清 | 劳乃宣 | 《周积华墓志铭》 |
| 清 | 施肇基 | 《施肇基早年回忆录》 |
| 清 | 施则敬 | 《笠泽施氏支谱》 |
| 清 | 曹诒孙 | 《防僵粉的研究》《蚕核型病毒及多角体的稳定性研究》《蚕软化病毒的研究》《多化性蚕蛆病的防治》《中国农业百科全书·蚕业卷》（主编） |

续表 4

| 年代（或年份） | 作者 | 著述书目 |
| --- | --- | --- |
| 清 | 宋霖若 | 《中医治疗血吸虫病》《小儿暑热消渴证治》《中医肺病疗法》《黄疸证治》《中医治疗高血压》 |
| 清 | 黄文东 | 《丁氏学派的形成和学术上的成就》、《黄文东医案》、《中医内科学》（主编）、《黄文东教授运用调气法治疗胃痛的经验》、《黄文东教授治疗慢性泄泻的经验》 |
| 清 | 潘永顾 | 《且存稿》 |
| 清 | 蒋士谔 | 《吾庐诗文稿》 |
| 清 | 倪若霈 | 《抟凤阁稿》 |
| 清 | 倪若霨 | 《读史管窥》《史事联珠》《订补陈检讨集注》《古诗选》 |
| 清 | 潘婉顺 | 《兰窗咏》 |
| 清 | 庄庆椿 | 《冬荣室诗钞》《鹃碧集》《怀一集》《感逝集》《黄河集》《间气集》 |
| 清 | 庄基永 | 《却老编》 |
| 清 | 张　芹 | 《耕馀草》 |
| 清 | 谭　书 | 《鸡肋集》《海外集》 |
| 清 | 黄子真 | 《仙渔诗草》 |
| 清 | 张以智 | 《帘谷诗草》 |
| 清 | 张　萼 | 《吟雪轩诗稿》 |
| 清 | 沈金渠 | 《震泽备志》（二卷）、《春风庐诗集》 |
| 清 | 周　桢 | 《愚堂诗钞》 |
| 清 | 智　潮 | 《归来堂诗集》 |
| 清 | 智　津 | 《楞严经疏》（十卷）、《金刚经点缀》 |
| 清 | 张　履 | 《积石文稿》（十八卷）、《积石诗存》、《鲙馀编》 |
| 清 | 周士炯 | 《铁霞遗稿》《吟余小舍诗文集》 |
| 清 | 钟　鼎 | 《小林壑诗钞》（八卷）、《小林壑文存》、《小林壑诗剩》 |
| 清 | 方廷楠 | 《一穗轩诗编》 |
| 清 | 王徐庠 | 《蛰庐遗稿》 |
| 清 | 庄元植 | 《澂观斋诗》《寄庐诗草》《励学室诗存》《蕉花馆文存》《唱和诗钞》 |
| 清 | 徐　权 | 《乐乡居诗文稿》 |
| 清 | 周善旅 | 《湖滨吟草》 |
| 清 | 蔡　芸 | 《伽罗堂诗钞》 |
| 清 | 吴薇仙 | 《耐辱吟》 |
| 清 | 吴　翻 | 《读史存信存疑》《升恒堂集》《复社姓氏录》《南都防乱公揭》 |

续表 4

| 年代（或年份） | 作者 | 著 述 书 目 |
|---|---|---|
| 清 | 吴 璁 | 《松岩诗集》（十三卷） |
| 清 | 金之俊 | 《息斋集》《金文通集》 |
| 1912 年至新中国成立前 | 胡式仪 | 《作物栽培学》（合编） |
| 同上 | 杨嘉屏 | 《小学数学实验教材》 |
| 同上 | 周醒华 | 《胆石成分的地区特点性状和胆道残余结石灌注的研究》、《肛瘘切除一期缝合术 124 例临床报告》（论文 20 余篇）、《中国肛肠病》 |
| 同上 | 孙宁铨 | 《全国中西结合妇产科学教材》《全国中医高等院校统一教材·妇产科学》《江苏省妇产科学》 |
| 同上 | 孙应铨 | 《国家城乡建设专业分类与代码标准》 |
| 同上 | 龚积球 | 《机车强度计算》《内燃机车总体及机车走行部》《橡胶件的工程设计及应用》 |
| 同上 | 庄自立 | 《大容量（125MW）火力发电设备检修工艺规程》 |
| 同上 | 李祥华 | 《变压器三维漏磁场和线圈涡流损耗的有限元分析》《大型电力变压器铁芯拉板的涡流损耗分析及局部过热问题的讨论》 |
| 同上 | 龚积芝 | 《农业丛书》（编著）、《生物学大意》、《种子浅说》、《农业实用手册》 |
| 同上 | 龚希髯 | 《龚氏族谱》、《震泽镇志续稿》（执笔） |
| 同上 | 施逸清 | 《笠泽施氏支谱》 |
| 同上 | 施耿元 | 《国际生涯回忆录》（六卷） |
| 同上 | 张慰慈 | 《新青年》、《每周评论》（编辑）、《俄罗斯苏维埃政府》（译著）、《争自由的宣言》、《我们的政治主张》、《英国选举制度史》、《政治学大纲》、《宪法》、《政治概论》、《市政制度》、《妇女论》、《现代民治政体》 |
| 同上 | 李学清 | 《论中国北部前寒武系大理岩中的含镁量》（合著）、《火成岩成因及地球深度》（译著）、《光性矿物学》（译著）、《沉积岩岩石学》（主编）、《地质评论》（编委） |
| 1953 年～1999 年 | 吴 桐 | 《蠡园风景成扇》《花卉昆虫成扇》《雪景》 |
| 1954 年～1998 年 | 黄钟骏 | 《人民画报》（杂志总设计）、《毛笔硬笔行草唐诗三百首》 |
| 1965 年～1998 年 | 杨嘉墀 | 《关于发展我国人造卫星工作的规划议案》《高技术研究发展纲要》《关于加速发展我国航天事业的建议》 |
| 1969 年 | 施福佑 | 《半导体器件物理学》 |
| 1978 年 | 徐昌裕 | 《当代中国航空工业》（副主编）、《中国航空工业史》（定稿）、《1978～1985 年航空科技发展规划（草案）》 |

续表 4

| 年代（或年份） | 作者 | 著　述　书　目 |
|---|---|---|
| 1979 年～1999 年 | 程人乾 | 《罗莎·卢森堡——生平和思想》、《当代世界经济与政治》（主编）、《十九世纪波兰人民的抗俄独立斗争》（译著）、《路德维希·费尔巴哈的伦理学》（译著）、《波兰简史》（译著）、《论近代以来的民族主义》、《一九三九年的德波战争》、《关于 20 世纪历史巨变的几点思考》、《1848 年欧洲革命史》、《马克思主义在中国》 |
| 1982 年～1985 年 | 施家治 | 《砌块式筒仓结构》《究间框架的受扭计算》《水泥厂大型预均化库软地基变形分析及处理方案的探讨》 |
| 1983 年～1994 年 | 周士藩 | 《高等代数解题分析》、《高等代数常用方法》、《抽象代数》、《抽屉原理与涂色问题》、《怎样解数学竞赛题》、《全国实践数学竞赛解题指导》、《中学数学》（编委） |
| 1994 年～2001 年 | 钱志新 | 《现代工业企业管理》、《企业外向型经营概论》、《乡镇工业企业管理学》（主编）、《新企业经营管理模式探索（丛书）》（合著）、《面向新世纪的江苏经济发展》、《江苏的工业化之路》、《关于江苏信息产业发展的战略思考》、《新商业模式》、《0.168- 宇宙的钥匙》、《宏观经济管理》 |
| 1999 年 | 庄祥鸣 | 《中国军事文库》（论文） |
| 1999 年 | 震泽镇人民政府 | 《震泽镇志》 |
| 2002 年 | 王永昌 | 《王永昌花鸟画集》 |
| 2002 年 | 朱　晨 | 《地球化学模拟在环境中的应用》 |
| 2002 年 | 盛红明、周德华、李廉深 | 《江苏历史文化名镇震泽》 |
| 2006 年 | 刘延华、黄　松 | 《苏州师俭堂——江南传统商贾名宅》 |
| 2007 年 | 震泽镇人民政府 | 《震泽指南》 |
| 2008 年 | 张炳高 | 《震泽八景》 |
| 2009 年 | 震泽镇<br>吴江市档案局 | 《震泽镇志续稿》 |
| 2009 年 | 徐宏慧 | 《东吴孙尚香》 |
| 2010 年 | 震泽镇人民政府 | 《震泽指南》《慈云塔下》《中国历史文化名镇丛书·震泽》 |
| 2010 年 | 曹建红 | 《思范桥下》 |
| 2011 年 | 中共震泽镇委员会<br>震泽镇人民政府 | 《震泽梦里依稀见过你》 |
| 2012 年 | 陆　斌、杨晓容、陈林春 | 《千年古镇——慈云》 |
| 2013 年 | 戚振宇 | 《震泽美食》 |
| 2013 年 | 中共震泽镇委员会 | 《中共苏州市吴江区镇级党史资料·震泽卷》 |

# 杂记

# 古镇轶事

## 《震泽八景记》

沈秩安

震泽，古地名也，即禹公所谓“震泽底定”是矣。东入境，运河中流，有浮墩一座，名曰“分水墩”。以镇水源承天目之苕溪，至此藉墩以分水势也。墩建三层，各供佛像，上层为魁星，足徵吾邑人士曩昔热心科名之表现矣！登其上，俯视往来布帆，上下相映，大有可观！时人谓之“飞阁风帆”。下墩，行小桥西进，经禹迹桥，越芰山庙，有古塔焉。塔为五级，相传孙吴赤乌年间所建，为镇最古之建筑物，围塔建慈云寺，有金刚殿，有罗汉佛，邑人修之又修，各有碑记。每于春秋佳日，夕阳红照之际，达其第五级，北望洞庭，南瞰麻溪，令人心旷神怡，谓之“慈云夕照”，宜矣！倘能上置警钟，为军事瞭望之用，尤有意义也！折而北行，见一土阜，俗称“花山”，实则一古墓耳。旁有桃源洞，乃宋侍郎杨公绍云所创，明代通判沈有光因其故址而复筑，题曰“复古桃源”。考诸古籍，侍郎之先，为中书舍人杨公邦弼。宋南渡时，杨公与陈公长方、王公蘋，均由闽而侨居于此，即今所祀宋三贤是也。当沈氏复筑之时垒石为山，凿坎为池，甚精致也。今观其遗址，亭榭倾颓，桃源淤塞，独其基础依然，颇足令人兴复古之思矣！

飞阁风帆

慈云夕照

复古桃源

虹桥晚眺

张墩怀古

普济钟声

从桃源洞西北行，通藕河，达虹桥，西隔数武，复有塔影桥，相传每逢中秋月夜，慈云塔影映于桥下，因而得名。清代倪太史师孟，咏虹桥晚眺诗“寺拥残霞明雁塔，波浮新月落虹桥”，写尽诗景矣！民国8年，邑人建一亭于桥之东畔，名曰“小垂虹”。栽树数株，迎风相映，生色不少。近时公园创辟，新河告成，虹桥南迁，新村筹设，吾镇北部已有伟大建设，游者至此，顿觉别有一番气象也！

舍陆而舟，向北行，四里许，牛娘湖见矣（是湖土俗称长漾）。湖中土丘一环，广不过二亩，四面环水，非舟不通，上有庵，名浮玉，土人相传，岁旱不见水低，岁潦不见水高，若神秘焉，此浮玉庵之名所由来也。更可以名张墩？盖浮家泛宅之高士张志和流寓而得之者，地以人传，信而有徵！初建时，前为山门，左寂照斋，右香林室，中为大悲殿、香积厨、击楫轩，后为如来殿、水晶殿、树下居，今仅存断碑零石，破屋几楹，神象几座而已。且湖有伏蟒，为游人所畏。唯捕鱼为生者群集之。

从湖西南行，经徐家漾，出杨林桥，遥见古树竹林，则普济寺至矣。斯寺，宋元丰初建，为吾镇第一古刹。自宋、元、明而清，代有诗人吟咏，寺中有古柏，相传为唐时物，其后枯萎，无从考证，唯清代张隽、徐崧有吊古柏诗，庄颐有古柏叹，令人感慨而已！寺毁于庚午兵燹，清光绪初年，复由寺僧定圆募化重建，大殿仍未恢复，其时游僧至此，一宿二餐，于是钟声时闻。今则住持非人，梵钟无音，美之曰“普济钟声”亦一过去之名词耳！

转舟而东南，经普安桥，入分乡桥，有明代扬州太守吴秀别墅焉，名曰“康庄”。公字平山，邑人，明万历六年，建石室，筑土阜，凿小池，搜集名人碑文、画像，刊于壁间、室中，刊得范蠡、陆龟蒙、王蘋、陈长方、杨邦弼、陆十七、沈义甫、杨绍云、张源等九贤遗像，题曰“四代文人”。又摹刊唐吴道子所绘孔子像，题曰“先师小影”。其他：公先人所遗之宋帝敕诰，公守扬州之治河奏疏，更有欧阳修公手书“平山”两大字遗墨，俱为有价值之古碑也！当时又称为“吴大夫园”。园中，高楼华馆，奇石异卉，均无不备，证诸古人吟咏：庄公宪臣宿康庄诗云“不知身是客，云卧意何长！山月疏灵灿，松风小阁凉。鸟呼醒梦短，絮舞得诗狂。底事横塘路，喧惬镇晓忙”。庄公元臣冬日遇吴氏康庄小饮诗云“康庄虚寂隔尘埃，有客相携共举杯，愧我蝇营迟远迈，羡渠鸟倦赋归来，林梢萧瑟秋风古，人影参差鉴水开，取醉莫愁退老计，须知松菊易为栽”。王公锡阐春日康庄观梅诗云“片帆遂意探幽微，斜转溪流傍古矶，香起静中知有圃，影横疏处更藏扉。铛携芸径烹寒涧，酒问村家质敝衣，展屐无凭高处望，罗浮新见野烟飞”。沈公虬游康庄诗云“念载相思此度来，平泉名胜旧亭台，碑留名字欧公笔，田奄种千株处士梅，花鸟春风供啸咏，文章遗迹久蒿莱，登临无限升沉意，总付陶然浊酒杯”。读昔贤诸诗，康庄之变迁斑斑可考！民国十九年春，余与杨君剑秋，龚君季搏等，虑古迹之湮没，为之募款修葺，披斩荆棘，断碑残碣，虽一鳞一爪，亦注力保存；唯樵牧不禁，依然时遭蹂躏，心甚憾之！然追思清末，无人顾问，蓬蒿没径，游人裹足，今已足以慰吴公于地下矣！

康庄距蠡泽一里许，泽有钓台，在应天寺岸前，相传范蠡沼吴功成，泛舟五湖，钓鱼于此。考诸康庄人湖答碑记：“范子佐越平吴，舍于震泽里，解上将印，辞分国赏，散家资，挈家属，隐人湖。”见其台遗址，叠石为矶，非大建筑物，或当时寄托之欤？抑后人附会之欤？疑信参半，无佐证耳。

游既毕，窃有感焉：吾镇之旧八景，尚不知兰亭已矣，梓泽丘墟，亦可叹观止矣！今后应运而生之新八景，驾而上之，岂有穷尽哉！

康庄别墅

范蠡钓台

## 吴江出席世博会第一人——毕康侯

1920 年 10 月，上海报界报道了美国纽约将举办第一届万国丝绸博览会的消息。与此同时，美国丝业公会来电邀请中国丝绸业界与会。各丝业团体各自集议，推举代表，筹措经费，并电请北京政府农商、财政两部给予拨款补助。11 月下旬，中国丝业代表团中团长 1 人，团员 8 人，分别代表全国各地丝业行帮，其中（南）浔震（泽）丝帮 3 人（南浔 2 人、震泽 1 人），代表江浙皖丝经业同业总公会与会。震泽镇派出的是宝塔街毕万茂丝经行的少东家毕康侯。毕万茂丝经行是镇上 47 家丝经行之一，有一定规模。其经营的“黑马牌”辑里丝经早在 19 世纪已扬名欧洲，为法国的免检产品。且毕康侯早年留学美国，精通英语，其堂弟毕辅良时任中国驻美公使馆一等秘书。是年，震泽人施肇基又出任驻美公使，天时地利人和成就了毕康侯此次出访。

代表团组成后，团员们分赴各自代表的团体和行业进行发动，搜集展品、编制说明书、广泛征求出洋考察建议。震泽隆昌震、徐世兴、恒懋昶等各大丝经行纷纷响应，精选展品交与毕康侯运沪集中。12 月 19 日，中国丝业代表团一行 10 人在吴淞口登上苏联“皇后”号邮轮启程。

1921 年 1 月 12 日，毕康侯抵达美国纽约，参加纽约世博会，他是吴江出席世博会的第一人，他还利用会前时间遍访美国的用户丝织厂，听取意见。2 月 7 日，万国丝绸博览会在纽约大中宫隆重开幕，与会代表近千人，中国代表团受到热烈欢迎。会展中，浔震丝帮送展的辑里丝和辑里丝经布置成两个展室。2 月 12 日，博览会结束，回国途中

1921 年，参加美国纽约万国丝绸博览会的中国丝业代表团

1921年2月，毕康侯《赴美日记》　　1921年，在美国纽约万国丝绸博览会上展出的金字塔牌丝经

转往法国最大的丝织中心里昂参加万国（丝绸）货样展览，并访问法国厂商。5月3日，中国代表团返沪。4日，江浙皖丝经业同业总公会举行欢迎会，听取浔震丝帮代表汇报出访情况。其后编制印刷《纽约第一次万国丝绸博览会辑里丝业代表调查报告汇录》，其中收录毕康侯所撰的《赴美日记》。《赴美日记》详细记载毕康侯出访中的所见所闻，如拜会美国丝业公会、参观美国生丝检验所并访问用户等，其中写道："中国丝三个字已印入美人脑筋矣！美人用中国丝之真相已明，吾国丝之缺点既如……将来则在吾国同业之热心改良工作，设法推广也！"

纽约世博会结束后，毕康侯将带去参展的"金字塔"牌丝经经条交还震泽隆昌震丝经行业主杨公度。1988年，杨公度将此经条捐赠，现被吴江丝绸历史陈列馆收藏。

## 大桥风情

旧时镇区中心，横跨頔塘市河有座气贯长虹、挺拔巍峨的古桥梁，名曰底定桥。该桥桥名源出于《尚书·禹贡》"三江既入，震泽底定"，与震泽镇名同出一源。该桥与镇东的禹迹桥和斜桥河内的禹王庙，同为纪念大禹治水功绩的历史性建筑。

底定桥（砥定桥）与震泽镇一样古老，由于年代久远，初建无考，志载最早的一次重建是南宋淳祐二年（1242年），以后历代屡次重建。最后两次是：清乾隆三年（1738年），皇帝下诏发出国库银重建；乾隆五十二年，市民蔡振业再修。

底定桥单孔拱形，南北走向，连接市河上下塘岸，气势雄伟，其宽度及高度为震泽镇桥中之最，在江南市镇中也属罕见，以其体量高大，俗称大桥。

大桥风情（1958 年摄）

桥北堍临砥定街，丝行、经行林立，称为丝行埭，其他各类老铺名店也跻身其间，为商业上的风水宝地。北向桥坡连接双向引桥，状如河埠，分导东西客流。南堍桥脚直通南横街，另在桥坡剩七八级石阶处，筑成桥台，向西延伸约十余米，再拾级而下，以分流西去下塘的街路，称为旱桥。旱桥与街面平行而高出于街面，构筑时独具匠心。

底定桥处于镇中心，登临桥面远眺，两岸美景与民居建筑尽入眼底。

大桥桥身宽阔，能在桥面上开店设铺。昔时，在桥面上搭棚挑檐开白铁作、水果店、皮鞋店、百货店、鲜肉店、土丝行、帽子店和灯笼店等好几家铺子。南坡旱桥上，清末设有钱兑店（将碎银子兑成铜钱）、银匠店、糕团店和馄饨店等。桥即是街，街即是桥，桥街不分。清晨农民先得在桥坡上抢占半级之地，摆出自产的蔬果禽蛋，点心摊档也摆上桥面吆喝招揽生意。商事活动自桥面延伸到两堍街面，甘蔗摊、地货摊、香烟摊、爆冻米摊、丝网摊、竹器摊、农具摊、秧苗摊、皮匠摊、铜匠担、箍桶担等百货聚集。桥下则渔舟划子船等毕集，虾蟹鱼鳖蚌蚬等活水河鲜罗陈，吊下竹篮，满篮鲜活蹦跳的水产立等可拎。桥、街、河构成三个层面的立体商事繁华图。

整个上午，大桥附近市声不绝，甚为喧闹。桥面上、街路上人满为患，前胸贴后背，俗称为“推背脊”。水中则船只塞港，首尾相接，可谓依水成街，傍河成市。

平日里撑起大阳伞的拔牙游医、戴墨镜的算命瞎子、叫卖梨膏糖的“小热昏”、打拳头卖膏药的也混迹其间。若遇庙会或过节，游行队伍必定行至大桥，尽兴表演各类说唱和杂耍。旧时中元节（农历七月十五，俗称七月半节）则要在大桥脚下搭台念经，做法事，于是诵经吟佛、鼓乐吹打，响彻早晨黄昏。

大桥成为看热闹、轧闹猛的所在，震泽人一日数顾，外地客商到震泽也必定要去游览一番，否则枉虚震泽之行。

新中国成立初期，各类文娱宣传活动如扭秧歌、演活报剧等街头演出活动也在大桥头举行。1971 年，因镇区通车改建道路，大桥被拆除，改建成水泥混凝土桥，景观有所改变，但其传统不改热闹如前，为震泽注入新的时代活力。

## 民间传说

### 范蠡垂钓斩龙潭

范蠡

蠡泽湖位于震泽镇区西南，经西塘港与頔塘河相通，原名斩龙潭。

春秋时期，大夫范蠡助越王勾践灭吴后，弃官而去，携西施泛舟江湖，云游四方。他们在途经震泽斩龙潭时，只见水波不动，澄明如镜，超凡脱俗，正合他们隐居的心境，于是就在近处筑宅而居。范蠡还延请能工巧匠在潭前砌造阶梯式高台，每逢晴朗之日与西施拾级而上，放线垂钓，因此被称为范蠡钓台。而斩龙潭后来亦改称为蠡泽湖，以纪念范蠡。

唐大中七年（853 年），在蠡泽湖畔建应天教寺。宋、元、明朝时，几经重建再建，具有相当规模，殿宇嵯峨，楼台错落。明代钮仲玉游应天教寺作诗云："殿阁俯青红，楼台晃金碧。龙宫依绀园，鹿苑秘绣陌。曲水冒朱华，四流萦锦石。"

应天教寺之东即范蠡故宅，明时改为范蠡祠。后来，骚人墨客到震泽必往蠡泽一游，凭吊范大夫遗迹。明王叔承在《蠡泽寺访旃上人留赠》诗中有“怪得湖山近，曾来范蠡船”之句。清沈金渠《范蠡钓台》诗中则言：“有矶截中流，云是钓台址。钓者今安在？扁舟去如驶。”清张嘉理《蠡水山房写怀》诗中言：“范蠡祠堂傍水滨，五湖烟雨是潜身。苏台一笑今何在？笠泽千年尚有神。”清程礼《过范蠡故宅》诗则言：“花残春殿人何处？月冷吴宫鸟自鸣。唯有钓台终古在，我来犹听棹歌声。”

## 朱元璋避难宝觉寺

元天历元年（1328年）农历九月十八夜，凤阳山区里贫苦农户朱五四家一个小生命诞生了，这就是未来明朝开国皇帝朱元璋。处在水深火热中的朱五四逼迫带领村上群众造反官府，被奸人告密。至元四年（1338年）皇帝派官兵追杀，时年10岁的朱五四之子朱元璋在乡亲们掩护下出逃在外。皇上发现朱五四之子脱逃，命手下务必尽力捉拿朱元璋。

朱元璋既要躲避元兵追杀，又要为度日沿路乞讨。一日，逃到浙江南浔寺院，丐帮头目陈阿三收留了他。陈阿三一看正在睡觉的朱元璋，丐棒放在头底下当枕头，两手伸直，两腿分开的姿势，陈阿三细细琢磨，啊！这不是个“天”字吗？睡梦中的朱元璋翻身侧睏，把丐棒压在胸前，好似“子”字。陈阿三暗思，“天子”两字，这小子长大后肯定有出息，于是盘问其由，朱元璋不吐真情，胡乱瞎编一套搪塞过去。往后陈阿三对其亲上有加，如亲子一般对待，朱元璋出于对陈阿三的信任才吐露真情，陈阿三自赞眼力不错。一日，元兵追到，叫嚷要搜查寺院，陈阿三清楚地意识到大祸临头，于是马上设法叫朱元璋逃跑，免遭一难。

时隔数日，元兵一路追杀，朱元璋路经九都曹村宝觉寺，直奔寺里。见无处藏身，一看缮厨房有座灶头，一头钻进破旧不堪的灶膛内。元兵追到寺内到处搜查无果，看到灶头上，灶膛口结满蜘蛛网，撒手离去，朱元璋又免遭一难。

宝觉寺长老眼看朱元璋福分甚大，蜘蛛也助他，肯定非同一般，又见他骨瘦如柴，乞讨度日，无处投靠，长老问朱元璋是否愿意留在寺内，朱元璋求之不得。寺内正修缮灶头，叫他做小工，泥浆用糯米饭和泥拌和后砌砖，幼小的朱元璋，力气有限，而且泥浆用量较大，他拌和得满身是汗，有气无力地说：“这座灶头这样砌，变成独结了，以后拆也拆不掉。”后经几次修建，果真拆也拆不掉。

宝觉寺（2009 年 3 月摄）

三个月后，寺内建厕所，长老又叫朱元璋做小工，再三叮嘱他："你尽管慢慢地做，但不要多说话。"朱元璋回答说："你老放心，我保证屁也不放一个。"厕所建成后，凡想上厕所的人，一到厕所就没有便意，连屁也放不出一个。

明洪武元年（1368 年），朱元璋登帝后，命浙江湖州府寻找丐帮头目陈阿三，为他建造御善堂，拨给银饷俸禄，让他享受终身。而后，拨银浙江湖州府为宝觉寺修缮，钦赐御匾"宝觉寺"回愿，使宝觉寺增放异彩，从此香火旺盛。

## 双塔桥的传说

清天聪至顺治年间（1627 年～ 1661 年），浙江湖州一个南浔人在京做官，位居兵部尚书，人称董尚书。董尚书是天聪、崇德、顺治三朝元老，权高位重，受人尊敬，但是他产生了做皇帝的梦想，苦思冥想寻找风水宝地。有一天，差人去寻找风水先生为他相风水，找龙穴，想搬到龙穴处去隐居。风水先生到湖州潘公桥上察看水流方向，将一篰砻糠从桥上往下倒，说也奇怪，倒下去的砻糠沉入水中不见了，风水先生吩咐下属兵分两路顺水察看。一路回报，砻糠在七都与震泽镇八都的交界处一座名叫双塔桥底下浮了上来。风水先生和董尚书叫差人带路前往。

风水先生站在双塔桥上认真仔细的环视四周后，对董尚书说："啊，这里真是'活龙穴'。"指着桥西塊的庙说："庙是龙头，桥东西两旁的塔是龙角，庙前的两口井是两只龙眼睛，庙前一只池塘是龙嘴，庙后面的地埂是龙体，很长很长的一条芦苇埂是龙的尾巴。"董尚书看了以后很高兴，赞赏风水先生为自己找到风水宝地。

风水先生找到"活龙穴"后双日就失明了。他对董家说："我的养老要全靠你家大人了，而且每天要吃一只老母鸡。"董家全答应。有一天，董家佣人抓鸡时，谁知鸡由于受惊，一吓扑倒了粪坑里。佣人把掉在坑里的鸡杀了烧给风水先生吃。过后佣人对风水先生半开玩笑地说："今朝你吃粪箕，明朝叫你吃扫帚，往后的日子你不好喽。"一时，风水先生听得丈二和尚摸不着头脑，叫佣人给他解释。佣人将发生的事情照实说："你今天吃的鸡是只落坑鸡，是不是叫粪鸡（箕），那么明天就要叫你吃烧酒（扫帚）。"风水先生听了佣人的解释后，心想：董家佣人这么狠心，何况董尚书呢？我的养老送终的念头是没有指望了。

董尚书自从找到"活龙穴"后，办事一切顺当，皇帝更器重于他。一天，董尚书差人叫风水先生，交谈中，风水先生听出董尚书想要当皇帝之意，于是，风水先生顺水推舟地说："你想早日登基也不难，只要把庙背后这条芦苇埂垦断。"于是董家差遣十余人把芦苇埂垦断。说也奇怪，今天垦断，明天就长满，连续数日如此。风水先生掐指一算，叫民工把铁耙、铁铲斩在泥里不要拿起来，夜里也不要拿出来。结果第二天河里满是血水，活龙受伤出逃，往东北方向逃去，路经五都、双石港、回龙桥，直奔太湖。活龙逃走，风水破掉，风水先生的眼睛也复明了。

董尚书听了风水先生的话信以为真，认为当皇帝指日可待。一日，朝拜过后，皇上叫董尚书留下私语，眼看皇上龙悦颜和，董就乘机上奏，"吾皇日理万机，国泰民安，国朝各地风景如画，特别是南方浙江更为胜色，臣有意陪吾皇南巡，不知皇上意下如何"。"朕正有此意"。董尚书紧接上奏，"浙江湖州南浔有好多景点，有走过桥勿见桥，金鸡弄相对凤凰桥，东吊桥、西吊桥，还有一步两吊桥，南浔北栅头还有七层甩倒塔"。董想把皇上骗到双塔桥后谋皇篡位。后被皇上觉察到董尚书有阴谋，于是将董尚书斩首，将其首级悬挂在宫廷城墙上以示训众。董尚书家属收尸时，发现少了董尚书的头，就打了一颗六斤四两（合 3125 克）的金头装在董尚书尸体上，连夜在湖州范围内葬了 72 个坟墓。其中震泽镇八都川河田小岂圩有一个董尚书的坟墓，有栲栲圈、石人、石马、石台子、石牌楼和石十二生肖等。

## 沙泥荡·大禹降龙

沙泥荡，又名斩龙潭，蠡泽湖。

沙泥荡为什么叫斩龙潭呢？传说大禹治水时期，东海老龙因违规外游，造成天下水灾，误了玉帝圣旨，犯下天条。玉帝下令收监斩他，不料他挣脱锁链，逃掉了。他想入海，可是海上布满天兵天将，连一根针都插不下去。他重又上天，只见天兵天将手提斩妖剑紧追不舍。老龙逃得精疲力竭，驾着祥云正在寻找避难的地方，低头一看，忽见下面有个小的集镇，镇上一块石碑上写着“龙翔镇”三个字，心想这不正是我隐伏的好地方吗？于是，按下龙头，直往龙翔镇而来。无巧不成书，正在这个时候，震泽来了一个相风水的先生，这个先生是远近闻名的刘半仙。刘半仙这天清晨早起，闲来无事，出震泽往南踱步，行至龙翔镇前面，站在高处往四下里一看，不由大惊失色：这儿是一个藏龙卧虎的所在呀！想到这儿，他眉头一皱，决定破坏这里的风水。

刘半仙立即返回震泽，叫来一班匠人，在龙翔镇的东北角建一座庙宇，并关照山门一定要朝北。人多手脚快，几天庙宇就建成。刘半仙看后十分满意，还提笔在大殿的两根柱子上写下一副对联：山山水水，巍然国家江山；风风雨雨，一任圣朝千秋。

再说老龙从九天降落，搅起大风，搞得天昏地暗。当他落到龙翔镇上空时，只见东北角上有一座庙宇，正想隐藏进去，猛地发现山门朝北，不能进去，不禁傻了。正在这时，刘半仙摇着扇子姗姗而来。老龙见他羽扇纶巾，道骨清奇，知道是个有能耐的人物，立即求他相救一命。刘半仙睁眼一看，见空中有一条老龙，心想：幸亏我走在他的前面，如今他就不能在这里安身了，因此哈哈大笑起来。老龙见他这副神态，知道这庙门的转向，是他搞的鬼，再求肯定也是没用的了。他勃然大怒，转身刚要重上九天，不料大禹也刚刚赶到，挥动斩妖剑将老龙的头颅斩下。老龙死了，尾巴在地上旋了一圈，霎时泥灰满天。刘半仙正洋洋得意，未防一阵灰沙飞来，钻进他的眼睛里，痛得他叫苦连天。事后任他怎么洗，怎么擦，也弄不干净。就这样，他的眼睛慢慢地模糊起来，几个月就变成一个瞎子。

当时龙尾巴旋转过的地方，立即出现一个约莫半里范围的水潭。因为老龙就被斩在这里，所以这潭后来叫斩龙潭。那旋起的泥灰飞到天空，重又铺天盖地落下后，把龙翔镇埋个精光，变成一片漠漠田野。现在到震泽南面三里路的地方，如果掘开泥土三尺，还能看到被埋的石板街路。

沙泥荡又叫蠡泽湖，传说与范蠡有关。传说吴越春秋时，越王勾践听了范蠡的计谋，“十年生聚、十年教训”，卧薪尝胆，厉兵秣马，积草屯粮，并先后用美人计、塞木计、蒸谷计，把吴王夫差的元气消耗殆尽，吴国终于被一举击破。就在两国交战，兵荒马乱时，范蠡悄悄到灵岩山馆娃宫中，接了西施，两人乘一叶扁舟，穿箭泾河，进入太湖。“鲤鱼挣脱金钩去，摇头摆尾不复返”。范蠡深知越王只可同患难，不能共富贵，因此不愿留在杭州受高官、享厚禄，便偕同西施到震泽的斩龙潭，暂时居住下来。这地方，桃花嫣红，嫩柳飞絮，河港交积，菱藕满塘。他们在这里一住几年，倒也十分悠然自在。闲来无事，范蠡在震泽请一些能工巧匠，凿好多方形块石，在沙泥荡旁边砌个高台。高台的上下四周有石阶，下宽上窄，呈宝塔形，煞是别致。每天，范蠡都要与西施携手拾级而上，垂钓憩息。钓鱼台最高一块石块，恰好容两人席地而坐。石块中央有个圆圆的孔洞，直达荡底。起风时荡中浊浪滔滔，石孔内的水面却仍然平静如镜，清澈见底。西施常常于此对“镜”梳妆，范蠡则在一旁默默垂钓。后来范蠡到宜兴一带化名为陶朱公，定居经商之后，还是忘不了这段生活。于是，他将头几年积蓄的钱财请工匠打一条哧溜溜的乌金链条，暗中命人把它缠在钓鱼台下，巩固石基，以志留念。

俗话说，哪有不透风的墙。钓鱼台下有条乌金赤链，很快被附近的农家渔户知道了。但是，他们为了纪念这位有胆有识的才子和那位倾国倾城的淑女，从没有对那条乌金赤链有过非分的欲念。一晃几百年，钓鱼台四周沉沉寂寂，河底金链子从未被挪动过。可有一天，从太湖中驶来一条陌生的渔船，那渔民白天在荡上东一网西一网捕鱼捉虾，傍晚时分，到荡边扒螺蛳捞蚬子。有时鱼虾已装满舱，他还不想去市镇上叫卖。船头上螺蛳蚬子堆如小山，他毫不可惜全部推到河中。日起月落，天天如此。这奇怪的渔民到底要干啥呢？原来他是特地赶到这儿来打捞那条乌金赤链。他扒啊扒，捞啊捞，一遍又一遍，坚硬的石基被铁扒挖出了深痕，沉甸甸的金链条终于被他扒到了。当他看见乌金赤链，想到世世代代享不尽的荣华富贵，哈哈大笑，谁知当天夜里乌金赤链就化成一条小黄龙，飞上九天去了。

后人为纪念范蠡，把范蠡隐居过的村庄称为蠡泽，而斩龙潭则称为蠡泽湖。

**附诗词：**

### 蠡泽湖

〔明〕沈啓

大泽震洪涛，蛟龙互相窟。
驱放禹之神，何事飞剑术？
千载觌奇征，龙蜕齿齿栉。
底定功遥遥，潭光曜赤日。
何彼鸱夷子，攘作豢龙室。
贪夫徇其名，夸蠡忘禹迹。
黩货风滔滔，清世俱成汩。
至今归田人，假以为口实。
试言名与利，清浊有差秩。
逃名既为高，射利能无黜。
安借斩龙剑，纷将利徒劈。

### 斩龙潭

〔清〕释荫

湖僧爪脱红线痕，奔雷怒拔苍松根。
梦中白衣泪如雨，宝瓶倾出泥鳅魂。
神刀忽闪秋空碧，白日无光潭水黑。
至今夜夜射雷火，麟甲晶荧海苔裹。
蚌母笑嚼珊瑚花，吐出明珠光一颗。

### 蠡泽钓台

〔清〕沈金渠

斜阳淡孤村，野艇入烟渚。
有矶截中流，云是钓台址。
钓者今安在？扁舟去如驶。

我欲从之游，五湖何处是？

苍苔无履痕，绿尽一溪水。

## 徐家漾·凤栖梧桐

传说很久以前，一个姓徐的河南人，带着妻子，肩挑破筐，一头装着破衣服，一头坐着个小女孩，逃荒至震泽漾边。在漾南小庙梧桐树旁搭个小屋，做豆腐谋生。他们在梧桐树下按一口缸，浸黄豆，放浆水。夫妻俩夜里磨豆腐，白天卖豆腐，勤勤恳恳，日子倒也好过。

寒去暑来，十几个年头过去了，姓徐的年纪大了，因长年受寒劳累，得了气喘病，东求医，西抓药也治不好，豆腐也磨不动了，只好靠妻子、女儿。梧桐树下的缸内积满雨水，有时他们就吃用缸里的水。说来奇怪，有一天，徐老头的气喘病竟然好了，力气倍增，磨起豆腐来不减当年。女儿用缸里的水洗脸，越洗越白嫩，成了远近闻名的“豆腐西施”。用缸里的水做豆腐，又白又嫩，美味可口。徐老头感到十分奇怪，一心想弄个明白。

一个夏天的早晨，天还没亮，徐老头睡梦中听见外面有“扑通、扑通”的声音，心想是谁这么早就在湖里洗澡？连忙起身，轻手轻脚地走到门口，从门缝里往外张望，趁着星光，看见一只凤凰在梧桐树下的那口缸里洗澡。徐老头看见凤凰洗好澡，飞到梧桐树上擦干羽毛，趁着太阳还没露脸的时候，向西无声无息地飞走了。徐老头这才知道是缸里的凤凰水治好自己的气喘病。徐老头把这稀奇的事告诉乡亲，还把凤凰水送给有气喘病的人，一喝都好了，人们都很感激他。

这消息一传出，喜坏众乡邻，也惊动了杨举人。杨举人原来是杨家桥人，告官还乡后定居在震泽。这杨举人依仗自己的财势，独霸一方，欺压良民，无恶不作，乡亲们都敢怒而不敢言。杨举人听说徐老头有凤凰水，心想，这凤凰水是稀世珍宝，不能落在穷鬼手里，既在我的祖地，应该归我所有。还听说徐老头的女儿长得标致，想娶她来做妾。杨举人派家丁赶到徐家，凶神恶煞的要徐老头把凤凰水和女儿一起送到震泽杨举人家，限令三天，如不送到，就要烧房抢人。吓得老夫妻俩不知如何是好，女儿哭得泪人似的。一天过去了，两天过去了，徐老头越想越气，拿把锯子锯倒梧桐树丢在漾里，又打破水缸，让水流进漾里。当杨举人派人来抢的时候，徐老头一家早在乡亲们帮助下摇船躲进太湖去了。

从此，漾里的水由浑变清，即使是黄梅天，漾里的水也是清的。漾里的鱼吃了梧桐叶的汁，背上长出一根刺，称为“梧桐刺”，喝了凤凰水，鱼肉更加鲜嫩味美。人们怀念徐老头，就把这个漾叫徐家漾。

## 周生荡·水若美酒

元末时，震泽地区属张士诚的地盘。张士诚反元后又降元，又与朱元璋作对（朱元璋也是反元头领）。元至正二十六年（1366 年），朱元璋在征平各路群雄后，出动二十万大军对东吴张士诚兵分两路形成强大攻势。朱元璋手下大将常遇春负责攻打苏州虎丘，行军时途经震泽镇北周生荡谢家路村时，天已将近黄昏，见这地方地理位置优越，村南是周生荡，村北是长漾，有利于水军驻扎和操练。于是部队士兵纷纷脱下身上的盔甲（卸甲），准备在此宿营休息。在问及老百姓这里是何处时，因当地百姓从未见过那么多兵进村，都吓得胆战心惊，不敢回答。常遇春脱口而出，就叫“卸甲路”（后人误传为“谢家路”）。常遇春的水陆两军在此休整几天后，即开发北上，攻打苏州。由于部下骁勇善战，大获全胜。至正二十八年，朱元璋灭元朝，建立大明王朝，年号为“洪武”。现住在周生荡东北角“谢家路”自然村的村民，在讲起这村名的来历，至今还是津津有味，眉飞色舞。

周生荡东南莲子浜潘家祖先潘见龙，字云从，清顺治十八年（1661 年），戊戌科中二甲二十七名进士。康熙十年（1671 年），任河南叶县知县。康熙十九年，任四川阆中知县。康熙二十二年，任浙江宁海知州，升刑部员外郎，晋郎中，迁曲靖知府。潘见龙功成名就告老回乡后，在家喜欢喝酒。因离镇较远，经常托航船到镇上去买酒，天天如此。一天，航船主忘了给他买酒，生怕回去不好交代，于是就在周生荡南侧小圩口舀了一些水，充当老酒，潘见龙喝得津津有味，别人暗地里笑他，他却说这天买的酒最好。于是有人传说周生荡的水下有一个酒甏，存有上等老酒，只有潘见龙喝得到。这恐怕与潘见龙历仕以廉能清慎有关，不是有句话是这样说的吗？“做人好，吃水也甜。”因此传说周生荡又称“酒省荡”。

在民间流传着周生荡的许多故事，最古老的传说当推周生荡底有三国时周瑜之墓一说，因震泽在三国时期属吴国。1958 年，开展声势浩大的抽干 500 亩周生荡的运动。当时抽水目的有两个：一是积肥，二是寻找传说中的周瑜之墓。荡周围排起几百部水车，日夜不停地干，还调来十几条无锡抽水机船。1958 年冬季至 1959 年春季，用五个月时间，周生荡勉强抽干。第一步挖河泥，接下来人们发现河泥下面是一层黑泥。黑泥挖起来晒干能燃烧，农民纷纷拿回家作燃料。再挖下去，始终挖不到周瑜的坟墓，倒是周生荡北滩有一块巨石，重约几吨，人们猜测是天上掉下来的陨石，无法搬动它。此巨石至今仍留在荡底，周瑜墓是否会在这块陨石下面，也是一个“谜”。

## 三庙址漾·钟鼓镇龟

相传很久以前，有一只东海老龟，顺着潮水和入海河流，曲曲折折爬向上游，爬到震泽与青云交界处的一个小漾荡，觉得漾小但可以存身，四周河多利于遁身，就在漾里潜伏下来。老龟身躯巨大，又喜追波逐浪，在小小的漾中常常闹得沸反盈天，湖水就不断外涌，冲破堤岸，淹没良田，弄得漾周围老百姓怨声载道，有门路的人纷纷逃离漾边，对这只老龟无可奈何。有一年，天降大雨，漾满为患，老龟在漾里再一闹，漾堤溃决，四周田野村庄一片汪洋，老百姓聚在高墩上祈求上天保佑。这时一个戴着斗笠的和尚从村道上蹒跚而来，看到老百姓束手无策的样子，口中喃喃说出四句偈语：“欲解危难，先结佛缘。三庙鼎立，波平浪静。”村里长老欲向他详细询问解难的办法，却见他突然化一阵清风而起，云端隐约显出观世音的形象，大家才知道观音显圣，指点迷津，立即跪在泥水中磕头。

水灾过去，漾边头面人物立即商议建庙请佛的事情，决定在漾南、漾北、漾西建三所寺庙，形成三足鼎立之势，单留东边出海通道。在三四个月之间，各村同心协力，漾南建起朱行庙、漾北建起水经庵、漾西建起顾庄庙，请来如来、观音及各路神、佛，遍访有道高僧前来住持。从此，漾名改为三庙址漾。漾周三庙晨钟暮鼓，诵经之声不绝。老龟被镇得不敢轻举妄动，时间一长，就顺着东向水道，乖乖地爬回东海。

三庙址漾恢复平静，由于四周水道多，泄水容易，以后就再也没有没堤漫坝的事。漾面风平浪静，碧波荡漾，鱼类聚集，水草丰饶，为漾周围群众提供数不尽的水生资源。漾周边的三所庙，香火旺盛，初一、月半，许多信佛的善男信女，成群结队而来，真乃是“佛法无边镇老龟，晨钟暮鼓映碧波”！

# 楹联选录

## 师俭堂楹联

东鲁雅言，诗书执礼；
西京明诏，孝弟力田。
古训是式，威仪是力；
功崇惟志，业广惟勤。

景星照堂，福禄欢喜；
芳花当齿，道德神仙。

陶淑性灵，抑扬辞气；
斟酌雅颂，谐和宫商。

振作清勤，就将僶俛；
从容正直，会合光明。

日照龙文，泽垂世望；
云升骥足，德蔚春华。

欲无后悔须修己，
各有前因莫羡人。

色深林表风霜下，
润及边城草木香。

### 正修堂楹联

缵绪承家莫道守成容易，
光前裕后才知创业艰难。

惜食惜衣非为惜财缘惜福，
求名求利但须求己莫求人。

绵世泽莫如积德，
振家声还是读书。

### 王锡阐纪念馆楹联

枕经藉史，纵观古今，锡华章与当世；
推步验天，博采中西，阐新法于后人。

以天文成名南国，
作新五学贯东西。

### 城隍庙楹联

雷逞风威，白占田园能几日？
云随雨势，黑满天地不多时。

朝查暮访，访着乐善好施等辈，快快赐福祯祥；
日夜巡察，察出横行不法之徒，速速降下灾殃。

### 慈云禅寺楹联

远看山色好，近听水无声；

春去花还在，人来鸟不惊。

佛慈震九界，
法云泽三千。

四十万亿化身，何妨有何妨无有；
一千七百公案，非必真非必不真。

**文昌阁楹联**

天下第一件好事，还是读书；
世间数百年大家，无非积德。

文华昭荻水，英才迭出；
昌水泽春风，飞阁重光。

明德惟馨，灵区更上一层楼；
文华风尚，古邑重光六星阁。

师俭堂的更楼（2005 年 7 月摄）

# 大事纪略

## 清雍正年间震泽县设立

唐开元二十九年（741 年），湖州刺史张景遵设震泽馆，“震泽”之名始见于方志。宋绍兴初年设镇后，震泽之地逐渐兴盛。清雍正四年（1726 年），分吴江县为吴江、震泽两县，震泽乡属震泽县。吴江偏西地置震泽县，偏东地为吴江县，两县均属苏州府。乾隆《吴江县志》载，两县“皆以水为界”。“凡地在西水门外至斜港之水之右者皆为西，而属震泽；其在左者皆为东，而属吴江。”咸丰十年（1860 年），太平天国农民起义军攻占吴江、震泽两县，两县均属天朝苏福省。同治二年（1863 年），清兵复取苏州吴江、震泽两县，同属苏州府。宣统元年（1909 年），奉令筹备自治，震泽县设七镇，震泽镇为自治镇。1912 年，震泽县并入吴江县，震泽镇属震泽市，复属吴江县。1929 年，吴江县 18 个市乡划并分 10 个区，震泽镇属第五区。抗战胜利后，设震泽区。1949 年 5 月，震泽区人民政府建立。1957 年，震泽区撤销。

## 清光绪年间震泽镇禁烟分会成立

清道光年间（1821 年～ 1850 年），震泽一带有人从事贩毒和吸毒。光绪二十六年（1900 年），震泽镇人龚织如倡导成立禁烟分会，深得民众拥戴。龚织如等有识之士，到震泽县属七乡镇巡回演讲，并捐资筹款，在震泽镇开办免费戒烟局。历时三年，远近闻名，江苏省巡抚陈启泰以金章嘉奖龚织如。

清末民国初，震泽镇烟馆遍布，吸毒烟民成群。1913年，沈建勋被委任为震泽市禁烟专员，重建禁烟分会，下令禁烟。震泽市与浙江吴兴、桐乡、嘉兴、嘉善四县组成联防，令水陆公安协办，配备查缉人员，联合进行私贩、私售、私吸鸦片的查缉工作，但屡禁不止。

1925年3月中旬，震泽警所扣留大美烟草公司非法贩售卷烟的船只及船员。4月，经该公司驻苏州经理具保释放。

1934年6月，县禁烟协会改为禁烟委员会，特聘沈建勋为禁烟委员。在震泽第五区查出吸毒者949人，分批押送县戒烟所强制戒绝。抗战胜利后，政府明令禁烟，对戒绝后重吸者治罪。至新中国成立前夕，烟毒仍未肃清。

新中国成立初，经群众检举，震泽镇查出烟贩14人。1950年，逮捕法办吸毒者19人，拘捕16人。1951年，强制戒绝吸毒烟民3人。60年代，震泽镇禁烟分会撤销。

镇

## 清宣统二年震泽市公所成立

泻湖浅湾，沧海桑田。震泽，地处吴根越角，宋绍兴年间（1131年～1162年），“设一名巡检员镇守，自此始为震泽镇”。清乾隆《震泽县志》描述的震泽市况为：“栋宇鳞次，百货俱集。以贸易为事者，往来无虚日。”

清宣统二年（1910年）六月，实行地方自治，震泽镇自治公所成立，设正副所长各一人。

1912年，震泽镇属震泽市，震泽镇自治公所改称震泽市公所。1914年，自治停办，改设震泽市办事处。1923年，恢复震泽市公所。震泽市公所及市行政局均设在震泽镇文武坊文武宫旧址（现文武坊24号）。

1929 年，吴江全县划分为 10 个区，区以下辖镇乡。震泽镇属第五区，震泽市公所撤销，震泽区公所成立。

## 1919 年江丰农工银行创立

1915 年，吴江县震泽镇的绅士施肇曾任中国交通银行董事长，北京新亨银行、上海永亨银行的创办人。

1919 年，施肇曾（施省之）创立江丰农工银行，行址在震泽镇上塘中市张家弄（现文武坊 26 号），坐北朝南，一幢五间双层西式楼房，建筑面积 469 平方米。这是震泽镇第一家商办银行。从此，银行所在地张家弄通称为银行弄，沿用至今。

江丰农工银行呈报农商部注册，资本国币 20 万元，施省之入股 10 万元。江丰农工银行设董事会，施省之任董事长，庞衡裳为监察。经营存款、放款、汇兑、贴现及买卖国家债券等一切银行业务。

1937 年 11 月 7 日，日军侵入震泽。江丰农工银行宣告停业撤退。经理和高级职员一行五六人辗转至上海，在上海宁波路 325 弄永亨大楼二楼 213 室设江丰农工银行驻沪办事处。震泽镇的江丰农工银行行址，被日军放火焚毁。

1946 年 8 月 7 日，经国民政府财政部批准，江丰农工银行复业。董事长庞衡裳，总经理施文卿，原该行总会计程敏楚任经理。由于受战争焚烧的灾害，资金流失债权逼垮而元气大伤，复业后的资金运转和存放款往来业务范围缩小，营业锐减。1949 年 5 月，震泽解放，江丰农工银行自动歇业。1979 年，江丰农工银行债务清理后，由国务院批示，地方人民银行负责清理江丰农工银行抗战前的储户存款债务。存款计息按上级有关规定折算。1981 年，落实取得存款兑现计 42 户，折合人民币 1.09 万元。

江丰农工银行旧址（2016 年 4 月摄）

# 1935 年震泽頔塘河道工程竣工

頔塘河，原从震泽镇区穿越，又作市河，农船停泊较多，河道浅狭，航道经常堵塞。清同治十一年（1872 年）、1924 年，頔塘市河段进行疏浚。1935 年 4 月，遵照江苏

頔塘河（2005 年 8 月摄）

省政府指令，在震泽镇北辟頔塘转道河（新开河），长 2 千米，底宽 16 米，共花费 3.5 万元。8 月 25 日，震泽頔塘河道工程竣工。1936 年 11 月，新开河通航。

自湖州至平望的頔塘河，全长 56 千米，属长湖申运河，是联结长兴、湖州、上海的水上交通要道。頔塘河震泽段西起浙江南浔，东至平望，全长 18 千米。2004 年～2005 年，航道进行全面整治，河面拓宽，河岸加固。拓宽后河面宽 45 米～65 米，为国家四级航道。

## 1949 年 5 月 3 日震泽镇和平解放

1949 年 4 月初，乱云横飞，惊心动魄。震泽镇公路上每天出现无数国民党溃兵，接连不断过境，坐车的、骑马的、步行的，还有坐船的。人心惶惶，商店关门停业。4 月 23 日，震泽镇各界人士代表，在震泽镇商会召开会议，严墓区的同业公会会长也到会，推选两个区知名人士组成一个临时地方协会，以稳定民心，保护镇上人民的生命财产。民盟成员沈求我（新中国成立后，任民革中央副主席、全国政协常委等职）根据组织布置，在下塘东栅开设“惠农”米厂，以商人身份为掩护，开展活动。沈求我很快与南浔中学徐迟联系。震泽、南浔两地商定：震、浔统一行动，互相呼应，争取同时和平解放。5 月 2 日，南浔解放。此刻，在南浔中学校长室，正式开始和平解放震泽镇的谈判。解放军 236 团政治处主任温茂卿、民运科科长金灼之等人参加，震泽镇沈求我、沈天保、陈根学参加。谈判达成协议：地方武装放下武器，等待解放军接收；原机构一律废除，各守目前岗位，等待接收。

5 月 3 日，中国人民解放军三野 27 军 79 师 236 团进驻震泽镇，随后，三野 10 兵团 28 军 83 团也进驻震泽镇，震泽镇和平解放。是月，孙群山等 11 名南下干部奉命接管国民党震泽区及乡、镇政府，震泽区人民政府成立，中共震泽区委员会成立。县政府通令，人民币为唯一合法货币。解放军进驻震泽镇开展剿匪活动。年末，剿匪结束，共歼灭土匪 110 余人。

2008 年 9 月，文学报 · 全国作家震泽创作基地建立

# 2008 年《文学报》全国作家震泽创作基地成立

“把卷授佳儿，勖我寸阴惜。”这是刊登在《震泽镇志续稿》上的清代蔡恩锡《题龚树纬秋窗课诵图》中的诗句，崇文、勤勉之意蕴含其间。

震泽古镇以崭新的姿态，从容运作，喜迎才俊。2008 年 9 月，文汇新民联合报业集团文学报社与震泽镇人民政府签约，《文学报》全国作家震泽创作基地成立。是月，《文学报》全国作家震泽创作基地举办“改革开放 30 年与文学创作”研讨会，江苏省作家协会主席王臻中、副主席范小青及著名作家叶兆言、储福金、毕飞宇等全国 30 余位享有盛誉的作家云集震泽。2009 年 8 月，《文学报》全国作家震泽创作基地接待著名作家、评论家李美皆、张宗刚夫妇，震泽优秀的文化资源与独特的古镇风情给两位作家留下美好的印象，并写下《在震泽》一文，在《雨花》《文学报》《江苏作家网》刊登。11 月 21 日 ~ 23 日，《文学报》全国作家震泽创作基地举办著名作家白桦作品研讨会，顾骧、叶廷芳、赵长天、陈思和、李建军等 20 余位作家、评论家对白桦的作品进行热烈研讨。中国作家协会副主席、著名作家陈忠实亲自为基地题词：以文学为桥梁，让震泽走向世界，让世界走进震泽。2011 年 3 月 17 日 ~ 19 日，《文学报》全国作家震泽创作基地举办江苏省作家协会“壹丛书首发式暨美在震泽”笔会，叶辛、蒋子龙、范小青、苏童、叶兆言、黄蓓佳等 30 余位著名作家采风震泽，之后结集出版《震泽，梦里依稀见过你》一书。基地成立以来，著名作家李美皆、顾骧、叶廷芳、赵长天、陈思和、李建军等多次对基地进行指导。

## 2009 年震泽镇建立中国农家菜研发基地

《汉书·郦食其传》曰：民以食为天。勤劳智慧的太湖先民，创造丰富多彩的太湖农家菜，这些以太湖独特的食材为基本要素，以细腻精致为手艺特色，形成“小厨”“家常菜”“私房菜”等传统的太湖乡帮菜。如今，太湖农家菜在“一水环镜”的醇美震泽发扬光大。

2008 年，经中国烹饪协会认定，震泽镇为“中国太湖农家菜美食之乡”，成为苏州美食产业的响亮品牌。2009 年 11 月，第三届中国太湖农家菜美食节暨首届中国农家菜发展论坛开幕式上，中国烹饪协会正式确认震泽镇为“中国农家菜研发基地”。

食以安为先。优质的菜品，必须有安全保障、品质上好的原材料作前提。2010 年，在第四届中国太湖农家菜美食节开幕式上，中国烹饪协会授予震泽镇龙降桥村百亩大棚基地和夏家斗村高效设施农业基地为中国农家菜研发基地食材供应基地。

2009 年 11 月，震泽镇建立中国农家菜研发基地

# 2015年震泽镇建立吴江丝绸文化创意产业园

2015年2月28日，吴江丝绸文化创意产业园（简称丝创园）在震泽镇始建。丝创园总投资约4亿元，主体建筑占地面积60亩，配备优质生态桑林近2000亩，包括创意研发、国际交流、产品展示、公共服务、专业培训、电子商务、信息采集、质量检测、文化展

吴江丝绸文化创意产业园鸟瞰图（2014年8月摄）

示、生态桑林和费达生纪念馆等 12 项功能。建设内容分为一期、二期及优质生态桑林三大版块。丝创园一期主体工程选址震丰缫丝厂旧址，占地面积 30 亩，建筑面积 1.2 万平方米。12 月，完成一期主体工程基础建设。二期主体工程位于古镇景区核心地段，占地面积 80 亩；现代农业蚕桑示范基地位于江苏省湿地公园内，总面积约 2000 亩。丝创园入选国家文化部、财政部重点支持的首批《文化金融合作信贷项目库》，被省、市、区发改委列入现代服务业引导资金扶持项目，获"江苏省重点文化产业园区"称号。

该项目建成后与震泽省级湿地公园、国家 AAAA 级旅游景区相互弥补、良性互动，形成种桑养蚕、古镇旅游、特产采购和高端产品定制等三大产业融合发展的良好局面。随着丝创园的不断完善，把震泽打造成为苏南最大的种桑养蚕历史文化基地和优质蚕丝研究基地、中国最佳的丝绸文化创意基地和品牌集聚基地、"一带一路"中国丝绸品牌国际交流基地和海外市场拓展合作的示范基地。

吴江丝绸文化创意产业园一期工程（2016 年 11 月摄）

# 主要参考文献

《震泽镇志》编纂委员会会编:《震泽镇志》，中国矿业大学出版社，1999年。

盛红明、周德华、李廉深著:《江苏历史文化名镇震泽》，江苏古籍出版社，2002年。

震泽镇人民政府编:《震泽指南》，古吴轩出版社，2010年。

钱俊、柳新思、陈志强、张舫澜编:《吴江对联集成》，大众文艺出版社，2007年。

吴江市地方志编纂委员会编:《吴江市志》，上海社会科学院出版社，2013年。

《震泽镇志》编纂委员会编:《震泽镇志（1991—2008）》，广陵书社出版社，2016年。

# 编纂始末

2015 年 1 月，震泽镇被中国地方志指导小组办公室列为第二批《中国名镇志丛书》编纂单位。8 月,《中国名镇志丛书 · 震泽镇志》部分编纂人员到苏州参加中国名镇志文化工程苏州市编纂培训，明确中国名镇志的编纂要求、基本篇目、行文通则。

9 月,《中国名镇志丛书 · 震泽镇志》的编纂人员，依据苏州市地方志办公室关于名镇志编纂培训要领，震泽镇党委、政府的编志要求，开始设置篇目。编纂人员学习《中国名镇志文化工程编纂实务教材》，结合震泽镇的镇情，从突出震泽镇作为中国历史文化名镇的“名”与“特”的要求开始编制篇目，全志分十三个类目，志首以《太湖灵区丝韵震泽》代替概述。10 月初，完成篇目初稿。

10 月 23 日，苏州市地方志办公室在震泽镇新申农庄会议室组织召开《中国名镇志丛书 · 震泽镇志》篇目评审会。苏州市地方志办公室副主任陈其弟，吴江区档案局局长、地方志办公室主任沈卫新，吴江区档案局副主任科员王林弟，震泽镇副镇长张育英，苏州市地方志办公室人员、吴江区档案局地方志编纂科人员、《中国名镇志丛书 · 震泽镇志》编纂人员等参加会议。会上，评审专家陈其弟、丁瑾、傅强、秦子秋对篇目进行点评，他们一致认为篇目在突出名镇的“名”与“特”方面做得比较好，还可进一步放大亮点。他们对篇目作重新调整，评审组建议“蚕丝之韵”章作为震泽镇的“名”与“特”的招牌应进一步挖掘亮点，将震泽的“蚕桑农业”“蚕桑工业”“蚕桑旅游文化产业”三个特色产业写好；人物“王锡阐”可以单独设类目；部分章节要处理好交叉和重复的关系。会后，编纂人员消化、吸收专家意见和震泽镇党委、政府的合理化建议，修改、完善篇目。11 月，完成篇目修改稿，全志分十三个类目记述，由镇政府初审，交与吴江区地方志办公室审查，最后由苏州市地方志办公室复审定稿。

12 月，编纂人员广泛收集、查阅大量的历史资料，震泽镇的各种著作，学习《地方志书质量规定》，根据分工编修震泽名镇志。经过三个月的资料收集、提炼、取舍，撰稿，修改，于 2016 年 3 月完成震泽名镇志初稿。

4 月中旬，震泽名镇志初稿交与吴江区地方志办公室初审。4 月下旬，编纂人员根据区地方志办公室编纂科科长顾晓红的初审意见，对初审后的震泽名镇志修改，突出重点，调整材料，规范行文，完善志稿。经过修改，概述标题为“蚕丝古镇美丽震泽”，全志篇目设置十四个类目（原《名人与名镇》分为《震泽名人》和《名人与震泽》）。6 月，完成震泽名镇志送审稿，交震泽镇党委、政府审稿，再次磨合反馈意见。

7 月 27 日，苏州市地方志办公室对《中国名镇志丛书 · 震泽镇志》送审稿进行评审。评审会上，评审专家陈其弟、傅强既肯定震泽名镇志的编修成绩，又提出宝贵的修改意见。编纂人员经过两个多月的不遗余力认真修改，对照名镇志的要求，精雕细琢，完成修改稿。10 月 21 日，苏州市地方志办公室对《中国名镇志丛书 · 震泽镇志》修改稿再次召开复审会。会上，评审专家陈其弟、傅强对志稿部分章节提出中肯的修改意见，特别对图照的拍摄、编纂、利用方面从“名”与“特”的要求出发，作出悉心的辅导，要求尽善尽美显示出震泽镇的美丽特色，增加可读性。会后，编纂人员抱着对人民负责、对历史负责的工作态度，不厌其烦继续查找资料，规范行文，按照专家指出的意见再次调整、修改志稿，竭尽努力提高志书的质量。 12 月 5 日，江苏省地方志办公室对《中国名镇志丛书 · 震泽镇志》终审稿进行终审，会上中国地方志指导小组办公室方志处处长陈旭充分肯定《震泽镇志》的编修成绩。江苏省志办市县处处长陈华、苏州市地方志办公室主任陈兴南、副主任陈其弟、编纂处处长傅强、张家港市地方志办公室科长朱永平、吴江区地方志办公室主任沈卫新分别对《中国名镇志丛书 · 震泽镇志》志稿提出宝贵的修改意见。为了保证志书的高质量，编纂人员继续不懈努力、持之以恒，修改、完善志稿，于 2017 年 3 月送中国地方志指导小组办公室验收。

《中国名镇志丛书 · 震泽镇志》的编纂在结构上服从于《中国名镇志丛书》统一的框架和篇幅要求，采用纲目体，设类目、分目、条目三个层次，以 2015 年震泽镇行政辖区为范围，有选择性地记述域内自然、文化、社会等的历史和现状。具体分工：陈载承担撰写《常有一丝牵挂在震泽》（概述），承编《镇情镇貌》《蚕丝之乡》；吴煜泉承编《古镇风韵》《太湖美食》；姚建忠承编《古镇旅游》《诗文选录》《大事纪略》；汪兆龙承编《王锡阐》《震泽名人》《名人与震泽》《民俗方言》；徐有恒承编《名门望族》《杂记》；薛治华承编《古镇保护》及图片搜集、整理、归类，随文配图；宿美华录入。全书统稿由陈载承担，解决志稿中的交叉部分，篇幅平衡以及志稿行文统一等问题。

《中国名镇志丛书·震泽镇志》编纂过程中得到苏州市地方志办公室、吴江区地方志办公室和震泽镇党委、政府的大力支持。震泽镇文体站、城建办、旅游公司等在资料搜集上提供了很多帮助，全国、省、市、区摄影家及震泽镇摄影协会提供精美的图照，本志有些章节内容选自周德华、李廉深编纂的《江苏历史文化名镇——震泽》，在此一并深表谢意。

《中国名镇志·震泽镇志》编纂委员会办公室

2017 年 3 月

慈云寺塔（1985 年摄）